Kochbuch
für die
Freunde
der italienischen
Oper

Giovanni Lazzeri

KOCHBUCH FÜR DIE FREUNDE DER ITALIENISCHEN OPER

Parthas

herausgegeben von Gabriela Wachter

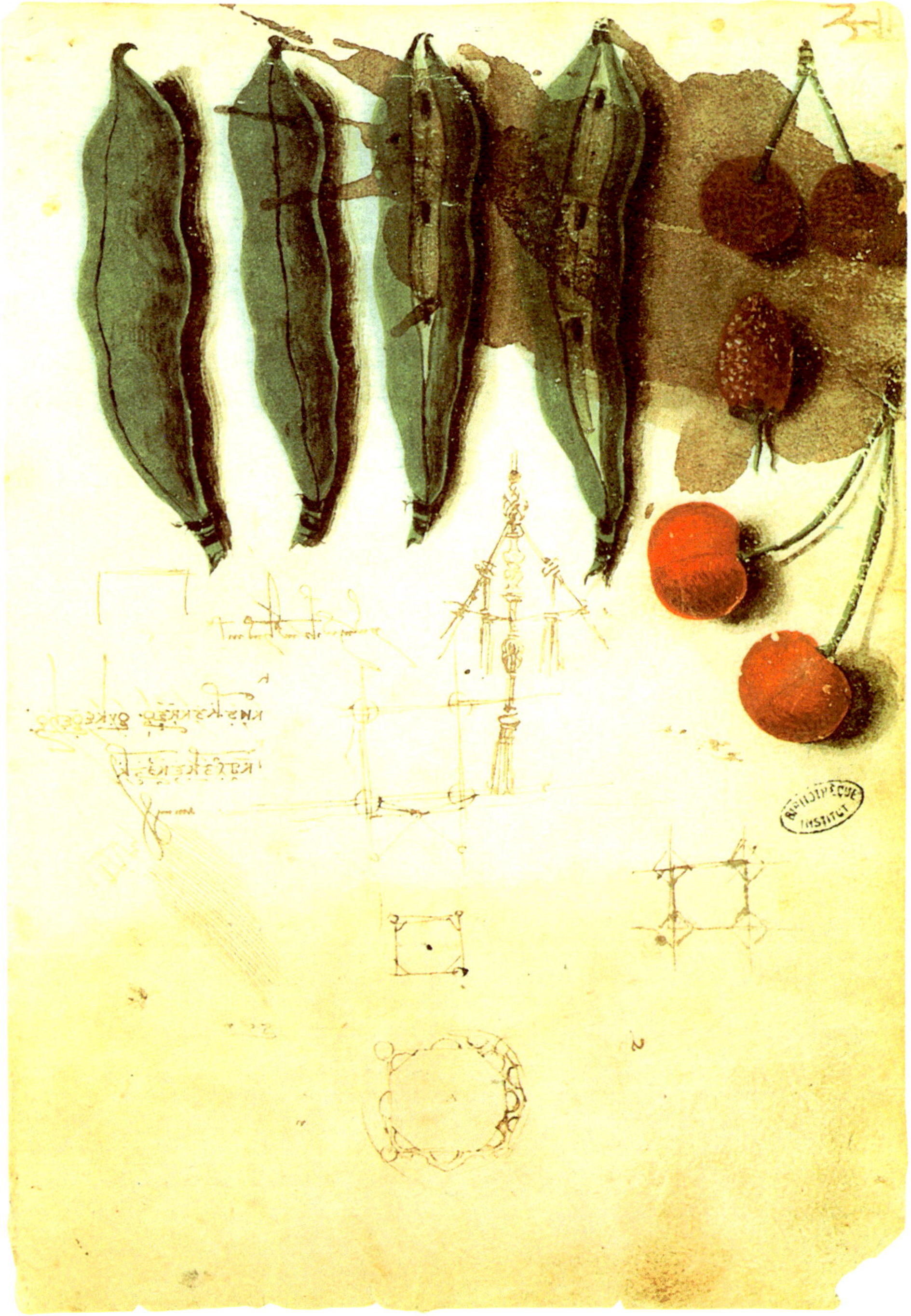

Leonardo da Vinci, Vier Erbsenschoten, vier Kirschen und eine wilde Erdbeere, 1487–1489

Vorwort

In einer Szene des Films *Manche mögen's heiß* von Billy Wilder findet eine Versammlung von Chicagoer Mafiosi statt, die sich unter dem Decknamen »Freunde der italienischen Oper« versammeln. Um ihre Geschäfte in Ruhe betreiben zu können, kommen sie im Namen der guten italienischen Küche und der guten Musik zusammen.

Der Deckname, den die Mafiosi wählten, schien mir hervorragend geeignet als Titel für unser Kochbuchvorhaben, denn wir wollten genau diesem typisch italienischen Hang zum gleichzeitigen Genuss verschiedener Künste nachspüren. Die italienische Sinnenfreude hat dazu geführt, dass seit den Zeiten der alten Römer das Essen in allen Künsten einen festen Platz bekam. Herrliche Bodenmosaiken und Wandmalereien aus Pompeji zeugen davon. Barockmalerei und die Stillleben Morandis schüren den Appetit bis ins 20. Jahrhundert.

Trinklieder, die ein wunderbares Essen begleiten, werden in Verdis *La Traviata* zu traumhaften Arien, der Liedermacher Paolo Conte widmet mit *Gelato a limon* Zitroneneis einen ganzen Song.

Die Commedia dell'Arte und die Theaterstücke Goldonis drehen sich häufig um kaum etwas anderes als die Essensbeschaffung. Tomasi di Lampedusa beschreibt in seinem *Gattopardo* ein ganzes Festtagsmenü und Umberto Eco offenbart in seinem Roman *Baudolino*, dass es sich beim goldenen Gral um eine Suppenschüssel handelt. So wundert nicht, dass als Gründungsurkunde der italienischen Nation ein Kochbuch gelten muss: der »große« Artusi.

Psychologischen oder soziologischen Tiefgang inszeniert der italienische Film seit den Tagen des Neorealismo am Esstisch und gipfelt schließlich im *Großen Fressen*.

Ihre Fähigkeit, das Leben als Oper zu begreifen, sowie die Inszenierung des Alltäglichen und des Essens im Besonderen haben die Italiener glücklicherweise in mehreren Migrationswellen in alle Winkel der Welt getragen. Den deutschsprachigen Freunden der italienischen Lebensart und Küche will diese kulturgeschichtliche Rezeptsammlung das Warten auf die nächste Italienreise versüßen.

Gabriela Wachter

INHALT

Franz Louis Catel,
Karl Friedrich Schinkel in Neapel, 1824

EINLEITUNG

Mignon (1783)

Kennst du das Land, wo die Zitronen blühn,
Im dunkeln Laub die Gold-Orangen glühn,
Ein sanfter Wind vom blauen Himmel weht,
Die Myrte still und hoch der Lorbeer steht,
Kennst du es wohl?
Dahin! Dahin
Möchte ich mit dir, o mein Geliebter, ziehn.

Kennst du das Haus? Auf Säulen ruht sein Dach,
Es glänzt der Saal, es schimmert das Gemach,
Und Marmorbilder stehn und sehn mich an:
Was hat man dir, du armes Kind, getan?
Kennst du es wohl?
Dahin! Dahin
Möchte ich mit dir, o mein Beschützer, ziehn.

Kennst du den Berg und seinen Wolkensteg?
Das Maultier sucht im Nebel seinen Weg,
In Höhlen wohnt der Drachen alte Brut,
Es stürzt der Fels und über ihn die Flut;
Kennst du es wohl?
Dahin! Dahin
Geht unser Weg! O Vater, lass uns ziehn!

Waldemar Friedrich, Goethe auf seiner italienischen Reise (1786–88), 1786

»Nachdem sie das Lied zum zweiten Mal geendigt hatte, hielt sie einen Augenblick inne, sah Wilhelmen scharf an und fragte: ›Kennst du das Land?‹ – ›Es muss wohl Italien gemeint sein‹, versetzte Wilhelm; ›woher hast du das Liedchen?‹ – ›Italien!‹, sagte Mignon bedeutend; ›gehst du nach Italien, so nimm mich mit, es friert mich hier.‹ – ›Bist du schon dort gewesen, liebe Kleine?‹, fragte Wilhelm. – Das Kind war still und nichts weiter aus ihm zu bringen.«

Johann Wolfgang von Goethe, Wilhelm Meisters Lehrjahre

Italien war das Land der Träume, das Ziel mancher Wanderlust. Damals, zu Goethes Zeit, konnten sich nur wenige Privilegierte eine Bildungsreise nach Italien leisten, das den Inbegriff der Kultur darstellte. Man kann Goethe, Schinkel und andere deutsche Künstler durchaus als Wegbereiter teutonischer Touristenmassen begreifen, die sich heute über den Brennerpass in das Land der Kunst, der Sonne und der guten Küche ergießen. Die Tendenz bleibt stabil trotz manch transalpiner Missstimmung wie etwa der vom Juli 2003, als der italienische Tourismus-Staatssekretär mit einer Hasstirade gegen deutsche Urlauber von sich reden machte. In einem Artikel beschrieb er sie als »einförmige, supernationalistische Blonde«, die lärmend »über unsere Strände herfallen« und »nach Bier- und Pommes-frites-Gelagen Rülpswettbewerbe austragen«. Auf die Verweigerung einer Entschuldigung hin entschloss sich der deutsche Bundeskanzler Gerhard Schröder, seine Ferien in Bella Italia abzusagen. Sein Beispiel hat die Mehrheit seiner Landsleute aber unbeeindruckt gelassen.

In einer Szene des Films *Manche mögen's heiß* von Billy Wilder findet eine Versammlung von Chicagoer Mafiosi statt, die sich unter dem Decknamen »Freunde der italienischen Oper« versammeln. Um ihre wirklichen Ziele zu kaschieren und ihre Geschäfte in Ruhe betreiben zu können, kommen sie im Namen der guten italienischen Küche und der guten Musik zusammen. Es ist sicher die Mafia, die in Deutschland – wenn nicht weltweit – das Italienbild geprägt hat, neben dem Gelato, der Pizza, der Musik und dem Fußball. Und das sowohl im positiv romantischen wie auch negativ abstoßenden Sinne.

Aber das alles kann nichts daran ändern, dass die Geschwindigkeit moderner Transportmittel und das Billigangebot zahlreicher Fluglinien Italien noch näher an Deutschland herangerückt haben, als es das ohnehin schon war.

Anders noch erging es Goethe, der das Land über Monate bereiste und eine intensivere Reiseplanung vornehmen musste als nur einen einfachen Mausklick. Alles verlief langsam, und dieser Langsamkeit verdanken wir letztlich auch seine *Italienische Reise*, deren Entstehung in einer schnellen Zeit wie der unseren kaum vorstellbar wäre. Goethe ließ sich Zeit, um alles – wirklich alles – mit wachem Auge und Geist aufzunehmen. Sein Reisebericht ist nicht nur ein Kompendium kunsthistorischer Betrachtungen auf der Spur der Werke klassischer Meister. Er ist vielmehr ein Gesamtwerk mit universalistischem Anspruch, in das Gedanken und Beobachtungen zu geologischen, botanischen und allgemein wissenschaftlichen Themen einfließen. Goethes Geist ist ebenso offen für Menschen, ihre Sitten und Gebräuche, und es ist kein Wunder, dass seine plastischen Schilderungen das Italienbild der Deutschen stark geprägt haben.

Im Allgemeinen bereitet dem Dichter das italienische Saper vivere Freude, und er schreibt dazu: »Für mich ist es eine wunderliche Empfindung, nur mit genießenden Menschen umzugehen.« Sicherlich spielt das milde Klima eine große Rolle für diese Befindlichkeit, die davon ausgehen kann, dass die Erde morgen genauso fruchtbar sein wird wie heute. Anders als in nördlicheren Ländern, wo die Produktionskette von Lebensmitteln wetter- und jahreszeitabhängig ist, schenken Sonne und ein guter Boden die nötige Sicherheit für ein entspanntes Leben.

Italiens Küche zählt mit zum wichtigsten Erbe des Landes. Wie schon viele festgestellt haben, beherrschen nicht alle Italiener die Kunst des Kochens, aber es gibt nur wenige, die nichts von gutem Essen verstehen. Essen ist eine nationale Leidenschaft, und in ihr kommt zum Ausdruck, wie sehr Italiener das gute Leben lieben und genießen. Sie verfügen über die beneidenswerte Fähigkeit, jedes gemeinsame Essen zu einem vergnüglichen Ereignis werden zu lassen. Essen ist gleichsam ein Fest, und Geselligkeit bei Tisch stärkt eine Tradition, die aus einer langen und ereignisreichen Geschichte hervorgegangen ist.

Frische, hochwertige Nahrungsmittel bilden den Kern der italienischen Küche, und es erscheint wie eine göttliche Fügung, dass das Land solch eine Fülle an natürlichen Schätzen aufzuweisen hat.

Die italienische Küche ist der Ursprung aller westlichen Kochkünste. Den alten Römern kommt das Verdienst zu, auf den griechischen und etruskischen Fundamenten ihrer Zivilisation die erste kulinarische Tradition des Landes entwickelt zu haben, und als im 9. Jahrhundert christlicher Zeitrechnung die Sarazenen den Süden okkupierten, fügten diese ihr eine orientalische Note hinzu. Nicht wenige behaupten, dass der Motor der Ausdehnung des römischen Imperiums die Beschaffung neuer kulinarischer Köstlichkeiten war. Gleichzeitig machten sie sich die Fülle der im eigenen Lande wachsenden Zutaten und Vorräte zunutze. Dank dieses Zusammenwirkens fiel Italien die Rolle zu, Frankreich und allen anderen abendländischen Kulturen das Wesen einer guten Küche und guten Essens zu vermitteln. Sogar der *Larousse Gastronomique*, die Bibel der französischen Küche, gibt zu, dass »die italienische Küche für alle Länder des westlichen Europas als wahrer Ursprung aller Kochkunst gelten muss«. Sowohl Katharina von Medici, die 1533 nach Frankreich kam und Heinrich II. heiratete, wie auch ihre Verwandte Maria Medici, die später in ihre Fußstapfen trat und im Jahre 1600 König Heinrich IV. heiratete, brachten ausgebildete Meisterköche mit. Diese kannten die Geheimnisse der raffiniertesten Kochkunst, die bis dahin entwickelt worden war. Nie zuvor hatten die Franzosen so gut gegessen.

Im Jahr 2003 sponserte der Nudelfabrikant Barilla eine Fotoausstellung über die Tischsitten der Italiener (Katalog Mazzotta).

KARNEVAL UND THEATER

REZEPTE AUS VENETIEN UND DER LOMBARDEI

CARPACCIO DI BRESAOLA

Bresaola-Carpaccio

360 g dünn geschnittener Bresaola
40 ml Olivenöl
2 Eigelb
Zitronensaft
nach Geschmack: Parmesan

Die Bresaola-Scheiben auf einem Teller anrichten. Mit dem Öl, den leicht verquirlten Eigelben und Pfeffer anmachen. 10 Minuten ruhen lassen und mit dem Zitronensaft beträufeln. Nach Belieben mit frisch geriebenem Parmesan bestreuen.

Roggenbrot dazu reichen.

ASPARAGI IN SALSA

Spargel mit Sardellensauce

1,5 kg Spargel
4 Eier
2 EL Zitronensaft
Olivenöl extra vergine
2 Sardellenfilets
1 TL Kapern

Den Spargel schälen, zu kleinen Bündeln zusammenbinden und aufrecht in einen hohen Topf mit kochendem Salzwasser stellen. Je nach Dicke 10 bis 20 Minuten kochen.

Den Spargel herausnehmen, abtropfen lassen, die Fäden entfernen und abkühlen lassen.

Die Eier hart kochen und halbieren. Die Eigelbe durch ein Sieb streichen und mit dem Zitronensaft und so viel Olivenöl vermengen, dass eine flüssige Sauce entsteht. Sardellen, Kapern und Eiweiß fein hacken und einrühren. Mit Salz und Pfeffer würzen und über den Spargel geben.

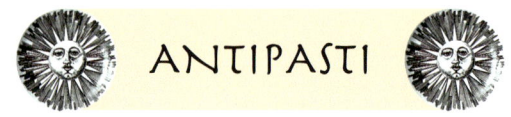

Michelangelo Cerquozzi, Tanz in der Trattoria, 1650

Rollentausch im Karneval

Die Gräfin lebte mit ihrem Personal in einem venezianischen Palast, den ihr kürzlich verstorbener Gatte ihr hinterlassen hatte. Nach Verstreichen der 40-tägigen Trauerzeit nahm sie wieder an einem Diner im Dogenpalast teil, nicht zuletzt um sich von ihrer Einsamkeit abzulenken. Dort traf sie auf einen Grafen, einen charmanten und eleganten Herrn, der erloschen geglaubte Gefühle in ihrem Herzen neu zu entfachen vermochte.

Doch was tun? Soeben war sie Witwe geworden. Was würden die Leute sagen? Darüber hinaus war der Graf verheiratet mit einer Marquise aus Recanati. Diese allerdings schien sich kaum um dessen Aufmerksamkeit zu scheren. Sie amüsierte sich auf ihre Weise, genoss die Komplimente der sie umschwirrenden jüngeren Bewunderer. Doch beeindruckten die Gerüchte, die über sie kursierten, weder die Betroffene noch ihren Mann, der im Grunde wusste, dass die Venezianer sich nun mal gerne allen Freuden des Fleisches hingaben. Doch nach außen hin galt es, den schönen Schein zu wahren. Wie also konnten er und die Gräfin ihre Romanze in vollen Zügen auskosten, ohne sich zu kompromittieren?

Das Dilemma löste sich zum Glück fast von selbst, denn der Karneval stand vor der Tür. Ein Fest, das jedem, Reich und Arm, die Illusion schenken konnte, die alte Ordnung und gesellschaftliche Normen seien außer Kraft gesetzt. Kostüme und Masken würden ihr Liebesabenteuer verschleiern.

Beide waren, wie es sich im 18. Jahrhundert gebührte, auf den Eröffnungsball im Palast des Fondaco dei Tedeschi am Rialto eingeladen, in dem deutsche Kaufleute ihren Sitz hatten.

Doch dieses Mal hatten sie andere Pläne. Sie verfielen auf die Idee, jemand anderen in ihrem Namen auf den Ball zu schicken. Verkleidet könnte jede Frau für die Gräfin und jeder Mann für den Grafen gehalten werden. Und die Marquise aus Recanati würde wohl nur allzu gern die Begleitung eines der vielen jungen Liebhaber in Anspruch nehmen, die man ihr ohnehin andichtete.

Die Gräfin hatte schon ein Pärchen im Visier, das sie und den Grafen auf dem Ball würde vertreten können. Ihre Kammerzofe hatte ein Verhältnis mit dem Bootsjungen: Mit einer reichlichen Belohnung und der Garantie eines einmaligen Vergnügens überredete die Gräfin die beiden zu dem Rollentausch.

Am 26. Dezember anno 1751 wurde der Karneval zu Venedig eröffnet. An dem Tag wechselten die vier ihre Rollen. Die Gräfin stieg in ein etwas abgenutztes und leicht fleckiges Kurtisanenkostüm, eine schwarze Halbmaske verhüllte ihre Augen und somit ihre Identität. Der Graf verkleidete sich als

Pietro Longhi, Maskierte Venezianer, 1750

Reisender. Verstohlen schlüpften sie aus dem Palast und machten sich auf den Weg in die Taverna all'Angolo, wo die einfachen Leute sich im Karneval zu vergnügen pflegten.

Aufwändiger verliefen die Vorbereitungen der beiden anderen. Der beste Schneider der Stadt hatte die Kostüme aus edlen Stoffen gefertigt. Die Kammerzofe schlüpfte in ein graues Kostüm aus Brokat. Der Rock fiel bauchig und weit aus, vertikale Paillettenstreifen brachten ihre Figur zur Geltung. Das Oberteil betonte den Busen, und das Dekolleté ging in lange, seidene Ärmel über, die in Gold und Silber gestickt

CROSTINI AL RADICCHIO TREVISANO

Geröstetes Weißbrot mit Radicchio

für etwa 20 Baguette-Scheiben

1 Schalotte
200 g Radicchio
3 EL Olivenöl
1/2 l Rotwein
Petersilie
20 Baguette-Scheiben
Parmesan

Die Schalotte fein hacken und den Radicchio in feine Streifen schneiden.

Das Öl erhitzen und beides andünsten. Mit dem Rotwein ablöschen. Salzen, pfeffern und die Flüssigkeit fast vollständig einkochen. Etwas fein gehackte Petersilie untermischen. Auf die Baguette-Scheiben verteilen und in der Mitte des Ofens bei 220° etwa 6 Minuten backen.

Mit frisch geriebenem Parmesan bestreuen und heiß servieren.

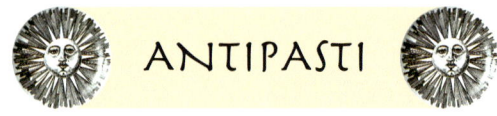

Pietro Longhi, Il Ridotto, 1759

waren. Auf dem Kopf trug sie eine kunstvoll verflochtene Perlenkette, Stickereien und eine silberfarbige Blume. Daran hing eine dunkelgraue Spitzen-Halbmaske. Dazu schmückten eine Reihe echter Perlen ihren Hals, und sie legte ein Paar schwarze Handschuhe an, die die Rauheit ihrer Hände kaschierten.

Das Kostüm aus silbergrauem Samt verwandelte den Bootsjungen in einen Edelmann. Die Hose reichte bis unter das Knie, wo eine Schleife sie am Bein verschnürte. Die Nähte, Taschen und Manschetten des Gehrocks waren mit Edelsteinen bestickt. Ein weißes Hemd mit Sankt-Gallen-Stickereien lugte unter dem geöffneten Gehrock hervor. Ein gefiederter Samthut, die unverzichtbare Halbmaske, schwarze Handschuhe und ein eleganter Gehstock ergänzten die Erscheinung. Wie zuvor ihre Herrin und deren Begleiter verließen beide den Palast, ohne Verdacht zu erregen. Begegnete ihnen ein Diener, verbeugte er sich höflich.

Sie ließen sich von einem Gondoliere fahren, ein Privileg ihrer neuen Rolle. Das Wasser gluckste gegen das Boot, der Mond tauchte Gassen, Brücken und Kanäle in ein märchenhaftes Licht. Die Schönheit ihrer Kostüme schien sich auf ihre Umgebung zu übertragen, die nächtliche Fahrt verwandelte die Stadt. Allein die Gerüche nach modrigem Wasser und feuchten Holzpfählen wiesen auf das Venedig ihres Alltags hin. Am Fondaco dei Tedeschi angelangt, folgten sie der Musik und dem Schimmer der Lichter. Mit jedem Schritt schlugen ihre Herzen schneller. Um den Zierbrunnen mitten auf dem Hof hatten sich andere Maskierte versammelt, die sich leicht vor den Neuankömmlingen verbeugten. Über eine von Hunderten von Kerzen erleuchtete Marmortreppe gelangten sie in einen halbrunden, in warmes Licht eingetauchten Saal. Die Marmorwände spiegelten das Kerzenlicht. Über den glatt polierten Boden glitten Damen anmutig am Arm ihrer Begleiter. Geredet wurde nicht viel. Dann begann ein Orchester mit der Tanzmusik. Der Ball war eröffnet.

Im Takt der Musik schritten Damen wie Herren vor und zurück, ihre Drehungen bauschten die weiten Kostüme, der Schimmer der Diamantenkolliers war vom Reflex der Kristallanhängsel der Kronleuchter kaum zu unterscheiden.

Die Gräfin und der Graf hatten sich unterdessen den wilden Tänzen in der Taverna all'Angolo angeschlossen. Die einfachen Instrumente des improvisierten Orchesters waren kaum zu vergleichen mit denen im Palast, doch in einem waren sie sich einig: Diese Abwechslung hatte sich wirklich gelohnt. Nach dem wilden Tanz schrie ein Harlekin in die Runde: »Auf die Piazza! Auf die Piazza!«, und die Meute folgte dem Ruf, stürzte sich auf die Calle und eilte in Richtung Piazza San Marco. Graf und Gräfin folgten und bewunderten, was die Venezianer auf die Beine gestellt hatten. Da waren Zelte aufgeschlagen worden, dort Buden zusammengezimmert. Die Menagerien lockten die Jüngsten unter ihnen, während die Halbwüchsigen mit offenem Mund die akrobatische Kunst der Artisten und die Tricks der Zauberer bewunderten. Hinter einem verstärkten Zaun hockte apathisch ein Nashorn. Während die halbe Stadt das ungewöhnliche Tier begaffte, wetteiferten Maler darum, es möglichst naturgetreu festzuhalten. Das kosmopolitische Venedig hatte aber noch mehr zu bieten. Aus allen Nationen waren Entertainer gekommen: aus Dalmatien die Seiltänzer, aus Irland die Riesen und aus der Türkei die Feuerschlucker. Für das Wohl des Magens war ebenso gesorgt. In den Buden auf der Piazza hingen Sopresse und hausgemachte Wurstwaren. Die Luft roch nach Zwiebeln und Nelken. Der Graf und die Gräfin folgten ihren Nasen und gelangten zu einem dampfenden Kessel, über den sich eine Venezianerin mit einem schönen Kapaun in der Hand beugte. Auf die Frage, was sie wohl mit dem Vogel treibe, antwortete sie: »Per Bacco! Eine venezianische Reissuppe. Wenn der Kapaun gut durch ist, nehme ich die Zwiebel raus und gebe Reis dazu. Den Kapaun kann man dazu essen!« Nicht weit davon entfernt bereitete die Tochter des Fleischers Schmorsuppe zu, ein Rezept, das er sich hatte einfallen lassen, um Fleischreste und Knochen zu verwerten.

Da wurden Bigoli, dort Risi e bisi angerührt. Der eine pries seine Tintenfische auf venezianische Art, der andere seinen einmaligen, unvergleichbaren Aal am Spieß: »Anguille! Anguille fresche! Calamari, calamari teneri!« Doch der Gräfin war nach etwas Süßem. Sie fand Gefallen an den

FAGIOLI CON COTECHINO

Bohnen mit Wurst

am Vortag beginnen

100 g getrocknete weiße Bohnen
2 kleine Zwiebeln
30 g Butter
1/2 TL frischer oder 1/4 TL getrockneter Majoran
200 g magere Schweinskochwurst
2 EL Olivenöl extra vergine
1–2 EL Rotweinessig

Die Bohnen waschen und über Nacht in kaltem Wasser einweichen.

Am nächsten Tag im Einweichwasser etwa 30 Minuten weich garen. Die Zwiebeln achteln.

In einer Pfanne die Butter aufschäumen und die Zwiebeln glasig dünsten. Majoran einstreuen, salzen und pfeffern.

Die Wurst in dünne Scheiben schneiden, unter die Zwiebeln mischen und kurz mitbraten. Die Bohnen abschütten, abtropfen lassen und unterheben. Mit Öl und eventuell etwas Rotweinessig beträufeln, mit Salz und Pfeffer abschmecken. Heiß servieren.

PROSCIUTTO E FICHI

Schinken mit Feigen

8 frische, vollreife Feigen
150 g dünn geschnittener San-Daniele- oder Parmaschinken

Die Feigen in eine Schüssel mit Eiswasser legen und gut vorkühlen.

Die Schinkenscheiben vorsichtig trennen und auf einer Platte anrichten. Die Feigen abtropfen lassen, vierteln oder kreuzweise einschneiden und neben den Schinken legen.

Den Schinken bei Tisch pfeffern.

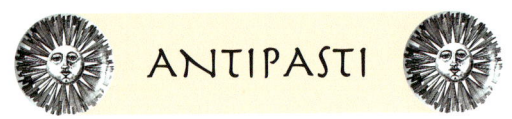

Giovanni Domenico Tiepolo,
Die Schaubude der Gaukler (Ausschnitt), um 1793

Zaletti-Keksen, die mit Maismehl und Pinienkernen zubereitet waren, während der Graf die venezianischen Kringel bevorzugte.

Ihre beiden Bediensteten mussten sich die Magenfreuden für später aufheben. Sie waren nämlich nach dem Ball den adligen Tänzern ins Theater San Luca gefolgt, in dem an diesem Abend *Il servitore di due padroni – Der Diener zweier Herren* des Hausdichters Carlo Goldoni aufgeführt wurde. Nicht dass ihnen nicht das Wasser im Mund zusammengelaufen wäre, im Gegenteil: Am liebsten hätten sie ihre Plätze verlassen, sich zu der fröhlichen Runde auf der Bühne gesellt und den Magen voll geschlagen, wie die Hauptfigur Truffaldino, der das Essen über alles liebt und als Diener zweier Herren auch reichlich davon bekommt.

Carlo Goldoni schrieb dieses äußerst erfolgreiche Stück in Pisa, wo er sich als Anwalt niedergelassen hatte. Wieder in Venedig, widmete er sich der Reform der italienischen Komödie und schrieb sich damit in das Gedächtnis der Nachwelt ein.

Goldoni, am 25. Februar 1707 in einer venezianischen Familie des gehobenen Bürgertums geboren, arbeitete als Sekretär des Vizekanzlers des Kriminalgerichts in Chioggia, dem er 1729 nach Feltre folgte.

Alessandro Longhi, Carlo Goldoni, 1760

UOVA SODE GROSSE

Hart gekochte große Eier

für 6 feuerfeste Förmchen
(etwa 5 cm Durchmesser)

60 g Butter
6 Eier
1/2 Zitrone (Saft)

Die Förmchen ausbuttern. Die Eier trennen. In die Mitte jedes Förmchens ein Eigelb setzen. Salzen und pfeffern.

Die restliche Butter mit dem Zitronensaft vermischen und auf jedes Eigelb geben.

Das Eiweiß steif schlagen. Den Eischnee in einen Spritzsack mit einer Sterntülle füllen und rund um das Eigelb in Rosetten spritzen. Die Förmchen nicht zu dicht unter den Grill setzen und die Eier etwa 5 Minuten garen, bis das Eiweiß fest und leicht gebräunt ist. Heiß servieren.

Giovanni Domenico Ferretti, Harlekin als Vater, 1742

Hier richtete er für ein Amateurtheater Metastasios Oper *Didone e Siroe* ein, inszenierte sie ohne Musik und wirkte selbst als Schauspieler mit. Aus dieser Zeit stammen die Lustspiele *Il buon padre* und *La cantatrice*, die das Publikum mit großem Beifall bedachte. Auch nach der Promotion 1731 in Padua und während seiner Tätigkeit als Rechtsanwalt in Venedig widmete er sich seiner Lieblingsbeschäftigung, der dramatischen Dichtung.

Selbst Autor von Stegreifkomödien und Maskenspielen, entschloss sich Goldoni, die gängige Commedia dell'Arte durch die Charakter- und Sittenkomödie eines Molière zu ersetzen. Die Schauspieler entledigten sich der Masken, die Improvisation verschwand zugunsten eines ausgeschriebenen Textes, und die Stereotypen wurden durch entwicklungsfähige Figuren aus einem bestimmten sozialen Milieu ersetzt.

Wen wundert es, dass dabei dem Essen eine zentrale Bedeutung zukommt? Inzwischen auch in Frankreich berühmt geworden, arbeitete Goldoni seit 1761 am Italienischen Theater in Paris, wo er die letzten 30 Jahre seines Lebens verbrachte und am 6. Februar 1793 verstarb.

Truffaldino, wie schon der Name verrät (»truffa« – Betrug, Schwindel), ist ein Betrüger und hat es allein darauf abgesehen, eine Doppelportion Essen zu erschleichen. Egal ob Lammfleisch, Suppe, Frikassee, Frikadellen, englischer Pudding, Braten: Alles, was er für Florindo und Beatrice aufzutischen hat, landet auch in seinem Magen. Und das Pärchen, das im Parkett saß und gerne mit Truffaldino getauscht hätte, träumte indes von den Fressbuden auf dem Markusplatz.

Risi e bisi, Tintenfische auf gebratener Polenta, Schlemmergnocchi, Spargel mit Eiersauce, marinierte Pilze auf Radicchio, Schokolade-Mandel-Konfekt, all dies sind Gerichte aus dem Nordosten Italiens, dessen Hauptstadt, »la Serenissima«, seit Jahrhunderten nicht nur der Inbegriff melancholischer Dekadenz, sondern auch einer reichen kulinarischen und kulturellen Tradition ist. Venetien und dessen Hauptstadt Venedig, inmitten einer Lagune auf 118 Inseln, die 160 Kanäle voneinander trennen und über doppelt so viele Brücken miteinander verbinden, haben eine in jeder Beziehung reiche Geschichte.

Die ersten Inselbewohner waren Menschen vom Festland, die vor dem Furor der Langobarden flüchteten und zu Beginn des 9. Jahrhunderts ihre Hauptstadt auf die Insel Rialto verlegten. Wegen ihrer zentralen Lage sicherer als die anderen, gründeten sie dort Rivoalti, das spätere Veneciarum.

SEDANI AL FORMAGGIO

Sellerie mit Käse

für 6 Personen

1 große Stange Bleichsellerie
100 g Gorgonzola
4 EL Rahm
100 g Mascarpone

Den Sellerie putzen, waschen und das Grün zur Seite legen. Die Stangen in 3 bis 4 cm lange Stücke schneiden.

Den Gorgonzola mit einer Gabel zerdrücken, den Rahm unterrühren. Löffelweise den Mascarpone unterziehen und alles zu einer glatten Creme rühren. Auf eine Servierplatte häufen und pfeffern. Die Selleriestücke daneben anrichten und mit dem Grün garnieren.

MONDEGHILI

Hackfleischbällchen

am Vortag beginnen / für 4–6 Personen

1 altes Brötchen
125 ml Milch
100 g Salsicce
100 g Mortadella
400 g gemischtes Hackfleisch
2 Eier
1 EL gehackte Petersilie
etwas Knoblauch
40 g frisch geriebener Parmesan
Muskatnuss
Paniermehl
50 g Butter

Das Brötchen über Nacht in der Milch einweichen. Am nächsten Tag gut ausdrücken.

Salsicce und Mortadella klein schneiden, mit dem Hackfleisch in einer Schüssel gut vermengen.

Die Eier aufschlagen und mit Petersilie, Knoblauch, Parmesan und dem Brötchen zur Hackfleischmasse geben. Mit Salz, Pfeffer und frisch geriebenem Muskat würzen, mit einem Holzlöffel gut durchmischen.

Die Masse zu kleinen lockeren Bällchen formen und in Paniermehl wenden. In Butter braten.

SCIATT

Buchweizenmehlklößchen gefüllt mit Schmelzkäse

für 6 Personen

300–400 g Bitto- oder Schmelzkäse
300 g Buchweizenmehl
200 g Weizenmehl
50 ml Grappa
Mineralwasser
Bier
Öl zum Frittieren

Den Käse in Würfel schneiden. In einer Schüssel beide Mehlsorten mit dem Grappa verrühren und so viel Mineralwasser und Bier zugießen, dass ein glatter Teig entsteht. Salzen und pfeffern.

In einer Fritteuse oder einem Topf reichlich Öl erhitzen. Mit Hilfe eines Löffels die Käsewürfel einzeln zuerst in den Teig und dann ins Öl tauchen. Frittieren, bis sich kleine braune Klößchen bilden und der Käse schmilzt.

Auf Küchenpapier abtropfen lassen und heiß zu Salaten der Saison servieren.

Vom Aroma des venezianischen Karnevals

Seit Jahrhunderten galten die venezianischen Kurtisanen als Königinnen ihrer Profession. Schon im 16. Jahrhundert erschienen Kataloge für die Besucher der Stadt, in denen die Adressen und die besonderen Reize der raffiniertesten und teuersten »Lust-Damen« aufgezählt wurden. Und zu gleicher Zeit wunderte sich Michel de Montaigne, »sie in solcher Zahl zu treffen, etwa hundertfünfzig, die an Möbeln und Kleidern den Aufwand einer Prinzessin treiben«. Als Casanova oder venezianische Kurtisane maskiert, nehmen Einheimische und Touristen, bewusst oder unbewusst, heute wie einst Abschied vom Fleisch. »Carne vale« bedeutet wörtlich nichts anderes als »Fleisch, lebe wohl«. Es ist ein äußerst sinnlicher Abschied von den fleischlichen Freuden und verweist auf den Beginn der darauf folgenden Fastenzeit, die den Ausschweifungen ein Ende setzt.

Giovanni Domenico Tiepolo, Karnevalsszene, 1750

Plätze, Kirchen, Paläste, Brücken, architektonische Zeugen einer glanzvollen Vergangenheit, die morschen Fundamente, verschlungene Gänge, leises Plätschern des moderigen Wassers in den Lagunen, der gedämpfte gelbe Schein einer quietschend schwankenden Laterne an einer dunklen Ecke – im venezianischen Labyrinth gibt es keine Wege, nur Orte. All das bildet die perfekte Kulisse für die Kostüme und Masken alter Tradition, jedes Jahr wieder, wenn die auf Inseln gebaute Stadt ihren heute weltberühmten Karneval feiert.

Der Karneval in Venedig, der jedes Jahr unter einem bestimmten Motto steht, beginnt zehn Tage vor dem Faschingsdienstag und endet am Aschermittwoch. Die Colomba, eine Riesentaube aus Pappmaché, die an einem Seil vom Markusturm zum Dogenpalast gezogen wird, eröffnet die Feierlichkeiten. Aus ihrem Bauch strömt ein Konfettiregen auf die Menge der Schaulustigen nieder. Aber das Spektakel geht leise vonstatten, quasi auf Zehenspitzen. Pauken und Trompeten wie im Karneval in Köln oder in Mainz hört man kaum in den schmalen Gassen und auf den Kanalbrücken der Serenissima. Hier huschen die Menschen an einem vorbei, allein, manchmal als Paar, selten in Gruppen. Wenn sie lachen, dann

RISI E BISI

Reis mit Erbsen

1 kg frische oder 700 g tiefgefrorene Erbsen
1 Zwiebel
1 Bund Petersilie
100 g Schinken
3 EL Olivenöl
1 1/4 l Hühner- oder Gemüsebrühe
250 g Risottoreis
Muskatnuss
50 g Butter in Würfeln oder Flocken
100 g Parmesan

Die Erbsen enthülsen und waschen, Zwiebel und Petersilie fein hacken. Den Schinken ebenfalls hacken.

In einer Kasserolle das Öl erhitzen, Zwiebel, Schinken und Petersilie andünsten. Nach einigen Minuten die Erbsen beifügen und mit wenig heißer Brühe dünsten, bis sie auf die Hälfte zusammengefallen und fast gar sind. Fast die gesamte kochend heiße Brühe zu den Erbsen gießen und erneut aufkochen. Den Reis einrieseln lassen und unter häufigem Umrühren kochen.

Kurz bevor der Reis al dente ist, ihn mit Salz, Pfeffer und einer Prise frisch geriebenem Muskat abschmecken. Die restliche Brühe zugießen, damit der Reis die Konsistenz einer dicken Suppe erhält. Die Butter und die Hälfte des frisch geriebenen Parmesans gut unterrühren.

In eine vorgewärmte Schüssel geben oder direkt auf Suppentellern anrichten. Nach Geschmack mit dem restlichen Parmesan bestreuen und eventuell pfeffern.

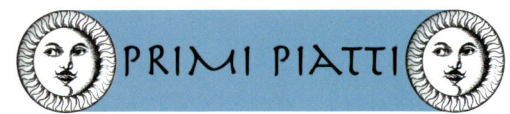

Hieronymus I. Francken, Venezianischer Karneval, 1600

dezent, aber meist ist kaum ein Laut zu hören. Die Masken paradieren zu sehen ist ein stilles Vergnügen für jeden, der es liebt, sich an Pracht, Eleganz und Raffinement der Kostüme zu ergötzen.

Der Karneval in Venedig wird das ganze Mittelalter über bis zu dessen Höhepunkt und vorläufigem Ende im 18. Jahrhundert gefeiert. Als die Lagunenstadt im Frühjahr 1797 infolge der napoleonischen Feldzüge ihre Unabhängigkeit verlor, endete auch ihre älteste kulturelle Institution. Der Karneval war im Laufe des 17. Jahrhunderts zum Versteckspiel einer Gesellschaft in der Krise geworden. Bereits im vorausgehenden Jahrhundert hatte Venedig den wirtschaftlichen und gesellschaftlichen Vorsprung von einst gegenüber anderen europäischen Ländern verloren. Während in Europa allmählich das Bürgertum aufstieg und die Gesellschaft einen wirtschaftlichen, politischen und militärischen Wandel durchmachte, ging Venedig langsam unter. Die lokalen Industrien brachen zusammen, der Handel stagnierte, den militärischen Niederlagen folgten territoriale Verluste. Wie konnten die Venezianer ihre Sorgen, die mit den neuen Verhältnissen einhergingen, am besten ertragen oder verdrängen, wenn nicht auf einer Maskerade in einem schönen Kostüm? Investierten sie früher ihr Vermögen in die Zukunft, rückten nun die Freuden der Gegenwart in den Vordergrund. Sie veranstalteten Feste, Bälle, Regatten und Feuerwerke, ließen auch die Nichtadeligen an dem Vergnügen teilhaben und verliehen der Stadt ihren heiteren Ruf, der dafür sorgte, dass Touristen angezogen und ihnen das Geld aus den Taschen gelockt wurde. Aber der Karneval fiel in einen jahrhundertelangen Dornröschenschlaf, bis er Ende der siebziger Jahre auf Initiative des venezianischen Fremdenverkehrsvereins in der heutigen Form wiederbelebt wurde.

Wie im Rest Italiens hatte auch der Karneval Venedigs seinen Ursprung in antiken Maskenfesten, allen voran den Saturnalien, die im alten Rom vom 17. bis 19. Dezember als Fest der Jahreswende gefeiert wurden. Anlässlich dessen fand ein öffentliches Gelage statt, zu dem jedermann ungeachtet seiner gesellschaftlichen Zugehörigkeit geladen war. Für kurze Zeit war die gewöhnliche Welt auf den Kopf gestellt. Man suspendierte Hinrichtungen; Sklaven und Herren tauschten zeitweise die Rollen.

Oben: Vogelmaske, 1995

Gabriele Bella, Der letzte Tag des Karnevals, um 1780

RISOTTO ALLA MILANESE

Risotto nach Mailänder Art

1 kleine Zwiebel
1 Döschen Safranfäden
80 g Butter
50 g klein gewürfeltes Rindermark
400 g Risottoreis (Vialone, Arborio oder Carnaroli)
1 1/2 l kräftige Hühnerbrühe
80 g Parmesan

Die Zwiebel fein hacken. Den Safran mit 2 EL kochendem Wasser übergießen.

In einer Kasserolle die Hälfte der Butter mit den Rindermarkwürfeln aufschäumen lassen. Die Zwiebel zugeben und bei schwacher Hitze glasig dünsten, ohne dass sie Farbe annimmt. Den Reis einstreuen und unter ständigem Rühren mit einem Holzlöffel mitdünsten, bis er glasig, aber nicht braun ist. Etwa 1 Tasse heiße Brühe aufgießen, dabei ständig rühren. Sobald die Flüssigkeit fast verdampft und eingezogen ist, erneut Brühe aufgießen und unter ständigem Rühren langsam köcheln – es soll stets nur so viel Brühe im Topf sein, dass der Reis bedeckt ist.

Nach etwa 15 Minuten den aufgelösten Safran zugeben. Weitere 7 Minuten garen, dabei rühren und Brühe zugießen. Wenn die Reiskörner gar sind, aber noch Biss haben, die restliche Butter und den frisch geriebenen Parmesan unterrühren. Mit Salz und weißem Pfeffer würzen.

Der Risotto soll jetzt so feucht und cremig sein, dass er im Topf beim Schräghalten fließt. Von der Kochplatte nehmen, einen Deckel auflegen und 1 bis 2 Minuten quellen lassen.

Sofort servieren, nach Belieben weiteren frisch geriebenen Parmesan dazu reichen.

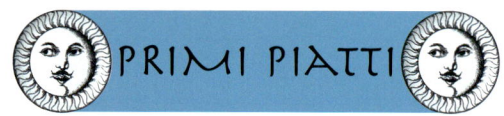

Karnevalskostüme, 1995

Ähnlich wie bei den alten Römern war der venezianische Karneval eine Zeit, in der alles erlaubt war. Jedermann stand es frei, in diesen Tagen eine beliebige Rolle anzunehmen, egal ob Bürger oder Edelmann, Kurtisane oder Dame des Adels. In diesem demokratisierenden Effekt bestand der eigentliche Charme der Maskierung. In Wahrheit war der Karneval eben deshalb ein wichtiges Instrument einer oligarchisch geordneten Stadt, der mittels einer Maske vor dem Gesicht die Betroffenen mit der Illusion abspeiste, den Mächtigen ebenbürtig zu sein. Dies verhinderte das Aufbrechen sozialer Konflikte und hielt den gesellschaftlichen Konsens aufrecht.

Die Kostüme waren zu Beginn wenig raffiniert und vielfältig. Junge Männer schmissen sich in Tierfelle und dekorierten sich mit Zweigen als Wilde. So verkleidet zogen sie in Gruppen durch die Stadt und begleiteten auf Saiteninstrumenten ihre Gesänge, die außer den Frauen vor allem den Aussichten auf gutes und reichliches Essen gewidmet waren, das die Festzeit mit sich bringen würde: »Trinkt, esst, guten Käse, gute Früchte, gutes Fleisch, gute Nudeln, gutes Huhn, guten Kapaun, trinkt und esst, bis es nicht mehr geht!« Oder sie verkleideten sich als Teufel und bewarfen im Gioco degli ovi, dem Eierspiel, die Fenster ihrer Geliebten mit duftwassergefüllten Eiern. In den Zug von wilden Männern und Teufeln reihten sich auch Männer in der Gnaga, der Frauenmaske, in Lumpenkostümen oder mit geschwärzten Gesichtern ein. Erst in der Renaissance erweiterte sich das Maskenrepertoire um Motive aus der Mythologie der Antike oder der Tradition und Geschichte der Volksgruppen und Völker, mit denen Venedig in Berührung gekommen war.

Die venezianische Gesellschaft hatte ein solches Vergnügen an der Maskierung, dass sie die Maskenzeit ausdehnte. So begann im 17. Jahrhundert der Karneval bereits im Oktober, wurde für die Weihnachtszeit kurz unterbrochen, um nach alter Tradition

MALFATTI

Spinat-Käsenocken

für 6 Personen

600 g frischer Blattspinat
1 kleine Zwiebel
100 g Butter
150 g Ricotta
100 g Parmesan
2 Eier
1 Eigelb
Muskatnuss
200 g Mehl

Den Spinat putzen und waschen, tropfnass in einen Topf geben und erhitzen, bis er zusammenfällt. Etwas abkühlen lassen, die Blätter auspressen und fein hacken.

Die Zwiebel grob hacken. 30 g Butter zerlassen und die Zwiebel glasig dünsten. Den Spinat untermischen, vom Herd nehmen und abkühlen lassen.

Den Ricotta cremig rühren, den Spinat und die Hälfte des frisch geriebenen Parmesan, unterheben. Die Eier und das Eigelb einrühren, mit Salz, Pfeffer und frisch geriebenem Muskat kräftig würzen.

Nach und nach das Mehl einarbeiten und alles zu einem glatten Teig verrühren, nochmals abschmecken. In einem großen Topf 2 l Salzwasser aufkochen. Aus der Teigmasse mit zwei Esslöffeln Nocken abstechen. Ins kochende Wasser geben, die Temperatur reduzieren und die Nocken ziehen lassen, bis sie an der Oberfläche schwimmen. Währenddessen den Ofen auf 175° vorheizen.

Die Nocken mit dem Schaumlöffel herausnehmen, abtropfen lassen und in eine feuerfeste Form geben. Die restliche Butter zerlassen und darüberträufeln. Die Form in den Ofen stellen und die Nocken 5 Minuten überbacken.

Mit dem restlichen frisch geriebenen Parmesan bestreuen und sofort servieren.

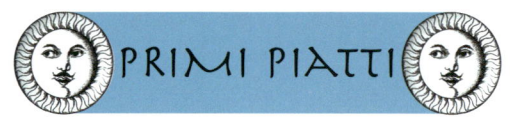

Cecil van Haanen, Kaufladen mit Karnevalskostümen in Venedig, 1879

Venezianische Karnevalsmasken

am 26. Dezember offiziell wieder eröffnet zu werden. Selbst wenn mit dem Aschermittwoch der Karneval offiziell beendet war, boten zwischendurch Jahresfeste, politische Feierlichkeiten, öffentliche Amtseinführungen und Staatsbesuche Gelegenheit, die Karnevalsutensilien aus dem Schrank zu holen und sich zu verkleiden. Im 18. Jahrhundert hatte die Maske in der venezianischen Gesellschaft dermaßen Fuß gefasst, dass man sie überall und jederzeit antreffen konnte. Ihr kam eine solche Bedeutung für die sozialen Beziehungen zu, dass sie zu manchen Gelegenheiten gar gesetzlich vorgeschrieben war. Maskenhersteller perfektionierten im Laufe der Zeit ihre Kunst.

Die Einzigartigkeit der omnipräsenten Maskierung lockte in der Zeit des vorindustriellen Tourismus Reisende aus ganz Europa an. Zu den damaligen Luxustouristen gehörte Johann Wolfgang von Goethe. Vom Karnevalfieber angesteckt, notierte er am 4. Oktober 1786 in sein Tagebuch: »Es war mir die Lust angekommen, mir einen Tabarro mit den Apartinentien anzuschaffen, denn man lauft schon in der Maske. Hernach dauerte mich aber das Geld, und bin ich ihnen nicht schon Maske genug? Ich will mir dafür einen Vitruv kaufen und mir eine Freude bereiten, die auch außer Venedig und dem Carneval dauert.«

Der Tabarro, ein schwarzer Mantel, dessen Kauf Goethe vorschwebte, war inzwischen zur typischen venezianischen Verkleidung geworden, der so genannten Maschera nobile, die darüber hinaus aus einer Wachsmaske und einer Kappe bestand.

LASAGNE AL RADICCHIO

Kleine Radicchio-Lasagne

350 g Radicchio
250 g rote Zwiebeln
100 ml Rotwein
1/4 l Milch
150 g Butter
1 gestrichener EL Mehl
250 g Parmesan
6 Lasagneblätter

Den Radicchio in Streifen, die Zwiebeln in Ringe schneiden.

1/4 l Salzwasser aufkochen und die Zwiebelringe 10 Minuten auskochen. Durch ein Sieb abgießen, dabei die Flüssigkeit auffangen und zurück in die Pfanne geben. Die Zwiebeln entsorgen. Die Radicchiostreifen im Zwiebelsud mit dem Rotwein ohne Deckel 5 Minuten weich kochen – die Flüssigkeit sollte ganz eingekocht sein.

Währenddessen in einer zweiten Pfanne die Milch aufkochen. 100 g weiche Butter mit dem Mehl verkneten und unter Rühren zur kochenden Milch geben. Die dicke Sauce mit 100 g frisch geriebenem Parmesan mischen. Mit Salz und Pfeffer pikant würzen. Die Pfanne vom Herd nehmen und den Radicchio zugeben.

Die Lasagneblätter im siedenden Salzwasser knapp al dente kochen. Den Ofen auf 200° vorheizen.

Lasagneblätter halbieren und je vier Quadrate auf ein mit Backpapier belegtes Blech geben. Radicchiosauce darübergießen. Je ein Lasagneblatt darauflegen und mit Sauce begießen. Das Ganze noch einmal wiederholen. Restlichen frisch geriebenen Parmesan über die Lasagne streuen und die restliche Butter in Flocken daraufgeben. Mit Pfeffer würzen. In der Ofenmitte 15 Minuten überbacken.

Auf gut vorgewärmten Tellern anrichten.

Die Lasagne kann auch in einer großen Auflaufform zubereitet werden. Die Backzeit verlängert sich dann um 15 bis 20 Minuten.

Anonym, Szene mit Colombine aus der Oper »Bajazzo« von Ruggiero Leoncavallo, um 1905

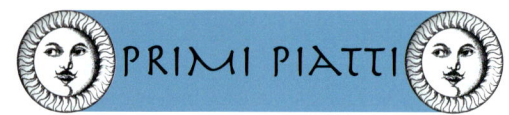

COMMEDIA DELL'ARTE

Die Commedia dell'Arte ist im 16. Jahrhundert in Oberitalien als italienische Stegreifkomödie aus dem Theater des Barocks hervorgegangen, das neben den christlichen Ordensdramen von Jesuiten und Benediktinern und dem prunkvollen Hoftheater dramatische Aufführungen für das Volk vorsah. Wie bei den mittelalterlichen Mysterienspielen lockten Schauspieler, die von Ort zu Ort wanderten, ihr Publikum auf die Plätze, wo sie auf improvisierten Bretterbühnen das Beste gaben. Die Schauspieler waren zum ersten Mal Berufsschauspieler. Viel früher als in Frankreich, England und Deutschland entwickelte sich dieser Berufsstand in Italien. Arte bezeichnet im Italienischen außer der Kunst auch das Gewerbe. Man kann Commedia dell'Arte auch mit »Berufskomödie« übersetzen. Die Schauspieler trugen immer die Maske und das Kostüm eines bestimmten Charakters. Jeder Schauspieler spezialisierte sich auf einen Typus. Außer den festgelegten Typen gab es noch einige wenige Regeln, an die sie sich halten mussten. Die Szenenfolge war in Szenarien festgelegt, die den groben Handlungsstrang vorgaben. Bis auf ein reduziertes, feststehendes Repertoire an rhetorischen Formeln musste der Schauspieler den Dialog aus dem Stegreif improvisieren. Der Stegreifcharakter der Komödie, das Nichtvorhandensein einer schriftlichen Vorlage, bot den unschätzbaren Vorteil, die Zensur von Kirche und Staat zu umgehen. Ihrer inneren Haltung nach war die Commedia dell'Arte stets gesellschaftskritisch.

Der versammelten Menge aus Fischern, Hausfrauen, Schmieden und Bäckern wurden unterhaltende Stücke vorgeführt, in denen etwa die Mönche wegen ihrer Schwäche für allzu üppige Tafelgenüsse auf die Schippe genommen wurden: Im Refektorium herrschte heitere Stimmung. Der Abt lud seine Mitbrüder zum Saufen. Er packte einen Novizen am Schopf, zwang ihn auf die Knie und ermunterte ihn, sich den göttlichen Saft aus einem Weinfass direkt in den Hals fließen zu lassen. Er hielt eine Lobrede auf den Chianti aus der Toskana, den Barbera und den Barolo aus dem Piemont, die Weine aus der Valtellina, den Schaumwein aus Asti – die Liste zog sich. Angetrunken stellte er sich als Fürst vor und pries die Völlerei als seine Hofmeisterin, den guten Geschmack als seinen Koch und den Überfluss als seinen Küchenmeister. Ach Gott ja … und natürlich den Herrn als seinen Herrn, der all diese guten Dinge erschaffen hatte.

Von einem Balken über der Bühne hingen wohl geformte Parmaschinken, duftende Mortadella und Bresaola aus den lombardischen Alpen. Auf einem darunter stehenden Tisch lagen Brotsorten jeder Herkunft, die nur darauf warteten, zusammen mit den frisch aufgeschnittenen Wurstwaren verzehrt zu werden: Grissini, Crostini, Focacce, Ciabatta. Die Mönche wussten es sich bei Tische gut gehen zu lassen wie Könige. Alles fand Platz auf ihrer langen Tafel mitten auf der Bühne. An dem einen Ende des Tisches die Nudelgerichte: Paglia e fieno mit Rahm- und Pilzsauce, Rigatoni strasciati alla fiorentina, gefüllte Crespelle mit Spargel und Zucchini, Linguine mit Meeresfrüchten und Pipe mit Seeteufel. Ein Reisauflauf und verschiedene Risotti mit Spargel, Scampi und Trüffeln bildeten den Übergang zu den Fleischgerichten: Schweinebraten alla fiorentina, Schweinskoteletts alla cacciatora, Stracotto, Kaninchen all'ischiana, Schweinefuß mit Linsen. Daneben lagen die Fische, die nach regionalen Rezepten zubereitet worden waren: Rotbarben alla livornese, Fischsuppe alla campana, Muschelsuppe alla livornese, überbackene Goldbrasse alla pugliese. Und da die süßen Nachspeisen in den vollen Magen nur noch schwer Eingang fanden, fingen die beleibten Mönche an, sich mit Ricciarelli, Torta caprese, Babá, Pastiera und marinierten Erdbeeren zu bewerfen. Und dies zur Freude der Zuschauer, die ab und an etwas davon, bekamen. Allerdings hatten sie nichts davon außer mitwerfen zu dürfen. Denn von dem, was sich ein Kloster leisten konnte, konnte eine Theaterproduktion nur träumen: Alle Requisiten bestanden aus Pappmaché.

SPADELLATA DI FUNGHI CON POLENTA

Gebratene Pilze mit Polenta

400 g Maismehl
50 cl Olivenöl extra vergine
50 g fein gehackte Zwiebel
1 Knoblauchzehe
200 g Bauchspeck
600 g Pilze (Steinpilze, Pfifferlinge)
200 g Tomaten
20 g fein gehackte Petersilie

In einem großen Topf 2 l Salzwasser zum Kochen bringen. Das Maismehl langsam ins Wasser rieseln lassen. Unter ständigem Rühren eine Stunde kochen und darauf achten, dass sich keine Klümpchen bilden.

In einer Pfanne das Öl erhitzen, die Zwiebel und die halbierte Knoblauchzehe leicht anbraten, die Speckwürfel dazugeben. Sobald die fettigen Speckteile geschmolzen sind, die Hitze erhöhen. Die Pilze in die Pfanne geben und etwa 10 Minuten schwenken.

Die Tomaten kurz mit kochendem Wasser überbrühen, kalt abschrecken und häuten. Halbieren, entkernen und grob würfeln. Hinzufügen und weitere 10 Minuten garen. Mit Salz und Pfeffer abschmecken, mit der Petersilie bestreuen. Die Polenta ringförmig auf den Tellern anrichten und mit den Pilzen füllen.

PAPPARDELLE CON BOCCONCINI DI CONIGLIO

Pappardelle mit Kaninchen

600 g junges Kaninchen
1 Möhre
1/2 Zwiebel
1 Stange Bleichsellerie
300 g feste reife Tomaten
2 EL Olivenöl
20 g Butter
1 Bund glatte Petersilie
400 g Pappardelle
3 EL Parmesan

Das Kaninchen ausbeinen und in kleine Stücke schneiden.

Die Möhre schaben und klein hacken, Zwiebel und Sellerie fein würfeln. Die Tomaten kurz mit kochendem Wasser überbrühen, kalt abschrecken und häuten. Halbieren, entkernen und würfeln.

In einer Kasserolle Olivenöl und Butter erhitzen und das Fleisch von allen Seiten goldbraun anbraten. Herausnehmen und zur Seite stellen. In der Kasserolle Zwiebel, Möhre und Sellerie andünsten. Die Tomaten zugeben, mit Salz und Pfeffer würzen, alles etwa 20 Minuten köcheln.

Das Kaninchenfleisch zugeben und das Ragout weitere 20 Minuten köcheln. Am Ende der Kochzeit die Petersilie fein hacken und untermischen.

Währenddessen die Pappardelle in reichlich Salzwasser al dente kochen. Abgießen, mit dem Kaninchen-Ragout vermischen und heiß servieren.

Den frisch geriebenen Parmesan getrennt dazu reichen.

Zahlreiche deutsche Porzellanmanufakturen fertigten Figuren der Commedia dell'Arte, so dass 2001 eine Ausstellung im Berliner Kunstgewerbemuseum wahre Schätze zeigen konnte (Ausstellungskatalog, Arnoldsche).

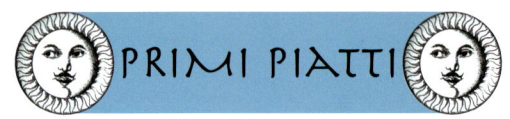

DIE TYPEN DER COMMEDIA DELL'ARTE

Der Pantalone ist ein reicher, geiziger, misstrauischer Kaufmann hinter schwarzer Maske, mit spitzem Bart in einem roten Kostüm mit Hosen, die nach ihm benannt wurden. Immer wieder wird er hintergangen und betrogen. Er steht für die Oberschicht Venedigs, die über die finanzielle und politische Macht verfügt und sie nie aus den Augen verliert.

Aus der ältesten Universitätsstadt Bologna kommt der Typus des Dottore im Juristengewand unter breitkrempigem Hut. Er redet gern und viel und vertritt zusammen mit Pantalone die gehobenen Schichten des patrizisch-bürgerlichen Italiens.

Aus Neapel ergänzt den Reigen der Pulcinella, der Spaghetti-Esser. Er trägt ein weißes Obergewand mit schwarzem Gürtel, eine weite weiße Pluderhose, einen weißen spitzen Hut und eine schwarze Halbmaske mit Vogelnase. Er lässt lieber die anderen arbeiten, während er sich mit bloßen Händen mit einem Teller Maccheroni voll stopft. Seinem bäuerlichen Ursprung verdankt er einen ausgeprägten Sinn für die Realität, auch wenn man behaupten könnte, er sei etwas dumm.

Arlecchino

Dottore

Colombina

OSSOBUCO ALLA MILANESE

Kalbshaxen nach Mailänder Art

4 mittelgroße Möhren
4 Stangen Bleichsellerie
3 mittelgroße Zwiebeln
3 Knoblauchzehen
4 EL Butter
4 Kalbshaxenscheiben, 4–5 cm dick, quer zum Knochen gesägt
2 EL Mehl
6 EL Olivenöl extra vergine
1/4 l trockener Weißwein
1 kg vollreife Tomaten oder gewürfelte Flaschentomaten aus der Dose
1 Bund glatte Petersilie
1/4 l kräftige Fleischbrühe
1/2 TL Thymian
1/2 TL Oregano
2 Lorbeerblätter
2 Gewürznelken

für die Gremolata:
2 Bund glatte Petersilie
5 Knoblauchzehen
2 unbehandelte Zitronen (abgeriebene Schale)

Die geschabten Möhren, den Sellerie und die Zwiebeln in kleine Würfel, den Knoblauch in dünne Scheiben schneiden.

Im Bräter die Butter bei schwacher Hitze zerlassen, Möhren, Sellerie, Zwiebeln und Knoblauch unter Rühren leicht anbräunen. Den Bräter vom Herd nehmen.

Die Kalbshaxen waschen, trockentupfen und mit Küchengarn rund binden. Mit Salz und Pfeffer würzen, in Mehl wenden, überschüssiges Mehl abklopfen. In einer Bratpfanne das Öl erhitzen und das Fleisch von beiden Seiten bei schwacher Hitze hellbraun braten. Herausnehmen und auf das angebratene Gemüse setzen. Das Öl aus der Pfanne abgießen. Den Bratfond mit Weißwein aufkochen, dabei rühren, bis der Satz aufgelöst und der Wein auf 4 bis 6 EL Flüssigkeit eingekocht ist.

Die Tomaten kurz mit kochendem Wasser überbrühen, kalt abschrecken und häuten. Halbieren, entkernen und würfeln. Die Petersilie grob hacken. Den Ofen auf 175° vorheizen.

Den Fond mit Brühe aufgießen, Petersilie, Thymian, Oregano, Lorbeerblätter, Nelken und Tomatenwürfel zugeben. Aufkochen, mit Salz und Pfeffer würzen. Die Sauce über die Fleischstücke gießen und aufkochen. Den Bräter zugedeckt in den vorgeheizten Ofen stellen und die Haxen 2 bis 2 1/2 Stunden schmoren, dabei alle 30 Minuten mit etwas Brühe übergießen.

Für die Gremolata die Petersilie fein hacken. Mit zerdrücktem Knoblauch und Zitronenschale vermischen.

Das fertig geschmorte Fleisch in eine vorgewärmte Schüssel geben, Gemüse mit Sauce darüberschöpfen. Mit der Gremolata bestreuen.

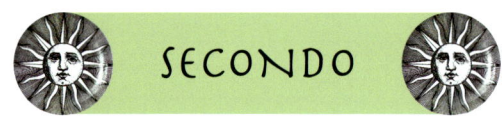

Die Stadt Bergamo, die bis 1797 zu Venedig gehörte, »lieferte« zwei schelmische Diener, die Zanni: den Arlecchino und Brighella. Arlecchino trägt ein vielfarbiges Flickenkostüm, an dem der Zuschauer seine ärmliche Herkunft erkennen kann. Er ist lustig, tollpatschig, hilft gerne, verhält sich naiv-gutmütig wie eine echte Landpomeranze, ist bauernschlau und oft geistreich, ohne sich dessen bewusst zu sein. Brighella in seinem weißen oder grün-weiß gestreiften Kostüm sticht hervor durch Intrigen, List und Schlagfertigkeit. Arlecchino und Brighella stehen für alle vom Festland Zugezogenen, die sich in der Lagunenstadt verdingten, um ihren Lebensunterhalt zu verdienen, vor allem Diener, Träger, Beleuchter, Ausrufer, Läufer, Straßenkehrer und andere mehr, die ihr Auskommen und Glück in der Weltstadt suchten.

Das weibliche Pendant zu Arlecchino ist Colombina, in die Arlecchino ständig verknallt ist. Sie trägt wie er ein bunt geschecktes Kostüm und übernimmt abwechselnd die Rolle der Tochter und der Dienerin des Pantalone.

Arlecchino ist neben Pulcinella mit Sicherheit die populärste Maske der Commedia dell'Arte. Er ist ein Spaßmacher und hat immer Hunger. Um sich seinen Magen

Bis heute werden zahlreiche Varianten von Pulcinella in neapolitanischen Andenkenläden angeboten.

OCA FARCITA

Gefüllte Gans

am Vortag beginnen / für 6–8 Personen

100 g getrocknete Pflaumen
1 Gans (3–4 kg)
300 g Salsiccia
2 Äpfel (am besten Boskop)
200 g geröstete und geschälte Maronen
10 geschälte Haselnüsse
200 g Speck oder Schinken
20 g Butter
Brühe

Die Pflaumen über Nacht in lauwarmem Wasser einweichen.

Am nächsten Tag die Gans säubern und das Brustbein entfernen, damit sie leichter zu füllen ist. Salsiccia, Äpfel, Maronen, Pflaumen und Haselnüsse grob zerkleinern und mit den Händen vermengen. Die Gans damit füllen und die Öffnung mit Küchengarn zunähen. Die Gans mit Speck oder Schinken rundherum belegen und mit Küchengarn umwickeln. Mit der Butter in einen Bräter geben und im auf 200° vorgeheizten Ofen etwa drei Stunden garen.

Gelegentlich wenden und mit etwas heißer Brühe oder Wasser übergießen.

INVOLTINI DI FEGATO E RADICCHIO

Kalbsleber-Radicchio-Röllchen

1 großer Radicchio lungo
4 Kalbsleberplätzchen ohne Haut und Sehnen (je etwa 100 g)
1 EL Olivenöl
15 g Butter
1 Knoblauchzehe
100 ml Marsala
20 g kalte Butter
1 EL fein gehackte Petersilie

Die Radicchioblätter auseinander nehmen und zu vier Bündeln zusammenfassen. Je ein Kalbsleberplätzchen darum wickeln. In einer Bratpfanne Öl und Butter erhitzen und die Röllchen etwa 6 Minuten anbraten. Mit zerdrücktem Knoblauch, Salz und Pfeffer würzen. Mit dem Marsala ablöschen. Die kalte Butter einrühren und zuletzt die Petersilie hinzufügen.

Auf vorgewärmten Tellern anrichten und sofort servieren.

SCALOPPINE AL LIMONE

Kalbsschnitzel mit Zitronensauce

4 Kalbsschnitzel (je 120 g)
2 unbehandelte Zitronen (Saft und abgeriebene Schale)
6 EL Olivenöl
1 EL kalte Butter

Die Kalbsschnitzel quer halbieren und klopfen, bis sie etwa 1/2 cm dünn sind. Den Saft einer Zitrone mit 4 EL Olivenöl kräftig verquirlen, mit wenig Pfeffer würzen, die Zitronenschale untermischen. Die Schnitzel mit der Marinade übergießen und im Kühlschrank zugedeckt mindestens eine Stunde durchziehen lassen, dabei einmal wenden.

Die Schnitzel aus der Marinade nehmen und gut abtropfen lassen. In einer Pfanne 2 EL Olivenöl erhitzen und das Fleisch von beiden Seiten etwa 2 Minuten braten. Herausnehmen und zugedeckt zur Seite stellen.

Die Marinade in die Pfanne gießen. Den Saft der zweiten Zitrone zugeben und alles kräftig aufkochen. Die Butter in die Sauce rühren, mit Salz und Pfeffer würzen. Die Schnitzel in die Sauce legen und nochmals heiß werden lassen.

Auf vorgewärmten Tellern anrichten, mit der Sauce umgießen und sofort servieren.

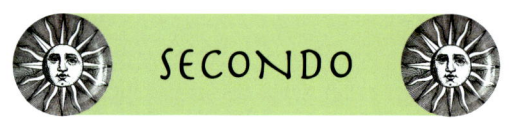

voll zu schlagen, lässt er sich auf die unglaublichsten Abenteuer ein. Er ist in seiner Naivität schlau und erinnert häufig an den Narren. Wie dieser verfügt er in vielen Situationen über Lebensklugheit und Witz.

Ursprünglich geht Arlecchino auf eine uralte mythische Gestalt zurück, die dem französischen Volksglauben entsprungen ist. Der bezeichnete mit Herlekin einen Luftgeist, der in Begleitung von anderen Geistern und ungetauften Kindern in stürmischen Nächten durch die Lüfte fliegt und gute Christen erschreckt. Daraus entsteht der Name Alichino, mit dem Dante im 21. Gesang seines *Inferno* einen Dämon identifiziert. Mit dem Florentiner Dichter hat Arlecchino seinen ersten Auftritt auf italienischem Boden.

Die Kirche identifizierte die gesamte Gruppe dieser suspekten Luftfahrer mit dem Teufel. Doch sie konnte es nicht verhindern, dass er nach und nach an Sympathie gewann. Nach einer allmählichen Verwandlung tritt Arlecchino im mittelalterlichen Mysterienspiel als lustiger Teufel auf. Sein dämonischer Ursprung ließ sich noch an dem hässlichen schwarzen Gesicht mit dem dicken Wollhaar und an den Höreransätzen auf der Stirn erkennen, seiner beinah übermenschlichen Geschicklichkeit im Springen, der fratzenhaften Mimik, der ausgestreckten Zunge und seiner boshaften Schadenfreude über die Menschen, die er auf den Arm nimmt oder misshandelt.

Arlecchino fasziniert auf einer tieferen Ebene vor allem wegen seiner kindlichen Seele im Erwachsenenkörper. Er ist eine freie Kreatur, für die weder Grenzen noch Gesetze existieren. Er darf sich den Luxus gönnen, Wahrheiten auszusprechen. Die Konvention ist nicht gerade seine Welt, und über deren Gesetze setzt er sich hinweg. Seine akrobatischen Sprünge, die er auf der Bühne vollbringt, sind Ausdruck jener Leichtigkeit, mit der er die gesellschaftliche Schwere überwindet.

Auch die Figur des Truffaldino in Carlo Goldonis weltberühmter Komödie *Der Diener zweier Herren* geht auf den Arlecchino zurück.

Pulcinella isst Maccheroni.

COTOLETTE AL LATTE

Kalbskoteletts in Milch

24–48 Stunden marinieren

4 Kalbskoteletts (je etwa 180 g)
2 Knoblauchzehen
8 Salbeiblätter
2 Rosmarinzweige
1 Flasche Soave aus dem Veneto
20 g Butter
800 ml Milch

Die Koteletts mit dem Knoblauch, vier Salbeiblättern, einem Rosmarinzweig und 1/2 TL Salz in eine Porzellan- oder Glasschüssel geben. Mit Wein bedecken und im Kühlschrank 24 bis 48 Stunden marinieren.

Anschließend die Koteletts aus der Marinade nehmen und trockentupfen. Die Marinade durch ein Sieb abgießen und auffangen, 200 ml abmessen und zur Seite stellen. Den Knoblauch aufbewahren, die Kräuter entsorgen. Restliche Salbeiblätter und Rosmarinnadeln fein schneiden. Ein mit Backpapier belegtes Blech in die Mitte des Ofens schieben und den Ofen auf 80° vorheizen.

In einer hohen, weiten Bratpfanne die Butter erhitzen und die Koteletts von beiden Seite 2 Minuten anbraten. Die Kräuter und den zerdrückten Knoblauch zugeben und kurz mitbraten. Mit der zur Seite gestellten Marinade ablöschen und mit Milch aufgießen. Einmal aufkochen, vorsichtig salzen und pfeffern. Die Koteletts herausheben, sofort auf das Blech geben und 45 bis 60 Minuten sanft garen.

Währenddessen die Sauce in eine Saucenpfanne gießen und bei starker Hitze auf 300 ml sämig einkochen – sie flockt aus. Zuletzt mit dem Stabmixer glatt aufschlagen und abschmecken. Die Koteletts auf vorgewärmten Tellern anrichten und mit der heißen Sauce umgießen.

Dazu schmecken Bratkartoffeln.

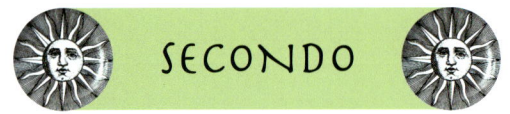

Dario Fo als Arlecchino

Vom Geschmack der Moderne

Marco pflegte nachmittags wie die Mehrheit seiner italienischen Altersgenossen in den achtziger Jahren fernzusehen. Marco war ein typisch italienisches Kind, das seine Eltern nach den katholischen Glaubenssätzen zu einem guten Christen erziehen wollten. Einmal, während er auf seinen Lieblingszeichentrickfilm *Olly und Bengie* wartete, blieb er beim Zappen bei einer Theatervorführung, in der ein stark geschminkter erwachsener Mann den Arlecchino spielte, hängen. Nachdenklich stand er auf der Bühne und konnte sich nicht entscheiden zwischen Polenta taragna, einem Teller Risotto alla milanese oder Conchiglie mit Zucchini und Karotten. Kaum hatte er den Blick nach rechts gewandt, um besser nachdenken zu können, eröffnete sich seinen Augen ein gedeckter Tisch voller Mailänder Spezialitäten: Piccata, Involtini, Ossobuchi, Trippa und Casoela. Schaute er nach links, sah er auf ein Büffet mit Käsesorten aus der Lombardei: Bitto aus der Valtellina, Crescenza aus der Poebene, Gorgonzola, Grana Padano und zum süßen Schluss Mascarpone, in zahlreichen verschiedenen Dessertcremes verarbeitet.

In die Karnevalsfeier in der Schule zurückversetzt, den Geschmack der Chiacchere auf der Zunge, sah Marco verzaubert diesem Harlekin im Fernsehen zu, bewunderte seine Grimassen und achtete aufmerksam auf dessen Worte, die er nicht immer verstand, weil der Arlecchino oft Dialekt sprach. Ohne es zu wissen, war dies seine erste Begegnung mit Dario Fo, der die traditionelle Gestalt wieder aufgegriffen und 1985 das Stück *Hellequin, Harlekin, Arlecchino* frei nach Goldoni im Rahmen des internationalen Theaterfestivals der 33. Biennale in Venedig inszeniert hatte. Fo war in Italien schon längst der Inbegriff der politischen Provokation, ein umstrittener Geist, ein unbequemer Künstler.

An diesem Tag nun bekam Marco den Ärger seiner Mutter zu spüren, die ihn aufforderte, auf der Stelle um- oder den Apparat auszuschalten. Dazu murmelte sie vor sich hin, der Mensch sei ein Teufel und es sei eine Frechheit, dass man ihn um diese Uhrzeit im Fernsehen zeige.

Am nächsten Tag lud die Mutter die Schneiderin zum gemeinsamen Espresso ein. Marco machte seine Hausaufgaben am Tisch im Wohnzimmer und lauschte nebenher, was die beiden Frauen einander erzählten. Die Mutter kam auf das miese Fernsehprogramm zu sprechen, auf das skandalöse Theaterstück vom Tag zuvor, auf diesen »Schauspieler des Teufels«, diesen Dario Fo, dem man am besten den Mund verbieten sollte. Ein Monster, das sich ohne Respekt vor den Traditionen anmaßte, über den Papst zu lästern und die heilige Kirche durch den Dreck zu ziehen. »Ah, ah!«, dachte sich Marco, das war der Grund, warum Arlecchino seiner Mama zu nahe getreten war. Als braver Junge, der er war, speicherte er Dario Fo als bösen Menschen ab.

Aber dann erhielt Dario Fo im Jahr 1997 den Nobelpreis für Literatur. Das machte Marco stutzig. Wie konnte das sein? Er vertiefte sich in die Presseberichte zur Auszeichnung Fos und stellte fest, dass die Meinung seiner Mutter von einer breiten Schicht geteilt wurde. »Wie konnte die schwedische Nobelkommission einen derartig unkonventionellen Künstler mit einem solchen Preis ehren?«, wetterten Fos Feinde in Zeitungen und Fernsehnachrichten. Einen Giullare (Spielmann), den man kaum als Künstler bezeichnen kann? Marco dachte sich, dass Fo die Bezeichnung »giullare« sicherlich als Kompliment und echte Anerkennung seiner künstlerischen Tätigkeit auffasste.

Ein Spielmann ist der Dramatiker, Schauspieler, Regisseur Fo auf jeden Fall. Wie die fahrenden Schauspieler des Mittelalters bringt er die Zuschauer erst zum Lachen und im Nachhinein zum Reflektieren. Der Giullare sah es mit seinen Späßen auf die Machthaber ab, offenbarte deren Schwächen und Ungerechtigkeit, verspottete sie und klagte sie an.

Daran hat die Akademie für den Nobelpreis zu Recht in ihrer Würdigung erinnert:

Tiramisú

für 6 Personen

5 Eier
100 g Zucker
2 Tütchen Vanillezucker
500 g Mascarpone
240 ml Espresso
3 EL Amaretto oder Marsala
250 g Löffelbiskuits
3 EL Kakaopulver

Die Eier trennen. In einer Schüssel Eigelbe, Zucker und Vanillezucker vermischen, den Mascarpone unterrühren. In einer zweiten Schüssel das Eiweiß steif schlagen und unter die Creme heben.

Den erkalteten Espresso mit dem Likör vermengen und einige EL in die Creme geben. Eine Auflaufform mit den leicht in Espresso getränkten Löffelbiskuits auslegen und eine Schicht Creme darübergeben. Abwechselnd Löffelbiskuits und Creme darauf verteilen, mit Creme abschließen. Das Tiramisú einige Stunden in den Kühlschrank stellen oder über Nacht ruhen lassen.

Vor dem Servieren mit Kakao bestreuen.

Torta meringata al cappuccino

Cappuccino-Torte

für eine Springform (18 cm Durchmesser)

3 Eiweiß
170 g Zucker
1/2 Tütchen Vanillezucker
Kaffeepulver
Puderzucker

für das Biskuit:
3 Eier
75 g Zucker
70 g Mehl

für die Füllung:
1 Vanilleschote
100 ml Milch
50 g Zucker
2 TL löslicher Kaffee
1 Eigelb
1 gestrichener TL Mehl
175 ml Rahm

Für das Biskuit den Ofen auf 180° vorheizen. Die Eier und den Zucker in der Küchenmaschine oder mit dem Handmixer 10 Minuten zu einer hellen, dicken Creme aufschlagen. Das Mehl dazusieben und vorsichtig unterziehen. Den Boden der Springform mit Backpapier auslegen, den Ring aufsetzen und die Masse einfüllen. Auf der unteren Schiene 30 bis 35 Minuten backen.

Herausnehmen, kurz auskühlen lassen, den Rand mit einem Messer lösen und das Biskuit auf ein Gitter stürzen. Auskühlen lassen.

Für die Füllung die Vanilleschote halbieren und die Samen auskratzen. Die Vanille mit den übrigen Zutaten bis auf den Rahm in einen Topf geben. Unter ständigem Rühren zum Kochen bringen. Durch ein Sieb gießen und auskühlen lassen. Den Rahm steif schlagen und unter die Creme ziehen.

Das Biskuit mit einem Sägemesser in vier gleich dicke Scheiben schneiden. Den Boden auf eine feuerfeste Platte geben. Mit Füllung bestreichen und mit dem zweiten Boden belegen. So fortfahren, bis die Torte wieder zusammengesetzt ist. Mit der restlichen Füllung Tortenoberfläche und Rand bestreichen. Kühl stellen.

Den Ofengrill auf 250° vorheizen. Das Eiweiß schaumig schlagen. Zucker und Vanillezucker einrieseln lassen und weiterschlagen, bis die Masse steif und glänzend ist. In einen Spritzsack mit gezackter Tülle geben und die Torte damit garnieren. Unter dem Grill leicht bräunen – dabei unbedingt überwachen! Die Torte herausnehmen, mit Kaffeepulver und Puderzucker bestäuben. Bis zum Servieren mindestens eine Stunde kühl stellen.

»Die Mischung von Lachen und Ernst ist sein Mittel, um Übergriffe und Ungerechtigkeiten der Gesellschaft deutlich zu machen, aber auch um diese in eine größere Perspektive zu rücken.« Weiter hieß es, dass Fo »in der Nachfolge der mittelalterlichen Gaukler die Macht gegeißelt und die Würde der Schwachen und Gedemütigten wieder aufgerichtet« habe, was den schwedischen Literaturkritiker Björn Linnell dazu bewogen hat, den italienischen Nobelpreisträger als »Dramatiker des Volkes« zu bezeichnen.

Die Auszeichnung und die neuen Informationen über Fo brachten Marco auf die Idee, sich mit diesem Autor zu beschäftigen, und er las das Stück *Non si paga! Non si paga! – Bezahlt wird nicht!*. Fo war ein unbequemer Autor, weil er die Mächtigen an den Pranger stellte, weil er die Widersprüche der italienischen Gesellschaft deutlich und plastisch darstellte, weil er diese Widersprüche dem Volk in einer leicht verständlichen Sprache zugänglich machte.

Dario Fo mit seinen Puppen

DOLCI

BISCOTTINI AL CIOCCOLATO

Schokoladen-Mandel-Konfekt

170 g weiche Butter
70 g Zucker
1 Ei
100 g gemahlene weiße Mandeln
120 g Mehl
30 g Kakaopulver
Puderzucker

Die Butter schaumig rühren, bis sich kleine Spitzen bilden. Den Zucker beigeben und kurz weiterrühren. Das Ei unterrühren. Mandeln, Mehl und Kakao mischen und alles zu einem Teig verarbeiten. Den Ofen auf 190° vorheizen, ein Blech mit Backpapier auslegen. Mit Hilfe von zwei Teelöffeln kleine Häufchen im Abstand von etwa 4 cm auf das Blech setzen. Auf der unteren Schiene 10 bis 12 Minuten backen.

Auf einem Gitter auskühlen lassen. Noch warm mit Puderzucker bestäuben.

ZABAIONE AL CAFFÈ

Kaffee-Weinschaum-Creme

4 Eigelb
4 EL Zucker
150 ml Marsala
50 ml Ristretto (sehr starker Espresso)

In einer Chromstahlschüssel Eigelb und Zucker schaumig rühren. Unter Rühren Marsala und Ristretto beigeben. Alles im heißen Wasserbad etwa 15 Minuten zu einer schaumigen Creme aufschlagen. In Gläser füllen und sofort servieren.

Schneller geht es mit dem Mixer, allerdings wird die Konsistenz der Creme nie die gleiche wie bei einer von Hand aufgeschlagenen Zabaione.

FRUTTI DI BOSCO GRATINATI CON ZABAIONE

Gratinierte Waldbeeren mit Zabaione

4 Eigelb
4 EL Zucker
150 ml Marsala
2 Schalen Himbeeren, Heidelbeeren, Johannisbeeren, kleine Erdbeeren

In einer Schüssel die Eigelbe mit dem Zucker schaumig rühren. In einem Topf Wasser zum Kochen bringen, die Schüssel hineinstellen und die Temperatur so reduzieren, dass das Wasser leicht köchelt. Die Creme weiterschlagen, nach und nach den Marsala zugießen, weitere 10 Minuten rühren. Sobald die Creme die erste Blase wirft, die Schüssel aus dem Wasserbad nehmen. Die Beeren in vier feuerfeste Servierschüsseln geben, mit Zabaione übergießen und im auf 200° vorgeheizten Ofen 3 Minuten gratinieren.

Heiß servieren.

Und das sollte nun der Teufel sein, dem seine Mutter den Mund verbieten wollte? Im Grunde war er doch auf ihrer Seite. Schade, dass seine Mutter diesen Aspekt missverstanden hatte.

In *Non si paga! Non si paga! – Bezahlt wird nicht!* zeigt Fo, wie das Grundbedürfnis der Menschen nach Nahrung mit Füßen getreten wird, wenn die Preise der Lebensmittel in die Höhe getrieben werden.

Marco konnte nicht umhin, sich zu amüsieren, als er in dem Drama las, was Giovanni und Luigi zu Mittag zu sich nehmen, weil sie nichts anderes zum Essen haben. Das Menü, das Antonia aus den im Supermarkt teils bezahlten, teils geklauten Artikeln für ihren Mann Giovanni zusammenstellt, mag seltsam sein, doch bringt es auf den Punkt, wie Menschen erniedrigt werden, wenn ihre Grundbedürfnisse missachtet werden.

Luigi: ... (Probiert aus einer der geöffneten Dosen.) Nicht schlecht diese Art Pastete ... was ist das?

Giovanni: Kerle, hast du das Zeug aus der Büchse gegessen?

Luigi: Entschuldige, aber ich hab Hunger.

Giovanni: Ohne Zitrone?

Luigi: Muss man das mit Zitrone essen?

Giovanni: Ich weiß nicht. Bist du sicher, dass es schmeckt?

Luigi: Ausgezeichnet!

Giovanni: Darf ich mal kosten? Tatsächlich, ich dachte, es schmeckt schlimmer! Ist fast besser als der Fischköder für den letzten Weihnachtskarpfen! Könntest du diese Dose auch mal öffnen?

Luigi: Gerne. Was ist denn drin?

Giovanni: Eine Art Pastete für Hunde und Katzen!

Luigi: Pastete für Hunde und Katzen? Spinnst du?

Giovanni: Nur ein bisschen exzentrisch! Ein Feinschmecker! Kost mal davon. (Er streckt ihm einen Teller Suppe hin.) Probier mal!

Luigi: Auch nicht schlecht! Was ist das?

Giovanni: Eine Spezialität von mir: Suppe aus Kanarienvogelhirse in einer Brühe aus Kaninchenköpfen!

Luigi: Kanarienvogelhirse in Kaninchenköpfen!

Giovanni: Eine chinesische Spezialität. Nennt sich: Lin Piao Brei ... eine Leibspeise der Revisionisten!

Luigi: Der Reis ist aber ein bisschen hart.

Giovanni: Was redest du ... das ist beste Kochbeutel-Hirse, immer körnig ... körnige Hirse und Kaninchenköpfe, in denen noch das Auge steckt ... damit haben sie in China die Konterkulturrevolution gemacht! Hast du vielleicht die Olive gegessen?

Luigi: Wieso, sollte ich nicht?

Giovanni: Natürlich nicht! Es war eine Olive von deiner Frau. Jetzt frisst er dem Neugeborenen noch die Oliven weg!

Luigi: Wieso, eine Olive von meiner Frau ... was für ein Neugeborenes?

Giovanni: Ja, weißt du, wenn eins geboren wird ... also die Salz- und Essigsoße ... die vor der Geburt abgeht ... aber lassen wir das ... ich erzähle dir's besser der Reihe nach ... Beginnen wir mit dem Papst ... also, das Paulchen ...

Für Dario Fo ist die Satire eine wichtige »Waffe des Volkes«, »der höchste Ausdruck des Zweifels, die wichtigste Hilfe der Vernunft«, und er warnt vor »Menschen, die nicht lachen«, weil er sie für gefährlich hält.

Als Marco *Mistero buffo* in die Hand geriet und er anfing, darin zu blättern, wurde ihm klar, mit welcher Akribie und welchem Engagement sich Fo für das Volk und seine Überlieferungen einsetzt. Von wegen, der Autor habe keinen Respekt vor der Tradition! Er hat sehr viel Respekt vor Traditionen, zumindest lässt er sie nicht verkommen. Deswegen hat sich Dario Fo zeit seines Lebens mit den volkstümlichen Kunstformen auseinander gesetzt. Er will dem Volk seine Identität und Würde zurückgeben, als Nahrung für die menschliche Seele.

BENEDICTVS

FILM UND KINO

REZEPTE AUS ROM UND LATIUM

CARCIOFI ALLA GIUDIA

Frittierte Artischocken

8 Artischocken
1 Zitrone (Saft)
Olivenöl

Die Artischocken sorgfältig mit einem kleinen scharfen Messer putzen, dabei die äußeren harten Blätter kreisförmig entfernen, bis man zu den zarteren hellen Blättern kommt. Die Artischocken einige Minuten in Wasser mit Zitronensaft legen, danach abgießen, trockentupfen und schlagen, um die Blätter zu weiten. Salzen und pfeffern.

In reichlich heißem Öl frittieren und dabei häufig wenden, damit sie gut durchgegart werden. Kurz vor dem Ende der Kochzeit ein paar Tropfen kaltes Wasser darübergeben, damit sie knuspriger werden.

Die Artischocken aus der Pfanne nehmen, auf Küchenpapier abtropfen lassen und sofort anrichten.

PEPERONI RIPIENI

Gefüllte Paprikaschoten

4 altbackene Weißbrötchen
100 g Thunfisch in Öl
10 schwarze Oliven
4 EL Olivenöl
4 Paprikaschoten

Das Innere der Brötchen in Wasser einweichen. Den Thunfisch und die entkernten Oliven hacken und in eine Schüssel geben. Die gut ausgedrückte Brötchenmasse, Öl, Salz und Pfeffer hinzufügen, alles gut vermengen.

Die Paprikaschoten längs halbieren und entkernen, das weiße Fruchtfleisch entfernen, die Schoten mit der Mischung füllen. Eine feuerfeste Form einölen und die Paprikaschoten darin anordnen. Die Form in den auf 180° vorgeheizten Ofen stellen und die Schoten 40 Minuten garen.

Sie schmecken sowohl warm als auch kalt ausgezeichnet.

Ingrid Bergman und Roberto Rossellini bei den Dreharbeiten zu »Terra di Dio«, 1949

CINEMA LUX!

Ein grünes Leuchtschild über einer Bogentür verrät das Dorfkino der Insel. Nebenan schlüpft ein Pfarrer in seinem schwarzen Gewand aus einer Pforte, überquert hastig die Straße und verschwindet in der gegenüberliegenden Kirche. Doch die Aufmerksamkeit wandert schnell zurück zu einem vergilbten Filmplakat an der Wand neben der Tür: *Rocco e i suoi fratelli*, ein Film von Luchino Visconti.

Auf Stromboli lässt sich im Winter nicht viel unternehmen; ein Ort, an dem die Touristenströme versiegt sind. Auf dieser Insel vulkanischen Ursprungs, die zu den Liparischen Inseln zählt, findet man vor allem Ruhe, kann die winterliche Brise genießen und die Landschaft mit dem noch aktiven Vulkan auf sich wirken lassen.

Hinter der Türscheibe des Cinema Lux befindet sich ein kleines Café. Rechts von der Bar steht ein Kicker, an dem vier Jungen sich lautstark betätigen. Dahinter verbirgt sich der Eingang in den Kinosaal, eingerahmt von alten Filmpostern. Von den fünf Tischen des Cafés ist nur der am Fenster besetzt. Zwei weißhaarige Rentner spielen vor einer Flasche Averna und zwei halb leeren Magenbittergläsern Karten. Die Wände tragen die Wappen der italienischen Seele: links vom Tresen Poster von der Fußballmeisterschaft und ein blau-weißer Schal mit der gestrickten Aufschrift: Forza Italia!; rechts ein riesiger Rosenkranz, das Andenken an einen Wallfahrtsort, an zwei Nägeln aufgehängt; daneben ein Porträt von Padre Pio, dem selig gesprochenen Mönch mit den Wundmalen des Herrn, und darunter die Mahnung: Qui non si bestemmia! – Hier wird nicht geflucht!

Dieser Ort gehört ganz offensichtlich der Kirche. Auch das gehört zur italienischen Lebensart, wie die toskanischen Chianti-Landschaften oder das Colosseo in Rom. Nähert man sich dem Barbesitzer mit

Ingrid Bergman und Roberto Rossellini vor der Insel Stromboli

SUPPLÌ ALLA ROMANA

Reiskroketten auf römische Art

25 g getrocknete Pilze
4 Tomaten
100 g Butter
300 g Reis
2 Eier
2 EL Parmesan
1/2 Zwiebel
Olivenöl
25 g roher Schinken
50 g Bries
2 Hühnerlebern
50 g Kalbsherz
80 g Kalbfleisch
1 EL Tomatenmark
100 g römischer Provatura (mozzarella-ähnlicher, eiförmiger Käse)
Paniermehl
Keimöl zum Frittieren

Die Pilze in lauwarmem Wasser einweichen. Die Tomaten kurz mit kochendem Wasser überbrühen, kalt abschrecken und häuten. Halbieren, entkernen und würfeln.

In einer Kasserolle 1/2 l Wasser mit den Tomaten, 70 g Butter und etwas Salz zum Kochen bringen. Sobald das Wasser anfängt zu kochen, den Reis hineingeben. Ab und zu umrühren und darauf achten, dass der Reis nicht verkocht. Am Ende der Kochzeit den Topf vom Herd nehmen und unter Rühren die Eier und den frisch geriebenen Parmesan zugeben. Den Reis auf einem großen Teller abkühlen lassen.

Währenddessen die Pilze abgießen und klein schneiden, die Zwiebel hacken. Einen Tiegel mit der restlichen Butter, etwas Olivenöl, der Zwiebel, dem Schinken, den Innereien, dem Fleisch und den Pilzen auf den Herd stellen und ein paar Minuten andünsten. Einen in wenig warmem Wasser aufgelösten TL Tomatenmark hinzufügen, salzen und umrühren. Bei schwacher Hitze zugedeckt köcheln, bis die Sauce eingekocht ist, dabei ständig umrühren.

Den Provatura in kleine Stückchen schneiden. Aus dem kalten Reis eigroße Bällchen formen und mit dem Zeigefinger in eines der beiden Enden ein Loch stechen. Das Loch mit der Hackfleischsauce und ein paar Stückchen Provatura füllen, die Öffnung mit wenig Reis verschließen und die Reiskroketten in Paniermehl wenden. In reichlich Keimöl goldbraun und knusprig braten.

Nach Belieben Fleischsauce oder Tomatensauce darübergeben.

Nanni Moretti an der Kamera bei den Dreharbeiten zu »Caro Diario«

der Frage: »A che ora comincia il film?«, hat man sich schon verraten und erfährt sofort in makellosem Deutsch: »In einer Stunde.« Die deutsch-italienischen Beziehungen sind seit Jahrhunderten sehr eng. In den letzten Jahrzehnten gingen die einen, um zu arbeiten, und kamen zurück – zumindest im Sommer –, die anderen kamen, um sich zu erholen, und kommen immer wieder, weil sie sich erholten. So kann man Platz nehmen an der Bar und sich einlassen auf eine Konversation mit dem Barista. Antonio erzählt, dass seine Eltern Anfang der 1960er Jahre aus Italien nach Deutschland auswanderten. Sie waren Gastarbeiter in Sindelfingen bei Stuttgart, wo sie ihr Brot damit verdienten, teure Autos am Fließband zusammenzuschrauben. Dort ist Antonio geboren und aufgewachsen, aber seine Eltern haben immer davon geträumt, in die Heimat zurückzukehren. Er hat ihre Sehnsucht geerbt und ist mit 18 nach Stromboli zurückgegangen, der Heimatinsel seiner Mutter. Und auch seiner Leidenschaft für das Kino kann er hier frönen, indem er das Dorfkino der Kirche wieder auf die Beine stellt. Die Kirche nutzt für sich die Vorteile des Kinos, um junge Seelen zu erreichen und an sich zu binden. Was früher der heilige Don Bosco mit Fußball versucht hatte, versuchten später andere Geistliche mit dem Film. Aber nicht jeder Film durfte gezeigt werden, schließlich wachte die Kirche über Moral und Sitte der Einwohner.

Antonios Ziel ist es, den Einwohnern unter anderem all die Filme zugänglich zu machen, die Stromboli, die Nachbarinseln oder Sizilien verewigt haben. Er will mit ihnen den Stolz teilen, den er jedes Mal spürt, wenn er seine Insel auf der großen Leinwand sieht. Denn die Liparischen Inseln haben die Geschichte des italienischen Films mitgeschrieben. Sie dienten dank ihrer atemberaubenden Schönheit oft als Kulisse. 1949 drehte Roberto Rossellini *Stromboli, terra di Dio (Stromboli)* mit Ingrid Bergman in der Hauptrolle. Auf dem Set des Films begann ihre legendäre Liaison. Das Haus, das sie gemeinsam bewohnten, befindet sich unterhalb der Kirche von San Vincenzo. Auf offener See vor der Küste Panareas entstand ein Teil von Michelangelo Antonionis *L'avventura* (*Die mit der Liebe spielen*, 1960). Michael Radford drehte *Il Postino* (*Der Postmann*, 1994) fast ausschließlich auf Salina und überzeugte den Zuschauer nicht nur durch die erstklassige Besetzung (Mariangela Cucinotta, Philippe Noiret, Massimo Troisi, der kurz nach den Dreharbeiten ums Leben kam), sondern auch mit überwältigenden Aufnahmen von dem Dorf Pollara und dem unterhalb des Dorfes gelegenen Strand. Auch *Kaos* (*Kaos – Sizilianische Erzählungen*, 1983) der Gebrüder Taviani wurde zum Teil auf den Inseln im Tyrrhenischen Meer gedreht, ebenso wie zahlreiche Sequenzen von Nanni Morettis *Caro Diario* (1994).

Vor allem aber auf Sizilien wurden viele Meisterwerke gedreht. Der womöglich größte Erfolg weltweit ist Francis Ford Coppolas dreiteilige Verfilmung von Mario Puzos Mafiaroman *Il padrino (Der Pate)*.

Robert De Niro in »Der Pate«

CROSTINI ALLA PROVATURA E ALICI

Geröstete Brotscheiben mit Sardellen

300 g Provatura oder Mozzarella
in Scheiben geschnittenes Brot nach Hausfrauenart
150 g Butter
2 in Salz eingelegte Sardellen
Milch

Den Mozzarella in Scheiben schneiden, mit Salz und Pfeffer würzen. Brotscheiben in der gleichen Größe vorbereiten. Auf vier Spießchen jeweils abwechselnd eine Scheibe Brot und eine Scheibe Mozzarella stecken – sie sollten eng aneinander liegen –, mit einer Brotscheibe abschließen. Die Spieße auf die Ränder einer feuerfesten Form auflegen, so dass sie den Boden nicht berühren. Im vorgeheizten Ofen bei 200° etwa 20 Minuten backen, dabei ab und zu mit zerlassener Butter einpinseln.

Die Sardellen säubern und entgräten. Die restliche Butter erhitzen, die Sardellen anbraten und dabei zerpflücken. Zum Verlängern der Sauce etwas kochende Milch zugeben. Die Spieße mit der Sauce auf einer vorgewärmten Platte anrichten und sofort servieren.

»Il Postino«

FIORI DI ZUCCA FRITTI

Frittierte Zucchiniblüten

2 Eier
100 ml Mineralwasser
100 ml Weißwein
Olivenöl
200 g Mehl
16 Zucchiniblüten
1 Zitrone

Die Eier trennen. Die Eigelbe mit Mineralwasser, Wein, 1 EL Öl, Salz und Pfeffer gut verrühren. Langsam das Mehl hinzufügen. Den Teig etwa 20 Minuten quellen lassen, dann das Eiweiß mit einer Prise Salz steif schlagen und unter den Teig geben.

Öl erhitzen. Die Zucchiniblüten vorsichtig säubern – nicht waschen, nur auspusten –, durch den Ausbackteig ziehen und portionsweise frittieren.

Auf Küchenpapier abtropfen lassen. Mit Zitronenachteln garnieren und sofort warm servieren.

Michael Ciminos *Il siciliano* (*Der Sizilianer*, 1987), ebenso eine Verfilmung eines Romans von Mario Puzo, und Francesco Rosis *Salvatore Giuliano (Wer erschoss Salvatore Giuliano?)* setzen Giuliano, diesem modernen Briganten, ein Denkmal. Pietro Germi drehte mehrmals auf Sizilien, unter anderem den neorealistischen Western *In nome delle legge* (*Im Namen des Gesetzes*, 1948), den satirischen Film *Divorzio all' italiana* (*Scheidung auf Italienisch*, 1961) mit Marcello Mastroianni und die schwarze Komödie *Sedotta e abbandonata* (*Verführt und verlassen*, 1963).

Auf wahren Begebenheiten basiert der brillante und spannungsreiche Film *Placido Rizzotto*, den Pasquale Scimiteca geschrieben und gedreht hat. Der Gewerkschafter Rizzotto verschwand auf mysteriöse Weise in den späten 1940er Jahren nach Auseinandersetzungen mit der Mafia, die die Kontrolle über Corleone und Umgebung übernommen hatte. Seine Leiche wurde schließlich auf einer Mülldeponie aufgefunden.

Der Filmemacher Luchino Visconti drehte 1947 zum zweiten Mal auf Sizilien. Sein Film *La terra trema (Die Erde bebt)* war die Verfilmung von Giovanni Vergas Roman *I Malavoglia*. Der Film zählt zu den Meisterwerken des Neorealismus und lebt von dem Einsatz nichtprofessioneller Schauspieler, die zeigen, wie hart und anstrengend das Leben der Fischer aus dem Küstendorf Aci Trezza ist. 1967 kam Visconti erneut nach Sizilien, um Giuseppe Tomasi di Lampedusas Roman *Il Gattopardo* *(Der Leopard)* zu verfilmen. *Il Gattopardo* ist Viscontis Meisterwerk. Burt Lancaster hatte in der Rolle des Don Fabrizio einen seiner besten Auftritte.

Der Film wird in wenigen Minuten beginnen. Kein Grund zur Hektik, denn die Zuschauer tauchen unter der Woche in überschaubarer Menge auf. Antonio braucht nicht einmal seinen Bauchladen mit Patatine San Carlo (Chips), Lakritz und Erdbeerbonbons, Fanta, Cola und Chinotto zu bestücken. Am Wochenende lassen sich mehr Leute blicken, weil dann amerikanische Produktionen laufen. Wenn Hollywood Junge und weniger Junge ins Kino lockt und alles bis auf den letzten Platz ausverkauft ist, dann greift Antonio auf den altmodischen Bauchladen zurück, der zum klassischen Inventar eines traditionellen italienischen Kinos gehört. In der Pause zwischen Primo und Secondo tempo – dem ersten und dem zweiten Teil des Films – läuft er durch den Kinosaal und verkauft am Rande der Sitzreihen Getränke und Knabberzeug.

Denn ums Essen dreht sich in Italien mehr als nur das halbe Leben. Das Essen ist das A und O des gesellschaftlichen Miteinanders, der Mittelpunkt des Familienlebens. An einem gedeckten Tisch mit einem köstlichen Primo und einem guten Glas Wein werden über Gott und die Welt parliert, Entscheidungen getroffen oder aber einfach gefeiert. Es wundert also nicht, dass kaum ein italienischer Film ohne Küche und Essensszenen auskommt.

Luchino Visconti in einer Drehpause von »Il Gattopardo« am Strand mit Claudia Cardinale und Burt Lancaster

MINESTRA DI BROCCOLI

Brokkolisuppe

500 g Cavolbroccolo (Brokkolisorte aus dem Gebiet um Rom)
50 g Speck
1 Knoblauchzehe
Schweineschmalz
1 EL Tomatensauce
100 g Schweineschwarte
200 g Bucatini (spaghettiartige, röhrchenförmige Nudeln)
Parmesan

Den Brokkoli waschen und in kleine Stücke teilen. Den Speck und den Knoblauch hacken.

In einer Kasserolle wenig Schmalz erhitzen, Speck und Knoblauch andünsten. Die Tomatensauce, 1/2 l lauwarmes Wasser und die Brokkolistücke hinzufügen, salzen und pfeffern. Bei schwacher Hitze etwa 40 Minuten kochen.

Währenddessen die Schweineschwarte gut säubern, kochen und danach in Streifen schneiden. In die Brühe geben und weitere 10 Minuten kochen. Die Bucatini zerbrechen und in der Brühe al dente kochen; falls nötig, etwas heißes Wasser zugießen.

Anrichten und frisch geriebenen Parmesan dazu reichen.

Gina Lollobrigida

Im Kinosaal gehen die Lichter aus: Rocco e i suoi fratelli – ein Muss für alle Kinofans

Auch in diesem Film steht der Essenstisch im Mittelpunkt des Familienlebens. Umso mehr, da es sich um ein neorealistisches Werk handelt. Er ist nicht einfach ein Gegenstand, sondern eine Kraft, die die matriarchalisch geordnete Familie zusammenhält.

Die Witwe Rosaria Parondi und ihre vier Söhne Simone, Rocco, Ciro und Luca verlassen Lukanien, die Heimat der Olivenbäume, Richtung Mailand, wo Vincenzo, der älteste der Brüder, seit einiger Zeit lebt. Rosaria hofft, dass Vincenzo allen eine Arbeit verschaffen kann. Bald schon werden die älteren der Ragazzi von Vincenzo in den Boxsport eingeführt, aber nur Simone wird von einem ehemaligen Boxer wirklich »entdeckt«. Als er sich verliebt und die angebetete Nadia aber Rocco vorzieht, wird er zum erbarmungslosen Rivalen seines jüngeren Bruders. Trotzdem unterstützt Rocco Simone weiterhin finanziell, bis es zu einer grausamen Schlägerei kommt, während der Simone seinen Bruder Rocco niederschlägt und Nadia vergewaltigt. Das leitet die unabwendbare Katastrophe und den Zerfall der Familie ein.

Gleich zu Beginn des Films wird die Verlobung von Vincenzo und Ginetta (Claudia Cardinale) gefeiert. Welch ein Anlass zum Anstoßen im engsten Familien- und Freundeskreis mit einfachem, doch süffigem Wein aus bastumwickelten Weinflaschen! Während der Chianti großzügig fließt, sorgt die Mutter der zukünftigen Braut, la Mamma, für das Wohl ihrer Gäste und stellt eine dampfende Auflaufform auf den Tisch. Ob eine Cianfotta aus Lukanien, ein Kartoffel-Auberginen-Topf, oder Polenta pasticciata, ein Polentaauflauf aus dem benachbarten Piemont – der aufsteigende Dampf verrät, dass er direkt aus dem Ofen kommt. Auch die Orangen, die Rocco und seine Familie aus dem Süden mitgebracht haben, verscheuchen die Gedanken an das unwirtliche Mailänder Wetter. Sie lassen unter den Feiernden die Sonne des Südens, in der sie gereift sind, aufscheinen gegen den Schnee, den Rosaria und ihre Kinder zum ersten Mal in ihrem Leben vom Himmel fallen sehen. Die wegen ihrer Nahrhaftigkeit hoch geschätzten Linsen vermögen noch molto di piú und das aus zwei Gründen: zum einen wegen ihres hohen Proteingehalts, zum anderen wegen des Glücks, das sie einem vermeintlich bringen. Deswegen werden sie in Italien auch an Silvester zu Zampone (Schweinsfuß) oder Cotechino (italienischer Schlackwurst) gereicht. Linsen symbolisieren traditionell den Geldsegen, den das neue Jahr bringen soll: Ähnlich wie Erbsen, Bohnen oder Weintrauben gehören sie zu den runden Ingredienti, die dafür sorgen sollen, dass immer das nötige Kleingeld – und nicht nur das – vorhanden ist. A proposito di Trauben, es gibt ein italienisches Sprichwort, das besagt: Chi mangia l'uva a capodanno conta i quattrini tutto l'anno. Also: Wer Silvester Trauben isst, wird das ganze Jahr über Geld zählen. Der Granatapfel oder ein Nachtisch, der seine Kerne enthält, dient dem gleichen Zweck: Er symbolisiert Fruchtbarkeit und Wohlstand und liegt somit ganz auf der Linie des Aberglaubens, der an Silvester Hochkonjunktur hat.

Rocco ist in einer Szene des Films auf dem Bett sitzend zu sehen, einen breiten Teller voller Linsen auf dem Schoß. Er trennt die schlechten von den guten, wie es in Lukanien Brauch ist. Das Linsenputzen wird später als Metapher wieder aufgegriffen. Nachdem Simone der Familie zum wiederholten Male Unannehmlichkeiten bereitet hat, vergleicht der strenge Ciro den Bruder mit einer schlechten Linse, die all die guten zu verderben droht. Rocco ist anderer Meinung, weil ihm die Integrität und der Zusammenhalt der Brüder am Herzen liegt. Sein Ziel unterscheidet sich kaum von dem seiner Mutter, die sich nichts anderes wünscht, als »all ihre Kinder um denselben Tisch zu haben, wie die Finger einer Hand«. Zu dem Zeitpunkt, als dieser Wunsch geäußert wird, ist der Verfall der Familie aber kaum noch aufzuhalten. Trotzdem wird zu jedem erfreulichen Anlass unter der Regie der Mutter mit dem typischen Sonntagsessen der Zeit gefeiert:

PENNE ALL'ARRABBIATA

Makkaroni nach Art der »zornigen Frau«

500 g reife Tomaten oder 1 Dose Pelati
100 g durchwachsener Speck
1 Zwiebel
2 Knoblauchzehen
400 g Penne
2 EL Butter
2 kleine rote Chilischoten
50 g Pecorino oder Parmesan
1 Bund glatte Petersilie

Die Tomaten kurz mit kochendem Wasser überbrühen, kalt abschrecken und häuten. Halbieren, entkernen, grob würfeln und durch ein Sieb streichen. Den Speck in feine Streifen scheiden. Die Zwiebel fein hacken, den Knoblauch in dünne Scheiben schneiden. In einem Topf 4 l Salzwasser aufkochen und die Penne 5 Minuten vorgaren.

In einer großen Pfanne die Butter erhitzen, Speck und Zwiebel bei schwacher Hitze unter Rühren glasig dünsten. Knoblauch, Tomaten und Chilischoten unterrühren, mit Salz und Pfeffer würzen. Bei schwacher Hitze weiterköcheln.

Die Penne abgießen, vom heißen Kochwasser einige EL aufbewahren. Die Penne nur kurz abtropfen lassen und unter die Sauce mischen. Das Ganze bei schwacher Hitze weiterköcheln, bis die Penne al dente sind. Falls nötig, etwas Kochwasser zugeben.

Nach Belieben die Chilischoten entfernen. Mit Salz und Pfeffer nachwürzen, nach Geschmack mit frisch geriebenem Pecorino mischen. In einer vorgewärmten Schüssel oder auf tiefen Tellern anrichten und mit fein gehackter Petersilie bestreuen.

GNOCCHI DI SEMOLINO ALLA ROMANA

Griesnocken auf römische Art

1/2 l Milch
Muskatnuss
150 g Grieß
3 Eier
Butter zum Einfetten
100 g Parmesan
100 g Butter

In einem Topf Milch aufkochen, mit Salz, Pfeffer und frisch geriebenem Muskat würzen. Den Grieß zugeben und unter ständigem Rühren 20 Minuten kochen.

Den Topf vom Herd nehmen und kurz abkühlen lassen. Die Eier verquirlen und untermischen. Ein rechteckiges Kuchenblech kalt abspülen, den noch warmen Brei daraufgießen, mit einem Spatel glatt streichen und abkühlen lassen.

Mit einem Glas Plätzchen von etwa 4 cm Durchmesser ausstechen. Eine feuerfeste Form mit Butter ausstreichen. Die Reste, die beim Ausstechen der Plätzchen entstanden sind, hineinlegen. Mit etwas frisch geriebenem Parmesan bestreuen und mit zerlassener Butter übergießen.

Eine Schicht Gnocchi darübergeben, dabei einen Rand von etwa 2 cm frei lassen. Mit Käse bestreuen und mit Butter begießen. Den Rest der Gnocchi pyramidenförmig daraufgeben, wieder mit Käse bestreuen und mit der restlichen Butter begießen. Im vorgeheizten Ofen bei 200° goldgelb überbacken.

Dazu schmecken Hühnerlebern in Zwiebelsauce.

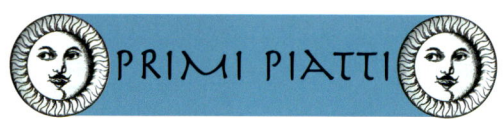

Hähnchen. Eine Flasche Spumante wird entkorkt und mit Gästen und Nachbarn angestoßen. Aber es ist auch eine bittere Feier: Die Großstadt hat die Einheit und die Identität der Familie zerstört, und Rocco hat das sehr wohl verstanden.

Die Kellerwohnung ist auch der Schauplatz, auf dem Nadia in das Leben der Familie Parondi platzt. Sie stellt sich als in Cremona, der Heimat der Mostarda, geboren vor. Die Mostarda di Cremona ist eine italienische Speisewürze, die aus kandierten Fruchtstücken, Senf und Gewürzen zubereitet und zu gekochtem Fleisch und Braten serviert wird. Bei Lust und Laune und mit etwas Geduld lässt sie sich zu Hause selbst zubereiten, das dauert aber etwas: Das Obst braucht etwa drei Tage für die Gärung. Was die Auswahl der Früchte angeht, ist sie der Fantasie jedes Einzelnen überlassen: Von Pfirsichen (halbiert und entkernt) über Aprikosen bis hin zu kleinen Apfelsinen oder Mandarinen ist alles zugelassen. Je mehr, desto schmackhafter: Geschälte und halbierte Birnen, Feigen, Ananasscheiben, Kirschen, Kürbis und Zitronenschalen in Stücken garantieren ein gutes Ergebnis. Das Obst muss gut gewaschen und getrocknet sein. 1 kg Obst ergibt Mostarda für ungefähr zehn Personen. Das Obst und der Zucker (500 g) werden abwechselnd in eine Edelstahlschale geschichtet. Das Ganze muss 24 Stunden ruhen, bevor man es fünf Minuten lang auf halber Flamme kocht. Die Prozedur wird dreimal wiederholt: einen Tag lang ruhen lassen, fünf Minuten kochen und so weiter. Abschließend einen

Szene aus »Rocco und seine Brüder«

Tropfen Senfextrakt oder -pulver in einen hermetischen Behälter geben und mit dem lauwarmen Obst und dessen Saft auffüllen. Die Gläser werden dann geschlossen und im Dunkeln aufbewahrt.

Nadia erwähnt Rocco und seinen Brüdern gegenüber nur die Mostarda, deren süß-saurer Geschmack wohl am ehesten ihrer Persönlichkeit entspricht, nicht aber jene andere Spezialität ihrer ehemaligen Heimat, die früher jedem italienischen Kind die Weihnachtszeit versüßte: Torrone. Heutzutage kann Torrone das ganze Jahr über in verschiedenen Größen und Geschmacksvariationen, mit Schokolade oder pur, überall in italienischen Supermärkten erworben werden. In der Via Solferino aber findet der Tourist, der durch die Straßen Cremonas flaniert, die Wiege des italienischen Honig- und Mandelnougats: die Konditorei Lanfranchi und das historische Süßwarengeschäft Sperlari.

Es wird erzählt, dass die Geburtsstunde des Torrone der 25. Oktober 1441 war. An dem Tag heirateten Bianca Maria Visconti und Francesco Sforza, Sprösslinge der zwei mächtigsten Familien Mailands und Umgebung. Zu der üblichen Mitgift in Geld und Juwelen erhielt die Braut von ihrem Vater die Stadt Cremona geschenkt. Um diese Ehre entsprechend zu würdigen, erfanden die Konditoren am Hof der Viscontis eine neue Süßspeise, deren Form an den Torrione, den höchsten Kirchturm der Stadt,

GNOCCHI DI PATATE CON BURRO VERDE

Kartoffelgnocchi mit grüner Butter

für die grüne Butter:
80 g Butter
1 EL gehackte Kräuter (Rosmarin, Majoran, Basilikum)
1 Knoblauchzehe
2 EL fein gehackte Petersilie
100 g Pecorino oder Parmesan

für den Teig:
1 kg Kartoffeln
2 Eier
150–250 g Mehl

Die zimmerwarme Butter mit den Kräutern gut vermischen.

Für den Teig die Kartoffeln mit Schale kochen. Noch warm schälen und pürieren. Etwas abkühlen lassen und mit den verrührten Eiern, dem Mehl und wenig Salz kneten, bis der Teig nicht mehr an den Händen klebt. Zu fingerdicken Rollen formen und in 3 cm lange Stücke schneiden. Die Teigstücke einzeln quer auf eine Gabel legen, mit dem Finger eindrücken und etwas einrollen, damit die typische Gnocchiform entsteht. Die Gnocchi sehen muschelförmig aus und bekommen so auf der einen Seite eine Vertiefung.

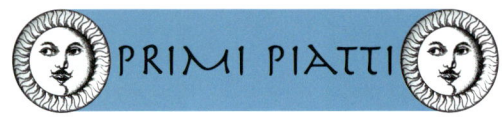

FEDERICO FELLINI
LA DOLCE VITA
DISTRIBUZIONE
CINERIZ
MARCELLO MASTROIANNI · ANITA EKBERG
ANOUK AIMEE · YVONNE FURNEAUX · ALAIN CUNY · ANNIBALE NINCHI
ALTER SANTESSO · MAGALI NOEL · LEX BARKER · JACQUES SERNAS · NADIA GRAY

Filmplakat

Die Gnocchi in reichlich Salzwasser kochen. Wenn sie an der Oberfläche schwimmen, mit dem Schaumlöffel herausnehmen, gut abtropfen lassen und auf einer vorgewärmten Platte anrichten.

Die Kräuterbutter erwärmen, bis sie zerfließt. Den zerdrückten Knoblauch, die Petersilie, wenig Salz und Pfeffer zugeben. Die Gnocchi damit übergießen und mit reichlich frisch geriebenem Käse bestreuen.

Sofort servieren.

erinnerte und diesen symbolisch darstellte. Es erübrigt sich, zu sagen, dass der Torrone bei den Gästen, die damals aus allen Ecken Europas zur Hochzeit geeilt waren, sehr gut ankam – der Anfang seines weltweiten Erfolges.

Weltweiten Erfolg genießt auch ein anderes süßes italienisches Exportprodukt, das sich im Gegensatz zum Torrone nur genießen, aber nicht verspeisen lässt: La dolce vita! Süß kann das Leben sein in der Campagna romana, müßig mit einem Grashalm im Mund in der Sonne liegend, noch süßer aber, wenn der Frascati fließt wie einer der Bäche, die die Hügellandschaft der Castelli romani herunterplätschern. Und am süßesten ist es, wenn man an einer langen Tafel mitten auf dem Hof eines Gutes sitzt und einem die Wunder der römischen Küche einladend entgegenlachen. Da ist die Enthaltsamkeitspredigt, die man in einer Kirche der nahe gelegenen Vatikanstadt vernommen hat, wenn auch gut begründet, schnell vergessen, und im Nu stürzt man sich in das Leben der alten Römer, die sehr genau wussten, wie man es sich gut gehen lässt. Penne all'arrabbiata, Gnocchi alla romana oder lieber Gnocchi di patate con burro verde? Alles! Die Wahl fällt einem nicht leicht, wenn man Thunfisch mit Erbsen, Geflügelragout mit Tomaten und Saltimbocca serviert bekommt. Mäßigung ist die Tugend der anderen, wenn man sich mit gewellten Lasagne und Fettuccine alla romana, Milchlamm auf römische Art, frittierten Artischocken und gefüllten Paprikaschoten den Magen voll schlagen kann. Und zum Abschluss ein Stück Ricotta-Kuchen mit einem starken Espresso und ein Gläschen Liquore Strega, um die Verdauung zu fördern. Dolce ist la vita im italienischen Schlaraffenland, zu dem gutes Essen und guter Wein gehören wie Müßiggang und Gedankenlosigkeit.

Nichts dergleichen allerdings hatte Federico Fellini in *La dolce vita* im Sinn. Den legendären dreistündigen Film kennt jeder allein schon wegen der Szene, in der Anita Ekberg in der Rolle eines amerikanischen Filmstars in die Fontana di Trevi steigt und den jungen Marcello Mastroianni zu einem Bad der besonderen Art verführt. Was man in dem 1960 gedrehten Film zu sehen bekommt, stimmt allerdings mit der allgemeinen Vorstellung eines altrömischen Gelages nur bedingt überein. Das Bild, das Federico Fellini erschafft, ist das einer dekadenten Gesellschaft, die trotz ihrer Lebendigkeit oberflächlich, hohl und wertlos ist.

La dolce vita ist ein Episodenfilm, dessen Hauptfigur, der Journalist Marcello Rubini (Marcello Mastroianni), die Szenen lose verbindet. Im Grunde geht es um seine Existenz, die Unzufriedenheit mit seiner Arbeit und seinem Liebesleben und die Suche nach einem Sinn im Leben, den er aus Angst oder Unzulänglichkeit nicht findet.

Ausgelasssene Partyszene aus »Das süße Leben« mit Marcello Mastroianni

FETTUCCINE ALLA ROMANA

Bandnudeln mit Hühnerlebersauce

20 g getrocknete Pilze (etwa Steinpilze)
250 g Hühnerleber
2 kleine Fleischtomaten
2 Frühlingszwiebeln
50 g milder roher Schinken
2 EL Butter
400 g grüne Fettuccine (8 Nudelnester)
50 g Parmesan oder Pecorino

für die Grundsauce:
50 g durchwachsener Speck
1 Möhre
1 Zwiebel
2 EL Olivenöl
250 g Hühnerklein
1 Knoblauchzehe
2 Gewürznelken
1 Lorbeerblatt
1/4 l trockener Weißwein
2 EL Tomatenmark

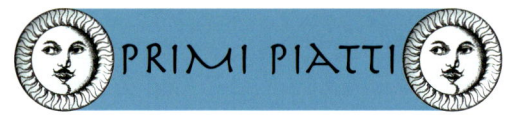

Anita Ekberg in »Das süße Leben«

Die Pilze in lauwarmem Wasser einweichen.

Für die Grundsauce den Speck in feine Würfel schneiden. Die Möhre schaben und fein würfeln, die Zwiebel fein hacken.

In einem breiten Topf das Öl erhitzen und den Speck auslassen. Das Hühnerklein zugeben und rundum anbraten. Möhre und Zwiebel beifügen und kurz anschmoren. Mit dem zerdrückten Knoblauch, Salz und Pfeffer würzen. Nelken und Lorbeerblatt hineingeben, den Wein angießen und alles gut 30 Minuten köcheln.

Durch ein feines Sieb passieren, die Sauce in den Topf zurückgeben und das Tomatenmark unterrühren.

Die Hühnerleber in kleine Würfel schneiden. Die Tomaten kurz mit kochendem Wasser überbrühen, kalt abschrecken und häuten. Halbieren, entkernen und fein würfeln. Die Frühlingszwiebeln fein hacken, den Schinken in feine Streifen schneiden. Die Pilze abtropfen lassen und klein schneiden.

In einer Pfanne 1 EL Butter zerlassen, die Frühlingszwiebeln und den Schinken bei schwacher Hitze anbraten. Die Pilze mit dem Sud zugeben. Die vorbereitete Sauce angießen und alles 10 Minuten kräftig kochen. Tomatenwürfel unterrühren, mit Salz und Pfeffer würzen.

Währenddessen in einem großen Topf 4 l Salzwasser aufkochen. Die Fettuccine hineingeben und in knapp 10 Minuten bissfest garen.

In einer Pfanne 1 EL Butter zerlassen und die Leberstückchen unter Rühren 3 Minuten braten. Salzen, pfeffern, unter die Tomatensauce mischen.

Die Fettuccine abgießen und gut abtropfen lassen. Auf vorgewärmte Teller verteilen und mit der Sauce begießen.

Den frisch geriebenen Käse dazu reichen.

Marcello arbeitet als Journalist im Rom der fünfziger Jahre. In seinen Artikeln berichtet er über das schillernde Leben der Filmstars, sensationelle Madonnenerscheinungen und wie sich das römische Patriziat zwischen einer Portion Escargots und einem Schluck Soave zumindest schmackhaft die Zeit vertreibt. Damit sind die großen Themen des Films angerissen: die Oberflächlichkeit der Film- und Medienwelt; die Marketingmaschinerie der Kirche und ihrer Institutionen; der Verfall der Aristokratie.

Mancher Zuschauer möchte vielleicht lieber an seinem Fantasiebild des süßen Lebens festhalten, sich an einen Teller Fettuccine oder an die Bilder seines letzten Urlaubs in der Ewigen Stadt erinnern. Fellinis Film vermag schließlich auch in vielen Szenen verblichene Erinnerungen wieder wachzurufen. Die Kellner in ihrer schwarzweißen Uniform tänzeln im Film wie im Leben um die Tische der Straßencafés mit einem Glas Wasser für die Revueschauspielerin, einem doppelten Espresso für den Klatschjournalisten und einem Ristretto für den Commendatore, der im ersten Stock des gegenüberliegenden Gebäudes in seinem Buchhaltungsbüro sitzt und Rechnungen schreibt.

Die Ankunft des gefeierten Filmstars Sylvia bringt den melancholischen Zuschauer zurück in die kleine Pizzeria am Campo dei Fiori, wo er das Privileg genoss, die größte und beste Pizza seines Lebens zu verzehren. In einer Filmszene bekommt die Diva ein Riesenblech Pizza direkt ans Flugzeug serviert. Ein Geschenk ihres Produzenten, der sich ein Willkommen all'italiana hat einfallen lassen und dem zwei engagierte Pizzaioli einen Weg durch die Paparazzi bahnen. Alle Reporter der Regenbogenpresse sind gekommen, um einen Schnappschuss von der Göttlichen zu ergattern, die mit ihrer blonden Mähne willig auf der Flugzeugtreppe posiert. Doch ihre Aufmerksamkeit gilt vor allem einem typischen italienischen Produkt, »das in seinem Geschmack und seinen Farben die italienische Lebensfreude zu enthalten scheint«. Selbst wenn dem Umfang nach alle Anwesenden daran hätten satt werden können, senkt nur Sylvia ihre makellos weißen Zähne in ein Stück, von dem Fäden geschmolzenen Mozzarellas herabhängen. Auf der Pressekonferenz, umringt von Fotografen und Reportern, unter denen sich auch Marcello befindet, gesteht sie zwei weiteren Favoriten der italienischen Küche ihre Liebe: Spaghetti und Cannelloni.

In diese inszenierte Welt, in der Champagner und raffinierte Häppchen herumgereicht werden, dringt der Anruf der eifersüchtigen Emma, die ihren Marcello allein für sich und zu Hause haben will. Sie versucht ihn mit ihrer Kochkunst zu bezirzen: Selbst gemachte Ravioloni, mit Ricotta und frischem Gemüse gefüllt, warten schon im Esszimmer. Emma lässt keine Gelegenheit aus, ihren Freund zu bemuttern. Mal hält sie ihm eine Thermoskanne mit heißem Kaffee hin; mal reicht sie ihm belegte Brötchen mit gekochten Eiern und Bananen. Wie eine fürsorgliche Mutter ermahnt sie ihn mehrmals, langsam zu kauen. Gegessen wird in diesem Film immer und überall, so auch vor der großartigen Kulisse der Caracalla-Thermen, wo sich Sylvias handgreiflicher Freund Robert Banana flambée auf seiner Zunge zergehen lässt und der Champagner in den Kristallschalen perlt wie das sprudelnde Wasser im Hintergrund. In der eleganten Wohnung Steiners, Marcellos geschätztem Freund, einem beliebten Treffpunkt von Künstlern und Intellektuellen, lässt sich am Büffet mit einem Teller Suppe, Fleisch oder Hähnchenflügel besser über den Wert der Frau in Fernost oder die Geheimnisse der Poesie debattieren.

Dem Essen und speziell den Spaghetti kommt eine wichtige Bedeutung zu: Es hat etwas Verbindendes, Demokratisches, das über die sozialen Grenzen hinausgeht. Alle ohne Unterschied genießen die Pasta: vom Filmstar über die Soubrette bis hin zu den Aristokraten, die nach einer orgiastischen Geisterjagd in einer heruntergekommenen Parkvilla speisen. Beim Essen lassen sich das Leben besser feiern und seine schweren Seiten viel leichter ertragen, scheint die schmackhafte, wenn auch unausgesprochene Botschaft des Films zu sein. Zumindest Marcello und seine neu gewonnenen Freunde vermitteln diesen Eindruck, wenn sie ihre Geflügelkeulen mit den Händen essen und den Alkohol aus Eimern trinken. Italienische Filme und italienisches Essen vermitteln ein Lebensgefühl, das Millionen von Deutschen seit den sechziger Jahren des letzten Jahrhunderts in ihrem Urlaub in Italien suchen und finden.

LASAGNE RICCE ALLA ROMANA

Gewellte Lasagne auf römische Art

25 getrocknete Steinpilze
300 g feste reife Tomaten oder gewürfelte Pelati
1 Zwiebel
1 dicke Scheibe (50 g) geräucherter Speck
3 EL Olivenöl
300 g Lasagnette oder andere breite Nudeln (etwa Papardelle)
20 g Butter
3 EL Parmesan
1 Bund glatte Petersilie

Die Pilze in lauwarmem Wasser einweichen. Die Tomaten kurz mit kochendem Wasser überbrühen, kalt abschrecken und häuten. Halbieren, entkernen, grob würfeln und durch ein Sieb passieren. Die Zwiebel fein hacken, den Speck in kleine Würfel schneiden.

In einer Kasserolle das Öl erhitzen und die Zwiebel glasig dünsten. Die Speckwürfel hinzufügen und unter Rühren mit einem Holzlöffel kurz anbraten. Die abgetropften und klein geschnittenen Pilze zugeben und 1 Minute garen. Die Tomaten beifügen, die Sauce mit Salz und Pfeffer würzen. Bei schwacher Hitze etwa 15 Minuten köcheln, dabei die Sauce ab und zu umrühren.

Währenddessen die Lasagnette in reichlich Salzwasser al dente kochen. Abgießen, dabei etwas vom Kochwasser zurückbehalten, und sofort in die Kasserolle mit der Sauce geben. 2 EL Nudelwasser darübergeben und alles etwa 1 Minute ziehen lassen. Die Butter und den frisch geriebenen Parmesan hinzufügen, den Topf vom Herd nehmen und alle Zutaten sorgfältig vermischen.

Die Pasta in einer vorgewärmten Schüssel oder auf tiefen Tellern anrichten. Mit fein gehackter Petersilie bestreuen und sofort servieren.

Frisch geriebenen Parmesan und eine Pfeffermühle dazu reichen.

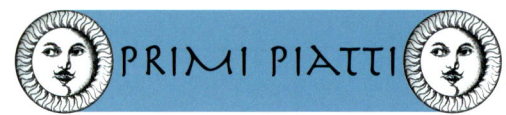

Auch im Privatleben ist Sophia Loren eine passionierte Köchin. Hier hat sie sich unter die Köche eines Restaurants in Venedig gemischt.

Sabato, domenica e lunedí

Möchten Sie eine Bella figura machen, vergessen Sie italienische Kochbücher, Internetseiten und kurz auch die Schwiegermutter. Gesetzt den Fall, Sie möchten ein unvergessliches italienisches Ragú zubereiten, schauen Sie sich Lina Wertmüllers *Sabato, domenica e lunedí* (1990), die Verfilmung des gleichnamigen Theaterstückes von Eduardo De Filippo (1959), an. Dort kann man nicht nur die reife Sophia Loren bewundern, sondern das allerbeste Ragú-Rezept in Erfahrung bringen.

Professor Luigi Ianiello (Luciano De Crescenzo) ist der Meinung, dass die Hebung und Senkung der Küstenlinie durch Erdbeben, die Pozzuoli bei Neapel heimsuchen, nicht nur ein geologisches Phänomen, sondern auch auf magische Einflüsse der Grande Madre zurückzuführen sind, einer mythologischen Personifizierung der Erde. Sein Bild der Grande Madre hat viele Ähnlichkeiten mit lebenden Personen, zum Beispiel der attraktiven Nachbarin Rosa (Sophia Loren), die mit Peppino Priore verheiratet ist und wie kaum eine andere die Kochkunst beherrscht. Rosa hat zum sonntäglichen Mittagessen neben der Familie auch den Professore und seine Frau eingeladen. Peppino Priore erfreut diese Nachricht nicht, da er eifersüchtig ist. Fast fliegen die besten Stücke ihres Sonntagsservices, als Peppino Luigi und Rosa eine Affäre unterstellt. Zum Glück verliert Rosa nach ihrem Wutanfall das Bewusstsein, denn nur so kann Peppino davon abgehalten werden, auf seinen vermeintlichen Rivalen zu schießen. Nach einer schlaflosen Nacht, die Peppino wie ein streunender Hund in den Straßen und am Strand Pozzuolis verbringt, kommt er wieder zur Vernunft und entschuldigt sich bei seiner Frau. Die Harmonie ist am Ende des Films wiederhergestellt, sowohl »in casa« Priore als auch in der Stadt. Die Erde hat aufgehört zu beben.

In Pozzuoli hat es sich herumgesprochen, dass Rosa unschlagbar in der Zubereitung eines Gerichts ist, das, wie es die Tradition verlangt, immer sonntags auf den Tisch kommt: Pasta al ragú.

Samstag ist Markttag, und man sieht die Köchin zwischen den Marktständen umherschlendern. Ein Fest für das Auge, Farben wie gemalt. Saftige Orangen und Zitronen, Nektarinen und Aprikosen, Weintrauben, weiß und schwarz, Wasser- und Honigmelonen, Pflaumen und Kirschen, alles füllt die Auslagen der Holzstände, an denen die Verkäufer im Wettbewerb ihre Produkte anpreisen. Möhren, Salatköpfe in verschiedenen Grüntönen, Fenchel und Rotkohl. Rosa packt bei einem ein paar Tomaten, bei einem anderen Zwiebeln ein, an einem Stand holt sie sich Sellerie und an einem anderen die Gewürze. Eine Erkenntnis, die sich hier aufdrängt: Man sollte unbedingt wissen, wer das Beste zu bieten hat. Rosa geht vom Markt direkt zum Metzger, ohne Fleisch kein Ragú. Hinter dem Tresen hängen die besten Stücke von Schwein, Kalb und Lamm; in der Vitrine liegen gestückelt, geschnipselt und gehackt Keulen, Filets und Schinken. Es ist ein Paradies für Donna Rosa, weil sie hier das Spezzatino, den Bug, die Sehne und die Rippen bekommt, die ihrem Ragú das gewisse Etwas geben, das ihre Gäste so zu schätzen wissen. Die anderen Frauen, die sich aus demselben Grund in der Metzgerei befinden, weil ein Sonntag ohne Ragú eben kein richtiger Sonntag ist, sind aber durchaus anderer Meinung, wie das perfekte Ragú zu kochen sei. Eine aus Afragóla kann sich kaum eines ohne gefüllten Schinken, Knoblauch, Petersilie und Pinienkerne vorstellen. Eine andere ist der Ansicht, dass das wahre Geheimnis des Ragú der beherzte Einsatz von Zwiebeln sei. Und wieder eine andere denkt, dass das klassische Ragú-Rezept nicht ohne Schweinefleisch auskommt.

Was alle wissen: Damit das Ragú gelingt, ist ein wenig Pazienza di Giobbe nötig, himmlische Geduld, denn die Sauce muss stundenlang bei niedriger Hitze köcheln.

Obwohl ein gut gelungenes Ragú sich auch einfach mit Brot essen lässt, sind, wenn man Gäste hat, Nudeln nötig. Donna Rosa entscheidet sich für Zite, dicke Röhrennudeln, die in Süditalien ursprünglich

ABBACCHIO ALLA ROMANA

Milchlamm auf römische Art

für 4–6 Personen

3 eingelegte Sardellenfilets
1 EL frischer oder 1/2 EL getrockneter Rosmarin
5 gehackte Knoblauchzehen
4 EL Weißweinessig
1 kg zartes Lammfleisch aus der Schulter (möglichst Milchlamm)
2 halbierte Knoblauchzehen
6 EL Olivenöl

Für die Sauce die Sardellenfilets abspülen, mit Küchenpapier trockentupfen und klein schneiden. Mit Rosmarin und dem gehackten Knoblauch in den Mörser geben und zu einer Paste zerstoßen. Nach und nach den Weinessig untermischen und alles zu einer glatten Creme rühren.

Das Lammfleisch mit den halbierten Knoblauchzehen rundum kräftig einreiben. In kleinere Würfel schneiden und pfeffern.

In einer großen Pfanne das Öl erhitzen und die Lammstücke unter häufigem Wenden 5 Minuten kräftig anbräunen. Die Temperatur reduzieren und das Fleisch weitere 5 Minuten braten.

Sobald das Fleisch gar ist, die Sauce gründlich einrühren. Kurz heiß werden lassen, kräftig mit Pfeffer bestreuen, eventuell salzen – die Sauce soll stark eingekocht sein.

Auf einer vorgewärmten Platte servieren.

Milchlamm gibt es hauptsächlich zur Osterzeit. Nicht ganz so zartes Lammfleisch sollte man unter Zusatz von etwa 100 ml Lammfond oder Wasser in einer Pfanne etwa 15 Minuten schmoren.

TONNO CON PISELLI

Thunfisch mit Erbsen

1 mittelgroße Zwiebel
1 Bund glatte Petersilie
3 EL Butter
1 kg frische zarte oder 600 g tiefgekühlte Erbsen
1/4 l trockener Weißwein
2 EL Tomatenmark
4 Scheiben Thunfisch (600 g)
1/2 Bund Basilikum

Die Zwiebel in feine Würfel schneiden, die Petersilie hacken.

In einem breiten Topf die Butter zerlassen, Zwiebel und Petersilie andünsten. Die Erbsen einrühren, mit Salz und Pfeffer würzen. Den Weißwein angießen und die Erbsen zugedeckt bei schwacher Hitze etwa 15 Minuten vorgaren. Dann das Tomatenmark unterrühren.

Die Thunfischscheiben kurz unter fließendem Wasser abspülen, mit Küchenpapier trockentupfen, von beiden Seiten mit wenig Salz bestreuen. Den Fisch auf die Erbsen legen und zugedeckt 10 Minuten mitgaren. Wenden und etwa 5 Minuten fertig garen. Mit Salz und grobem Pfeffer abschmecken, mit Basilikumblättern garnieren.

Alternativ kann man den Fisch dünn mit Mehl bestäuben, in Olivenöl kurz anbraten und erst dann auf die Erbsen legen.

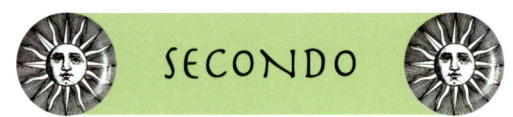

nur bei Hochzeiten auf den Tisch kamen. Weil Zite sehr lang sind, zerschneidet Rosa sie geduldig, bevor sie ins siedende Wasser kommen.

»E per secondo?« Auch Professor Ianiello ist über den Markt gelaufen. Die frisch gefischten Meeresfrüchte und die schimmernden Fische auf den Eisblöcken haben seinen Blick gefangen genommen. Was für eine brillante Idee: Donna Rosa liebt kleine Kraken! Und Luigi greift zu. Daraus zaubert er Polipetti affogati alle olive e ai capperi, kleine Tintenfische mit Knoblauch und Petersilie in einer Oliven- und Kapernsauce »ertränkt«. Der akademische Genießer gibt den Koch: Dazu hat er den passenden Topf besorgt, legt sich eine weiße Schürze um und dringt ein in Donna Rosas Reich. Doch auch sie hat zum Secondo beigetragen: Carne e patatine fritte. Für uns heute nichts Besonderes, damals aber fester Bestandteil eines guten Sonntagsessen. An den Nachtisch hat Luigi Ianiello auch gedacht: Cassata siciliana.

Von einem anderen Gericht ist oft im Film die Rede: Maccheroni alla siciliana, ein Auflauf aus Nudeln und Auberginen. Sie sind der Zankapfel zwischen Donna Rosa und Don Peppino. Don Peppino hat die Dreistigkeit besessen, die Maccheroni alla siciliana seiner Schwiegertochter zu loben, die in Donna Rosas Augen nicht kochen kann, und dabei vergessen, Donna Rosa ein angemessenes Kompliment zu machen. Ja, die Maccheroni sind der Auslöser einer Ehekrise und Antrieb der ganzen Komödie. Um sich wegen des Affronts zu rächen, entzündet Donna Rosa die Eifersucht von Don Peppino, indem sie mit offensichtlicher Freude die Aufmerksamkeiten des Professors annimmt. Aber der Schuss geht nach hinten los, weil das Eifersuchtsdrama das Sonntagsessen zerstört, das Donna Rosa mit Hilfe der drei älteren Bediensteten so sorgfältig vorbereitet hatte. Denn mit ähnlich großer Geduld wie bei der Zubereitung des Ragú hat sie den Tisch decken lassen. Als sie vom Gottesdienst nach Hause kommt, muss sie über ihre eigene Kreation staunen: »Che bella cosa! Che bella tavola!« Der Tisch wird zum heidnischen Altar, um den sich ein magisches Ritual vollzieht. Alle, bis auf Don Peppino, nehmen aktiv an dem Ragú-Ritual teil. Die tiefen Teller werden von Hand zu Hand gereicht und bilden einen Stapel, der nach und nach vor Donna Rosa in die Höhe wächst. Diese behandelt den Schöpflöffel wie eine griechische Priesterin ihre heiligen Instrumente und misst jedem die passende Portion zu. Sind alle bedient, herrscht für einen kleinen Augenblick Stille, eine »Ragú-Stille«, wie der Professor anmerkt, weil das Schweigen doch die passende Haltung für ein Ritual ist.

Der Eindruck, dass eine italienische Mahlzeit Stunde um Stunde in Anspruch nimmt, trügt. Es kann auch viel schneller gehen, als man denkt. Die italienische Küche ist reich an Rezepten, die sich ohne großen Zeitaufwand zubereiten lassen. Sie wollen sich in einer kleinen Pause zwischendurch etwas Warmes und Nahrhaftes gönnen? Sie fürchten sich vor der Schlange

Anna Magnani, Jacques Cousteau und Roberto Rossellini bei Tisch

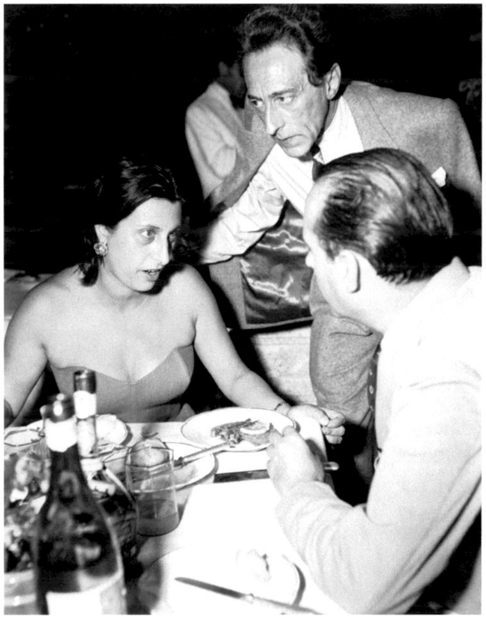

SECONDO

POLLO IN PADELLA

Geflügelragout mit Tomaten

1 Poularde (1200 g)
1 kg reife Fleischtomaten
80 g durchwachsener Speck
2 EL Schmalz
2 EL frischer oder 1 TL getrockneter Majoran
2 Knoblauchzehen
1/4 l trockener Weißwein

Die Poularde in zehn Teile zerlegen, mit Salz und Pfeffer einreiben. Die Tomaten kurz mit kochendem Wasser überbrühen, kalt abschrecken und häuten. Halbieren, entkernen und würfeln. Den Speck in feine Streifen schneiden.

In einem breiten Schmortopf oder einer großen Pfanne das Schmalz erhitzen und den Speck anbraten. Die Geflügelteile zugeben und rundum kräftig anbräunen. Mit der Hälfte des Majorans bestreuen, die Tomatenwürfel einrühren, zerdrückten Knoblauch zugeben.

Bei schwacher Hitze etwa 40 Minuten schmoren, dabei nach und nach den Wein angießen – die Sauce soll relativ stark eingekocht sein. Wenn sich das Fleisch von den Knochen lösen lässt, die Sauce nochmals mit Salz und Pfeffer abschmecken.

Mit frischem Majoran bestreut servieren. Falls nur getrockneter erhältlich ist, fein gehackte frische Petersilie oder Schnittlauchröllchen verwenden.

BACCALÀ IN GUAZZETTO

Geschmorter Klippfisch

einige Stunden Vorbereitungszeit

800 g Klippfisch
50 g Sultaninen
2 große Zwiebeln
Olivenöl
1 EL Tomatensauce
50 g Pinienkerne

Den Klippfisch einige Stunden in Wasser einlegen. Die Sultaninen in lauwarmem Wasser einweichen.

Dann den Klippfisch in nicht zu große Stücke zerteilen. Die Zwiebeln in hauchdünne Ringe schneiden.

In einem großen Tiegel reichlich Öl erhitzen und die Zwiebelringe gut andünsten. Die Fischstücke beifügen und von allen Seiten anbräunen. Die Tomatensauce in einer Suppenkelle mit heißem Wasser auflösen und darübergießen. Noch ein wenig Öl, Salz und Pfeffer, die Pinienkerne und die ausgedrückten Sultaninen hinzufügen. Bei schwacher Hitze etwa 20 Minuten kochen, die Fischstücke dabei vorsichtig wenden.

Abschmecken und eventuell nachsalzen. Wenn die Sauce zu dickflüssig wird, mit wenig warmem Wasser verdünnen.

Heiß servieren.

SALTIMBOCCA ALLA ROMANA

Kalbsroulade mit Schinken- und Salbeifüllung

500 g Kalbfleischscheiben
120 g roher Schinken
Salbeiblätter
50 g Butter
trockener Weißwein

Die Fleischscheiben flach klopfen, salzen und pfeffern. Auf jede eine halbe Scheibe Schinken und ein Salbeiblatt geben, aufrollen und mit einem Zahnstocher zusammenhalten.

In einer großen Pfanne die Butter zerlassen und die Saltimbocca von allen Seiten gut anbraten. Etwas Weißwein zugießen und fertig garen.

Sofort anrichten und den Bratenfond darübergießen.

Plakat des deutschen Verleihs von Vittorio De Sicas »Fahrraddiebe«

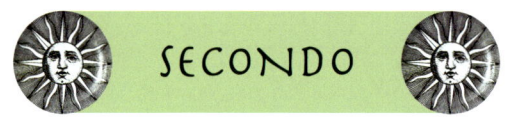

im Supermarkt, kein Butler steht Ihnen zu Diensten, um einzukaufen, und der beinah leere Kühlschrank schreit danach, gefüllt zu werden wie Ihr Magen. Außer ein paar Eiern und Mozzarella ist nichts da, Sie beharren jedoch auf etwas Ordentlichem – was tun?

Vittorio De Sicas *Ladri di biciclette* (*Fahrraddiebe*, 1948) ist der richtige Film für Sie: eine Inspiration, um Eier und Mozzarella bestmöglich einzusetzen. An einer Stelle im Film sitzen sich Antonio und Bruno, Vater und Sohn, an einem Holztisch einer römischen Trattoria gegenüber. Antonio will sich mit einer Pizza für die Ohrfeige entschuldigen, die er aus Verzweiflung seinem Sohn verpasste. Eine Trattoria ist jedoch keine Pizzeria, also entscheiden sie sich anders. Ihre Wahl fällt auf Mozzarella in carrozza.

Doch bevor Vater und Sohn ihren »Mozzarella in der Kutsche« verspeisen, folgt Bruno, der ein wissbegieriger Junge ist, dem Kellner in die Küche, um dort dem Koch bei seiner Arbeit über die Schulter zu schauen.

Als Erstes entrindet dieser das trockene Brot vom Vortag, dann schneidet er einen Mozzarella in vier Scheiben und belegt eine Brot- mit einer Mozzarellascheibe und bedeckt sie mit einer weiteren Brotscheibe. Dann verquirlt er Eier mit Milch und würzt das Ganze mit Salz und Pfeffer. Er tunkt die Brote ganz kurz in ein flaches Schälchen mit Wasser, dabei drückt er es fest über dem Käse zusammen. Gekonnt wendet er die Sandwiches in Mehl und zieht sie durch

UCCELLETTI FINTI DI CAMPAGNA

Fleisch am Spieß / »Falsche Vögelchen«

500 g Rindsrouladenfleisch
100 g roher Schinken in Scheiben
Salbeiblätter
italienisches Weißbrot
50 g durchwachsener Speck
Schmalz oder Olivenöl extra vergine

Das Rindfleisch in Scheiben schneiden, mit einem nassen Fleischklopfer hauchdünn klopfen und in 8 bis 10 cm lange Quadrate schneiden. Die Fleischstücke jeweils mit einer Scheibe Schinken belegen und ein Salbeiblatt daraufgeben. Das Fleisch zusammenrollen, salzen und pfeffern. Das Weißbrot in große, den Speck in kleine Würfel schneiden.

Auf kleine Holzspieße jeweils einen Brot- und einen Speckwürfel, eine Roulade, ein Salbeiblatt und nochmals je ein Stück Speck und Brot stecken. Die Spieße mit zerlassenem Schmalz bestreichen. Den Ofen auf 180° vorheizen und ein Blech einfetten. Die Spieße darauflegen und etwa 30 Minuten im Ofen braten, dabei einmal wenden, damit sie gleichmäßig bräunen.

Die Spieße auf einem vorgewärmten Teller anrichten und sofort servieren.

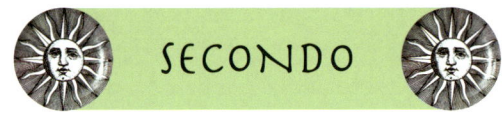

Der italienische Verlag Damiani brachte 2004 ein ganzes Buch über Spaghetti essende Filmstars heraus.

die Eiermilch. Schließlich brät er sie in der Pfanne in erhitztem Öl goldbraun. Und schon sind sie servierfertig.

Mozzarella in carrozza ist zwar ein traditionelles Gericht aus der Region Kampanien, doch inzwischen findet sich diese Spezialität auf den Speisekarten aller italienischen Restaurants, wo sie im Allgemeinen mit Toastbrot und Fior di latte (Milchblüte), einem Mozzarella aus Kuhmilch, zubereitet wird. Aber das ist nicht traditionskonform. Das kampanische Originalrezept sieht die Verwendung von altbackenem Brot und Büffelmozzarella vor. Der Vorteil ist, dass Mozzarella aus Büffelmilch etwas fetter, dafür aber weniger wässrig ist als der herkömmliche Kuhmilchmozzarella, so dass er beim Frittieren zwischen den Brotscheiben haften bleibt. Wie dem auch sei, was heutzutage als gehaltvoller Snack verzehrt wird, musste Bruno und Antonio für ein ganzes Mittagessen reichen.

Im Film genießt Bruno die Fäden geschmolzenen Käses, ohne sich um die Blicke zu scheren, die ihm Kinder und Erwachsene vom Nachbartisch aus zuwerfen.

Ladri di biciclette, 1949 mit dem Oscar gekrönt, ist eines der Hauptwerke des italienischen Neorealismus und half wesentlich mit, dessen Einfluss auf das junge europäische Kino zu begründen. Der Film thematisiert jedoch nicht mehr wie noch die unmittelbar nach dem Krieg entstandenen Filme Rossellinis (zum Beispiel *Roma cittá aperta*) den Widerstand gegen Faschismus und Okkupation, sondern entwirft ein dramatisches Bild der sozialen Verhältnisse der Nachkriegszeit, die zu der großen Auswanderungswelle unter anderem nach Deutschland geführt haben. Daneben stellt er auch auf liebevolle Weise eine belastete Vater-Sohn-Beziehung dar.

Rossellini, Fellini, De Sica, Visconti, die Väter des Neorealismus, sind weit davon entfernt, Geschichten zu erfinden. Sie gehen von dem aus, was sie in der Wirklichkeit vorfinden, und weben darum einen Film, der die soziale Realität glaubwürdig und echt abbildet. Der Neorealismus entstand als Antwort italienischer Filmemacher auf den im Land herrschenden Faschismus.

Die ersten neorealistischen Filme wurden in der Zeit gedreht, als Italien im Norden noch von den Deutschen und im Süden bereits von den Alliierten besetzt war. Es mag ein Zufall sein, dass unter den zahlreichen Speisen, die sich auch arme Menschen wie Antonio damals leisten konnten, die Wahl des Regisseurs gerade auf einen Mozzarella in carrozza gefallen ist. Warum wird nicht ein belegtes Brötchen mit Mortadella, Salame oder einfach Käse bestellt? Diesem Versöhnungsmahl wohnt ein symbolischer Wert inne. Nach der Ohrfeige kauert sich Bruno in sich zusammen wie ein Igel, schlägt seinem Vater die Hand aus, will alleine sein. Antonio und Bruno sind zerstritten, voneinander getrennt. Erst am Esstisch kommen sie sich wieder näher. Was könnte die Annäherung und die neue Bindung besser darstellen als ein Mozzarella in carrozza, in dem zwei Brotscheiben von Käse und Rührei zusammengehalten werden?

Dass das Ei in der Küche nicht nur als leckere Mahlzeit oder Zutat Gebrauch findet, sondern auch als unentbehrliche Küchenhilfe, zum Beispiel beim Legieren von Saucen und Suppen, ist bekannt. Als Bindemittel beweist das frische Ei seine Qualitäten insbesondere bei Zutaten, die als unvereinbar gelten. So fällt ein Polpettone (Hackbraten) aus verschiedenen Fleischsorten, Fett, Zwiebeln und Wasser nicht auseinander, sobald Eier darin enthalten sind, denn beim Erhitzen gerinnen die Eiweißstoffe Albumin und Globulin, die die Hackmasse quasi »zusammenkleben«. Und was wäre eine Farce, eine Füllung aus gehacktem Fleisch, Fisch, Gemüse und Gewürzen, ohne Ei? Und eine Cotoletta alla milanese? Doch wer hätte sich träumen lassen, dass das Ei sich als »filmisches Bindemittel« anbieten würde, um gestörte oder kaputte Beziehungen wieder zusammenzukitten? Auf die Vermutung kann man kommen, wenn man sich neben *Ladri di biciclette* auch noch Ettore Scolas *Una giornata particolare* vor Augen führt. Denn auch in diesem Film bringt eine Eierspeise die Hauptfiguren wieder zusammen.

DOLCI

CROSTATA DI RICOTTA

Ricotta-Kuchen

für 4–6 Personen

für den Teig:
300 g Mehl
150 g Butter
150 g Zucker
1 Ei
3 Eigelb
1/2 unbehandelte Zitrone (abgeriebene Schale)

für die Füllung:
50 g Sultaninen
30 g Zitronat und Orangeat
600 g Ricotta
250 g Zucker
2 Ei
3 Eigelb
1/2 unbehandelte Zitrone (abgeriebene Schale)
1/2 unbehandelte Orange (abgeriebene Schale)
gemahlener Zimt
40 g Pinienkerne
Rum
Puderzucker

Die Sultaninen in lauwarmem Wasser einweichen.

Für den Teig das Mehl auf eine Arbeitsfläche sieben, die weiche Butter in Flocken darauf verteilen und beides schnell zu großen Bröseln vermengen. Die Brösel aufhäufen, den Zucker, eine Prise Salz, das Ei, die Eigelbe und die Zitronenschale dazugeben und rasch verkneten. Den Teig zu einer Kugel formen, in Folie einwickeln und 30 Minuten kühl stellen.

Für die Füllung die Sultaninen abtropfen lassen, Zitronat und Orangeat sehr fein schneiden. Den Ricotta durch ein Sieb streichen und mit Zucker, Zitronat und Orangeat, einem Ei, den Eigelben, der Zitronen- und Orangenschale, etwas Zimt, den Pinienkernen, den abgetropften Sultaninen und einem Schuss Rum verrühren.

Den Ofen auf 180° vorheizen. Eine Kuchenform (24 cm Durchmesser) mit Butter einfetten und mit Mehl bestreuen. Zwei Drittel des Teigs auf der Arbeitsfläche ausrollen und damit den Boden und den Rand der Form auskleiden. Die Füllung hineingeben und verstreichen. Den restlichen Teig ebenfalls ausrollen, in Streifen schneiden und diese gitterförmig über die Füllung legen. Die Ränder nach innen biegen und mit Hilfe einer Gabel leicht andrücken. Die Teigstreifen mit einem verquirlten Ei bestreichen und den Kuchen im vorgeheizten Ofen etwa 40 Minuten backen.

Herausnehmen, abkühlen lassen und auf einem Teller anrichten. Nach Belieben mit Puderzucker bestreuen, in Scheiben schneiden und servieren.

LUCULLO

Lukullus

wird eine Süßspeise genannt, die aus Butterkeksen und einer Schokoladen-Kokosfett-Creme besteht. Die Kekse werden schichtweise in eine Kastenkuchenform gelegt und mit Schokoladencreme bestrichen. Gut gekühlt ist dieser auch »kalter Hund« genannte Kuchen eine leckere Kalorienbombe, die wohl wegen seiner üppigen Lebensweise nach Lucius Licinius Lucullus benannt wurde.

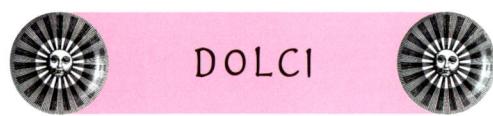

In *Una giornata particolare* vergessen Antonietta (Sophia Loren) und Gabriele (Marcello Mastroianni) ihre Probleme, als er sie dazu einlädt, die Frittata, die er sich gerade macht, gemeinsam zu verspeisen. An einem Tag im Mai 1938 sind sich die beiden begegnet. Obwohl sie Nachbarn sind, haben sie bis dato kein Wort miteinander gewechselt. Es ist ein historischer Tag in Rom. Mussolini hat eine Parade zu Ehren des Führers veranstaltet, und fast alle sind auf die Straßen geeilt, um an diesem besonderen Tag dabei zu sein. Antonietta und Gabriele ziehen die häusliche Einsamkeit dem Getümmel auf den Straßen vor.

Antonietta ist eine Hausfrau, die alles für ihre Familie tut, ohne dabei große Anerkennung zu ernten. Niemand scheint ihre Arbeit zu schätzen, mit der sie Mann und Nachwuchs das Leben angenehm macht: früh aufstehen, bügeln, Frühstück vorbereiten, den Mann mit einem frischen Espresso wecken. Sie ist einsam. Ähnlich ergeht es

Küchenszene aus »Una giornata particolare«

DOLCI

BUDINO DI RICOTTA

Ricotta-Pudding

500 g Ricotta
5 Eier
2 EL Mehl
100 g Zucker
gemahlener Zimt
30 g Orangeat
30 g Zitronat
abgeriebene Zitronenschale
2 cl Rum
Butter

In einer Schüssel den Ricotta, ein Ei und vier Eigelbe gut verrühren. Das Mehl, 60 g Zucker, eine Prise Zimt, Orangeat, Zitronat, Zitronenschale und Rum hinzufügen, alles gut vermengen. Das Eiweiß steif schlagen und vorsichtig unter die Masse heben. Eine feuerfeste Form mit glatten Wänden einbuttern und mit Mehl bestäuben. Die Masse in die Form gießen – sie darf nur halb voll sein. Im Ofen bei 160° etwa 40 Minuten backen.

Herausnehmen, abkühlen lassen, aus der Form nehmen und mit dem restlichen Zucker und einer Prise Zimt bestreuen.

CROSTATA DI VISCIOLE

Schattenmorellenkuchen

300 g Schattenmorellen
100 g Zucker
gemahlener Zimt
250 g Mehl
120 g Puderzucker
85 g Butter
50 g Schmalz
1 Ei
2 Eigelb
1 Zitrone (Saft)
Milch

Die Schattenmorellen entkernen und in eine Kasserolle geben. Zucker und eine Prise Zimt hinzufügen. Auf den Herd stellen und so lange kochen, bis die Mischung so dickflüssig wie Marmelade ist.

Das Mehl auf eine Arbeitsfläche geben, den Puderzucker untermischen, Butter und Schmalz zugeben. Die Zutaten gut vermengen und mit einem Ei verkneten. Wenn der Teig gut durchgearbeitet ist, ein verschlagenes Eigelb, den Zitronensaft und eine Prise Salz hinzufügen. Nochmals alles durchkneten, dabei ein paar Tropfen Milch zugeben.

Den fertigen Teig – ein kleines Stück aufbewahren – mit dem Nudelholz zu einer Teigplatte ausrollen, die groß genug ist, um den Boden und die Ränder einer flachen Kuchenform zu bedecken.

Den Teig in die Form geben und die Schattenmorellenmischung darauf verteilen. Den restlichen Teig ebenfalls ausrollen, in 1 1/2 cm breite Streifen schneiden und diese gitterförmig über die Füllung legen. An den Rändern den Teig umklappen, mit verschlagenem Eigelb bepinseln und im vorgeheizten Ofen bei 180° etwa 40 Minuten backen.

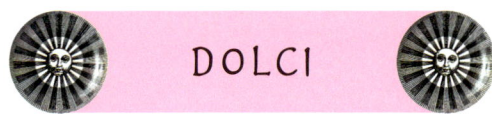

Tischszene mit Sophia Loren und Marcello Mastroianni

Gabriele, der wegen seiner Homosexualität seinen Job als Rundfunksprecher verloren hat. Für eine kurze Zeit empfinden beide eine Ahnung von Freiheit und ein zärtliches Gefühl der Verbundenheit, das ihnen zumindest für einen Moment Halt gibt. Das Essen besiegelt die neu entstandene Freundschaft, die noch von kurzer Dauer sein wird, denn schon bald neigt sich der »besondere Tag« seinem Ende entgegen.

Auf Gabriele wartet die Polizei, die ihn als vermeintlichen Dissidenten und Feind des Regimes nach Sardinien abschieben wird. Antonietta wird ihr einsames Dasein als Hausfrau weiterfristen müssen.

Kochen, gemeinsames Essen und Trinken gehören von Anfang an zu den Themen des italienischen Nachkriegskinos schlechthin. Hier finden die Regisseure ein Bild des alltäglichen Lebens.

In den Filmen des Neorealismus nach dem Zweiten Weltkrieg ist es noch der Mangel, der zum Thema gemacht wird. Die Menschen haben noch frische Erinnerungen an die Zeit, als das Essen knapp war, als sie Hunger hatten und leiden mussten, um sich das Notwendigste zu besorgen. Sie können sich mit Antonio und seinem Sohn in *Ladri di biciclette* identifizieren, denn sie kennen sehr wohl die traurigen Folgen des Krieges. Wer aus dem Süden Italiens nach Norden zog, auf der Flucht vor dem Elend und in der Hoffnung auf ein besseres Leben in den Autofabriken von Fiat, fühlte bei *Rocco e i suoi fratelli* die Entwurzelung, den Heimatverlust, die Herausforderung des industrialisierten Milieus nach. Das Essen und seine Rituale spiegeln oft die sozialen Unterschiede und Hierarchien wider wie in *La dolce vita*. Wie im wahren Leben tauscht man am Tisch Gefühle und Geheimnisse aus *(Una giornata particolare)*, steigert sich in Hirngespinste und erlebt Eifersuchtsdramen *(Sabato, domenica e lunedí)*.

Der italienische Film ist ein Spiegel des italienischen Lebens im Zeichen des Genusses. Wen wunder's?

Kochbuch und Literatur

Rezepte aus Sizilien und Piemont

BAGNA CAUDA

Gemüsefondue mit heißer Sardellensauce

für 6–8 Portionen

1/2 zarter Blumenkohl
250 g Brokkoli
1 kleine Fenchelknolle
1 Stange Bleichsellerie
3 kleine Paprikaschoten (rot, grün und gelb)
200 g junge Möhren
200 g Champignons
100 g eingelegte Sardellenfilets
50 g Butter
6 Knoblauchzehen
200 ml Olivenöl extra vergine

Blumenkohl und Brokkoli in Röschen zerteilen. Den Fenchel in 1/2 cm dicke Streifen, den Sellerie in etwa 3 cm lange Stücke schneiden. Die Paprika halbieren und entkernen, das weiße Fruchtfleisch entfernen, die Schote in feine Streifen schneiden. Die Möhren schaben und der Länge nach zerteilen, die Champignons putzen, aber nicht zerteilen.

Salzwasser zum Kochen bringen, den Blumenkohl 4 Minuten und den Brokkoli 2 Minuten blanchieren. Die übrigen Gemüse bis zum Servieren in Eiswasser legen, damit es knackig bleibt. Gut abtropfen lassen und dekorativ auf einer Platte anrichten. Die Sardellenfilets unter fließendem kalten Wasser kurz abspülen, trockentupfen und klein schneiden.

In einer großen Pfanne die Butter bei schwacher Hitze zerlassen und den zerdrückten Knoblauch zart andünsten, nicht bräunen. Nach und nach das Öl zugießen, bei schwacher Temperatur und unter häufigem Rühren sanft erhitzen und darauf achten, dass der Knoblauch nicht verbrennt.

Die Pfanne vom Herd nehmen, die Sardellenfilets mit einer Gabel sorgfältig zerdrücken, in die Sauce geben und die Pfanne zurück auf den Herd stellen. Bei schwacher Hitze rühren, bis eine sämige Sauce entsteht.

Zum Servieren ein Rechaud auf dem Tisch bereitstellen. Die Sardellensauce in der Pfanne auf den Tisch bringen und warm halten – oder in kleine Pfannen umfüllen und für jeden Gast eigens auf einen Rechaud stellen. Das Gemüse nach Wahl in die heiße Sauce tauchen, dazu Grissini und reichlich frisches Weißbrot reichen.

Bagna cauda ist ein Fondue italienischer Prägung – knackiges Gemüse wird in eine würzige und kochend heiß gehaltene Sauce getaucht. Bagna cauda wird hauptsächlich als Vorspeise serviert, kann aber auch gut als Hauptgericht eingeplant werden, dann möglichst ergänzt durch weitere Zutaten: Pellkartoffeln, Rote Bete, Wirsingstreifen, Kohlrabi und Zucchinistifte.

Ganz nach Geschmack kann man das Gemüse roh belassen oder 2 bis 5 Minuten blanchieren.

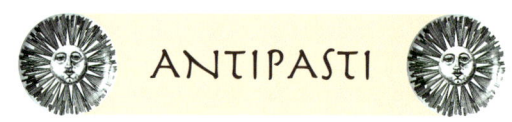

Marina Corricella auf Procida

L'ISOLA DI ARTURO

Arturo lebt mutterlos in einem verfallenen Schloss, mit einem Vater, der immer wieder unterwegs ist, um in Neapel und anderswo Geschäfte zu betreiben, so dass er einsam inmitten einer paradiesischen Landschaft aufwächst. Hier auf der Insel Procida können Besucher noch heute zwischen den pastellfarbenen Häusern der Fischersiedlungen an der Marina Corricella leicht melancholisch und in Gedanken versunken spazieren gehen, hier und da eine Kakipflaume pflückend, zu den schwer beladenen Zitronenbäumen aufblickend, als ob sie sie erklimmen möchten. Auf dem Felsen vor ihren Augen ragt hundert Meter über dem Meer eine Festung auf, die während des 19. Jahrhunderts in einen Kerker umgewandelt wurde und Procida viel zu lange zu einer eher berüchtigten Insel machte – das Alcatraz Italiens. Am Fuße jenes Felsens, unterhalb der Gefängniszitadelle hat er, Arturo, gestanden, die aus den Fenstern hängende Wäsche beobachtet, das Hafenidyll. Im Vordergrund dieser Postkartenkulisse taucht eines Tages seine junge Stiefmutter Nunziata auf. Sie kam mit der Fähre vom Festland und ist kaum älter als er. Aber Arturo zieht es vor, alleine zu bleiben, lehnt sie mit allen ihm zur Verfügung stehenden Mitteln ab. Bis er eines Tages begreift, dass etwas Außerordentliches und zutiefst Verstörendes passiert ist: Er hat sich in seine Stiefmutter verliebt.

Die Insel Procida wirkt klein und überschaubar, Felsen und grüne Flecken wuchernder Vegetation wechseln sich ab, der Geruch frischen Fischs steigt aus den auf den Strand gezogenen Booten und erweckt den Appetit auf eine Fischsuppe.

Unweit des Parco letterario kann man sich an einem Tisch in der Trattoria La botte (Das Fass) niederlassen unter einer Pergola, durch die die Strahlen der untergehenden Sonne schimmern. Trotz der einfachen Tischdecken mit weiß-blauem Schachmuster, und der eher spartanischen Einrichtung hat sich der Koch etwas einfallen lassen, um seine Gäste zu verwöhnen: Spaghetti mit Pescata povera (mit Sardinen und Paprika) oder Pescata ricca (mit Meeresfrüchten), Ravioli al cioccolato (mit Kaninchenfleisch), Garnelen-Soufflé, Pfeffermuscheln und vieles mehr. Wir entscheiden uns für die Fischsuppe des Tages. Der Thunfisch, die Kraken und Tintenfische, die Calamari und Garnelen zergehen buchstäblich auf der Zunge, so frisch und zart ist ihr Fleisch. Es bestehen keine Zweifel: Der Fisch ist direkt aus den Gewässern des Tyrrhenischen Meeres in der Trattoriaküche gelandet.

Der Ober erscheint kurz darauf mit einem Tablett, auf dem er zwei Likörgläser und eine Flasche Limoncello balanciert. Das Etikett auf der Flasche ist handgeschrieben, die Tinte einiger verschnörkelter Buchstaben leicht verlaufen. »Fatto in casa!«, sagt er, indem er das »S« besonders stimmhaft ausspricht und dem ganzen Satz eine für die Gegend ziemlich ungewöhnliche Singsangmelodie verleiht. Ein Zugezogener. Marcello, so sein Name, kommt aus einem Dorf »vicino a Bologna« und hat das milde Klima Procidas dem Nebel und den verregneten, nasskalten Wintertagen der Poebene vorgezogen. Doch war das Wetter nicht die einzige Motivation, die ihn hierhin verschlagen hat. Er hat einen Plan, ihm fehlt nur noch Zeit und Geld. Marcello hat sich vorgenommen, ein Restaurant zu eröffnen, um den Einwohnern und der Hand voll Touristen, die Procida besuchen, die Leckereien und den Geschmack seiner Region, der Emilia-Romagna, nahe zu bringen. Nicht dass er die Qualität der Spezialitäten der Insel in Frage stellen möchte. Er möchte etwas Neues einführen. Aber einfach ist es nicht, sich gegen verschlossene Menschen durchzusetzen, die stark an ihren Traditionen hängen und alles Fremde ablehnen – den Tourismus eingeschlossen – , um die ihnen teure Ursprünglichkeit ihrer Heimat zu bewahren. Außerdem fehlt noch eine beträchtliche Summe, um diesen Traum zu erfüllen.

Bis heute jobbt er in der Trattoria, worüber er sich aber wirklich nicht beklagen möchte, weil er sich prächtig mit den Besitzern versteht.

VITELLO TONNATO

Kalbfleisch mit Thunfischsauce

am Vortag beginnen / für 4–6 Personen

1 Stange Bleichsellerie
1 Möhre
1 Zwiebel
600 g Kalbsnuss
3/4 l Weißwein
1 Lorbeerblatt
2 Gewürznelken
1 EL Kapern

für die Sauce:
3 eingelegte Sardellenfilets
150 g Thunfisch im eigenen Saft
2 Eigelb
2 EL Kapern
2 unbehandelte Zitronen
2 EL Weißweinessig
200 ml Olivenöl

Den Sellerie in grobe Stücke, die geschabte Möhre in grobe Scheiben schneiden, die Zwiebel hacken.

Die Kalbsnuss in einen Topf legen und den Weißwein angießen. Sellerie, Möhre und Zwiebel mit Lorbeerblatt und Nelken in die Marinade geben. Zugedeckt 24 Stunden durchziehen lassen, dabei einige Male wenden.

Am nächsten Tag so viel Wasser angießen, dass das Fleisch gerade bedeckt ist, und zum Kochen bringen. 1 TL Salz beigeben. Im offenen Topf bei schwacher Hitze eine knappe Stunde gar ziehen lassen.

Im Sud abkühlen lassen.

Für die Sauce die Sardellenfilets unter fließendem kalten Wasser kurz abspülen, trockentupfen und klein schneiden. Den abgetropften Thunfisch, die Sardellen, die Eigelbe, die Kapern mit dem Saft von 1/2 Zitrone und dem Weinessig im Mixer fein pürieren, etwas Kalbsbrühe und das Öl nach und nach im Faden einfließen lassen. Zu einer sämigen Sauce rühren, mit Salz und Pfeffer würzen.

Das Kalbfleisch in möglichst dünne Scheiben aufschneiden und auf einer Platte anrichten. Gleichmäßig mit der Thunfischsauce bedecken, mit Klarsichtfolie abdecken, kalt stellen und drei bis vier Stunden durchziehen lassen.

1 1/2 Zitronen in dünne Scheiben schneiden und das Kalbfleisch damit garnieren. Mit den Kapern bestreuen.

FONDUTA SICILIANA

Sizilianisches Fondue

am Vortag beginnen

300 g Fontina, Provolone oder italienischer Bergkäse mit mindestens 40 % Fett i. Tr.
100 ml Milch
1 EL Butter
3 kleine Eigelb
8 kleine Brotscheiben

Den Käse in kleine Würfel schneiden, die Milch angießen und über Nacht an einem kühlen Ort zugedeckt durchziehen lassen.

Am nächsten Tag eine Schüssel aus Edelstahl mit abgerundetem Boden ins warme Wasserbad stellen und die Butter zerlassen. Die Käsewürfel mit der Milch zugeben und bei schwacher Hitze langsam schmelzen, dabei ständig mit einem Schneebesen kräftig rühren. Sobald der Käse geschmolzen ist und Fäden zieht, die Temperatur erhöhen. Nacheinander die Eigelbe hineingeben und mit einem Holzlöffel kräftig unterrühren. Rühren, bis der Käse eine schöne, sämige Konsistenz hat und keine Fäden mehr zieht. Die Käsecreme in Portionsschüsseln füllen und mit weißem Pfeffer würzen. Das Brot toasten und dazu servieren.

Die Fonduta ist mehr als nur ein Fondue. Man serviert sie mit geröstetem Brot oder Gemüse als Vorspeise oder übergießt ein fertig angerichtetes Risotto mit ihr.

Gleich nach Gemeinwohl und Seelenheil ist eine gepflegte Mahlzeit das Wichtigste für die beiden Streithammel.

Marcello ist der geborene Koch, und seine Leidenschaft merkt man den Worten an, mit denen er über seine kulinarischen Kreationen berichtet. In der Woche habe er die klassischen Tortellini zubereitet. Während einer Pause hat er den Tortelliniteig geknetet, geschnitten und gefüllt, wie es sich gehört. Für die Sauce hat er die klassischen Zutaten gewählt: Schinken, Sahne und, weil sie auf der Insel so hervorragend wachsen, auch noch ein paar Erbsen dazu. Die Gäste waren von den Tortellini alla Marcello jedenfalls begeistert. Er könnte über den Reichtum an Rezepten und Gerichten, die ihm sozusagen in die Wiege gelegt wurden, Gedichte schreiben: Spargel und Kalbsnieren, wie man sie in Parma zubereitet, Ravioli mit Ricotta und Spinat, Polenta-Gnocchi mit Butter und Salbei, Schweinsfuß mit Linsen und marinierte Erdbeeren. Nicht zu vergessen die legendären Strozzapreti (Priesterwürger). Warum diese kurzen Nudeln so heißen, weiß jeder und keiner genau, weil sich die Legenden häufen. Viele sind der Meinung, dass der Name auf die Gefräßigkeit der Pfarrer anspielt, die an dem gierig verschlungenen Essen erstickten. Marcello kennt eine andere Version. Sein Großvater, ein alter, hartgesottener Kommunist, erzählte ihm, dass die Genossen diese Nudelsorte in einer Zeit erfanden, als ihr Hass gegen die Kirche den Höhepunkt erreichte und sie am liebsten allen Kirchenvertretern wie den Hühnern den Hals lang gezogen hätten. In Erinnerung an seinen Großvater würde er sein Restaurant am liebsten »Don Camillo e Peppone« nennen. Denn als er klein war, war es sein Großvater, der ihm zum ersten Mal die Geschichten von Don Camillo und Peppone vorlas. Ihm waren diese Geschichten ans Herz gewachsen, nicht zuletzt weil er den Autor Giovanni Guareschi noch persönlich gekannt hatte. Oft haben Sie zusammen in einer Schenke gegessen und bis spät in die Nacht hinein Wein getrunken, selbst wenn sie politisch nicht immer ein und derselben Meinung waren. Als Marcello lesen lernte, verschlang er Seite um Seite die Abenteuer des schrulligen Pfarrers und kommunistischen Bürgermeisters. Nicht selten bekam er beim Lesen Hunger, legte das Buch ab

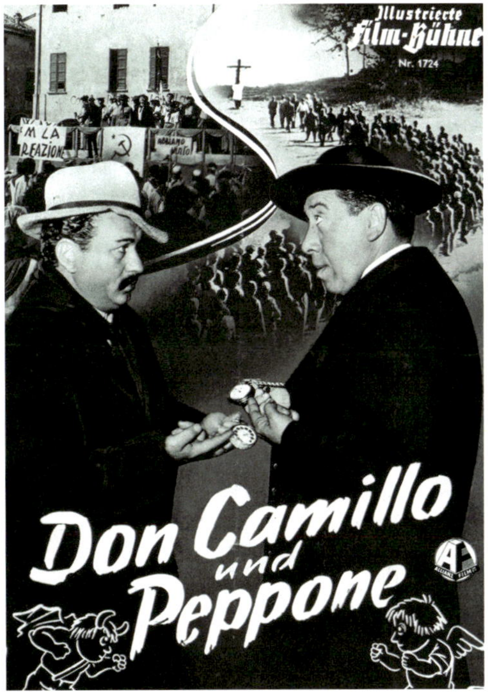

Filmplakat zu »Don Camillo und Peppone«

ARANCINI

Sizilianische Reisbällchen

für 12 Bällchen

1 l Hühnerbrühe
1/2 TL Safranfäden
400 g Arborioreis
225 g Schweinefleisch
1 mittelgroße Zwiebel
100 g Pecorino romano
2 EL Olivenöl extra vergine
100 g frische oder tiefgekühlte Erbsen
4 Eier
300 g Paniermehl
leichtes Pflanzenöl zum Frittieren

für die Marinarasauce:
4 Tomaten
2 Möhren
2 Zwiebeln
2 Knoblauchzehen
1/2 Tasse Gemüsefond oder Wasser
1 TL Zucker
2 EL frisch gehacktes Basilikum
2 EL frisch gehackte Petersilie

Für die Marinarasauce die Tomaten hacken, die Möhren schaben und würfeln, Zwiebeln und Knoblauch hacken.

Den Gemüsefond erhitzen und die Zwiebeln glasig dünsten. Den Knoblauch zufügen und 1 Minute mitdünsten. Die Möhren beifügen. Nach 5 Minuten Tomaten und Zucker untermischen. Zugedeckt bei schwacher Hitze unter gelegentlichem Umrühren etwa 20 Minuten köcheln. Das Basilikum zugeben und alles weitere 10 Minuten köcheln. Die Sauce entweder ganz oder teilweise pürieren, die Petersilie hinzufügen, mit Salz und Pfeffer abschmecken.

In einem Topf die Hühnerbrühe, den fein gehackten Safran, Salz und Pfeffer nach Geschmack bei mittlerer Hitze zum Kochen bringen. Den Reis zugeben und unter Rühren aufkochen. Zudecken, die Temperatur reduzieren und 16 Minuten köcheln, bis der Reis gar und trocken ist. Sollte er gar, aber noch feucht sein, den Deckel abnehmen und die Flüssigkeit verdampfen lassen.

Währenddessen das Fleisch in kleine Würfel schneiden, die Zwiebel hacken.

Den Reis vom Herd nehmen, die Hälfte der Marinarasauce und den frisch geriebenen Käse zugeben, gut durchrühren und mindestens zwei Stunden abkühlen lassen.

In einem Topf das Olivenöl erhitzen und das Schweinefleisch rundum bräunen. Die Zwiebel zufügen und etwa 3 Minuten braten, bis sie glasig und leicht gebräunt ist. Die restliche Marinarasauce zugießen und alles bei schwacher Hitze 45 Minuten köcheln.

Die Erbsen zugeben und weitere 3 Minuten kochen. Den Topf vom Herd nehmen und die Erbsen abkühlen lassen. Das Fleisch mit einem Schaumlöffel herausnehmen, mit einer Gabel zerkleinern und zurück in den Topf geben. Zwei Eier aufschlagen und mit dem abgekühlten Reis gut verrühren. Die Mischung in zwölf gleich große Portionen teilen und jeweils auf dem Handteller flach drücken. 2 EL Fleischmischung in die Mitte jedes Reisfladens setzen, vorsichtig zusammenklappen und zu einer Kugel rollen. Die Bällchen auf ein Stück Backpapier legen. (Sie können jetzt bis zu einem Monat eingefroren werden. Zum Auftauen werden sie 24 Stunden in den Kühlschrank gelegt.)

Die restlichen Eier verschlagen und das Paniermehl auf einen Teller streuen. Die Bällchen in Ei wälzen, dann in Paniermehl wenden. Pflanzenöl 5 cm hoch in einen Topf geben und erhitzen. Die Bällchen in kleinen Portionen kurz frittieren, bis sie rundum gebräunt sind. Auf Küchenpapier abtropfen lassen und heiß servieren.

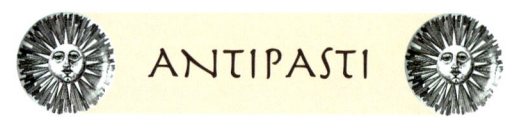

und machte sich auf in die Küche, um sich ein Brötchen mit Mortadella oder Culatello di Parma zu belegen. Wohl weil es nicht an Szenen fehlt, die einem das Wasser im Mund zusammenlaufen lassen. Zum Beispiel wenn Peppone und seine Mitstreiter gemeinsam mit Don Camillo die kleine Welt der Po-Ebene hinter sich lassen, um als italienische Delegation ihre Parteigenossen in Moskau zu treffen. Wie es sich gebührt, bringen sie als freundliche Gäste etliche Parmaschinken mit. Obwohl Don Camillo Teil der russischen Schinkendelegation war, sieht er nicht gerne, was die Kommunisten treiben. Also entschließt er sich zu einem Hungerstreik. Als Protest gegen Peppone und die anderen Kinderfresser! Er geht so weit, dass er alle Lebensmittel verschließen lässt. Doch wie lange will Don Camillo hungern? Bald treten die ersten Halluzinationen auf, oder ist es etwa ein Wunder des Himmels, dass vor seinen Augen eine reich gefüllte Tafel erscheint? Spaghetti, Salsicce (Bratwurst) und Salami, Parmesan und Schinken und nur das Beste, was man finden kann. Als sich Don Camillos an den Gekreuzigten wendet mit der Frage, ob dieser kein Wort des Trostes für ihn armen Hungernden habe, antwortet der Heiland mit einem schlichten »Buon appetito!«. So kann dem Hungerstreik ein Ende gesetzt werden. Dass Don Camillo und Peppone sich über ihren politischen Dissens hinweg im Grunde mögen, erkennt man an den fürsorglichen Gesten des Bürgermeisters gegenüber seinem Widerstreiter. Als der Priester krank im Bett liegt, ver-

Don Camillo bittet den Heiland um Erlaubnis für einen Vergeltungsschlag gegen Peppone.

CAPONATA

Süß-saures Auberginengemüse

600 g Auberginen
3 Stangen Bleichsellerie
1 Dose geschälte Tomaten (800 g)
200 g milde weiße Zwiebeln
50 g grüne Oliven ohne Stein
100 ml Olivenöl
1/2 TL Zucker
2 EL Kapern
1 Bund Basilikum
5–6 EL aromatischer Weißweinessig

Die Aubergine in 1 cm große Würfel schneiden und in ein Sieb geben. Mit Salz bestreuen und etwa eine Stunde ziehen lassen, damit die Bitterstoffe entzogen werden. Den Sellerie putzen und in 3 cm lange Stücke schneiden, zartes Grün zur Seite legen. Die Tomaten abtropfen lassen und klein schneiden. Die Zwiebeln grob hacken, die Oliven halbieren.

In einem breiten Topf 4 EL Öl erhitzen und die Zwiebeln glasig dünsten. Die Selleriestücke einige Minuten mitbraten. Mit Zucker bestreuen, salzen und pfeffern. Tomaten, Oliven und Kapern einrühren und alles im offenen Topf bei niedrigster Hitze 15 Minuten garen, dabei ab und zu umrühren.

Währenddessen die Auberginenwürfel unter kaltem Wasser kurz abspülen und mit Küchenpapier trockentupfen. In einer Pfanne das restliche Öl stark erhitzen und die Auberginen portionsweise knusprig ausbacken. Auf Küchenpapier abtropfen lassen. Dann zum Gemüse in den Topf geben. 5 EL Weißweinessig angießen, alles nochmals 15 Minuten leise köcheln. Mit Salz, Pfeffer und eventuell weiterem Essig abschmecken.

In einer vorgewärmten Schüssel anrichten und mit Basilikumblättchen und gehacktem Selleriegrün bestreut servieren.

Schmeckt lauwarm besonders gut als Vorspeise mit frischem Weißbrot oder Reis, als Beilage zu kurz gebratenem Fleisch oder als Hauptgericht, zum Beispiel mit hart gekochten Eiern oder kleinen Tintenfischen garniert.

Variante

2 mittelgroße Auberginen
3–4 feste reife Tomaten
1 große weiche Zwiebel
4–5 Knoblauchzehen
3 EL Olivenöl
2–3 EL Pinienkerne
2 TL Oregano
2 EL Zucker
3–4 EL Rotweinessig
Basilikum

Die Auberginen in etwa 3 cm große Würfel schneiden. Die Tomaten kurz mit kochendem Wasser überbrühen, kalt abschrecken und häuten. Halbieren, entkernen und grob würfeln. Die Zwiebel in dünne Ringe schneiden, den Knoblauch grob hacken.

In einer großen Pfanne Öl erhitzen und die Auberginenwürfel langsam braten, bis sie rundum schön gebräunt und innen gar sind. Salzen, pfeffern und zur Seite stellen. In derselben Pfanne die Zwiebelringe andünsten, den Knoblauch hinzufügen und langsam garen, bis die Zwiebel weich ist. Die Pinienkerne zugeben. Die Tomaten beifügen und schmelzen lassen. Alles mit Salz und Pfeffer würzen, zwischen den Handflächen zerriebenen Oregano unterrühren. Zuletzt die Auberginenwürfel untermischen.

Das Gemüse an den Rand der Pfanne schieben, in der Mitte eine freie Fläche schaffen und die Hitze verstärken. In der Mitte den Zucker schmelzen und karamellisieren lassen – bevor er zu dunkel wird, mit Essig ablöschen. Alles gründlich mischen und die Pfanne vom Herd nehmen. Vor dem Servieren ewas durchziehen lassen. Erst dann das fein geschnittene Basilikum darüberstreuen.

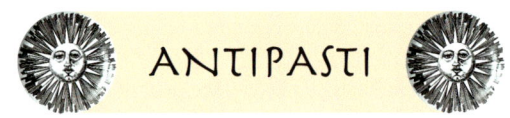

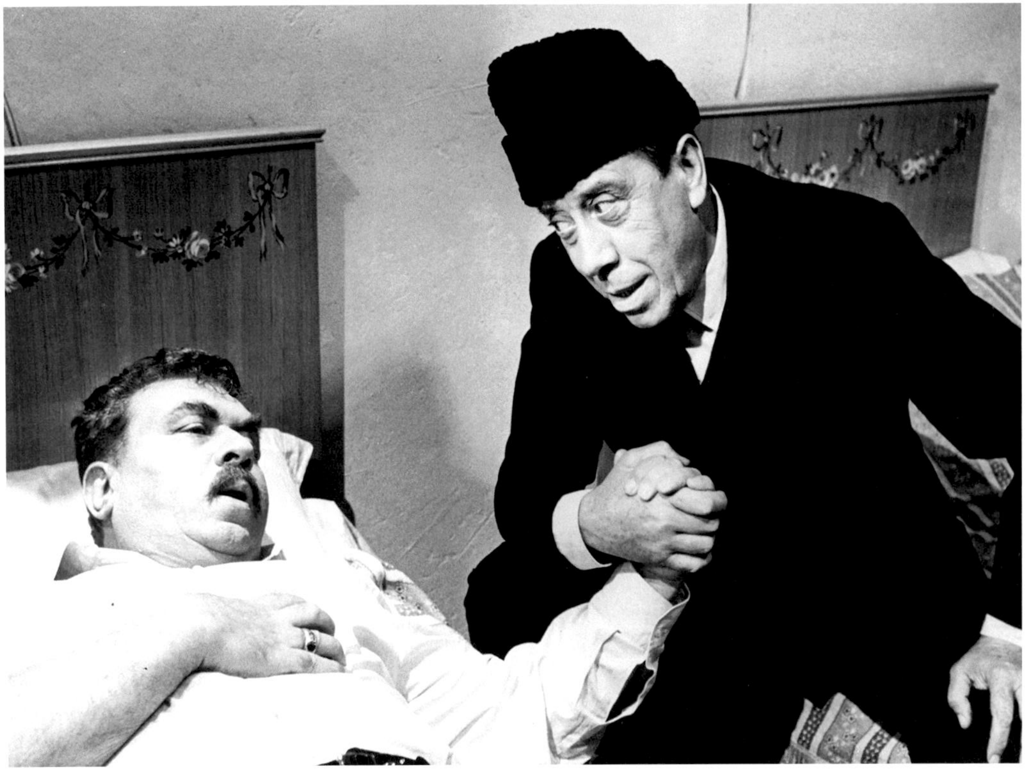

Peppone erleichtert sein Gewissen vor Don Camillo.

sorgt ihn der »Pfaffenfresser« mit heißem Salbeitee. Und bei Don Camillos Verbannung erscheint der Bürgermeister persönlich am Bahnhof und überreicht ihm eine Spongata, eine Süßigkeit aus Pinienkernen, Honig, Nüssen und Mandeln, die ursprünglich nur während der Weihnachtszeit verzehrt wurde. Wenn diese Freundlichkeit kein Ausdruck der italienischen Ars vivendi ist!

Um die Ecke der Trattoria findet sich ein Wegweiser zu »Il giardino di Elsa«, Elsas Garten. Auf einem Tuffsteinplateau im Schatten duftender Bäume, mit dem Blau der See im Blick und deren Rauschen im Ohr, soll hier auf der Insel Procida die Schriftstellerin Elsa Morante, Ehefrau des berühmten Schriftstellers Alberto Moravia, ihren Roman *L'isola di Arturo (Arturos Insel)* geschrieben haben. In wenigen Gehminuten erreicht man die Anlage, wo die Morante wohl Inspiration für die Geschichte ihres Arturo geschöpft hat, der auf Procida geboren wurde und aufwuchs, ohne jemals die Insel verlassen zu haben.

Das Buch schildert die Entwicklung Arturos, erzählt von Kindheit, Unschuld und Illusionen. Elsa Morante hat eine beinah vergessene Ecke Italiens in farbenprächtigen Bildern wieder belebt. Das kaum beachtete Eiland, das lange Zeit dem Vergleich mit den beiden Nachbarinseln Ischia und Capri nicht standhielt, erhielt mit ihrem Roman, der in den Sechzigern verfilmt wurde, zu Recht ein literarisches Denkmal.

»Marcello, il conto al tavolo tre!« Die leicht genervte Stimme von Frau Troisi animiert ihren Angestellten, sich auch der schwedischen Familie an Tisch drei zu widmen, die schon längst die Rechnung gefordert hat.

»Kochen heißt Geschichte erzählen«, sagt ein schwedisches Sprichwort. Es hätte auch ein italienisches sein können.

CACUOCCIULI CHINI

Gefüllte Artischocken mit Ricotta

für 8 Personen

250 g Ricotta
3 zarte mittelgroße Artischocken
1 mittelgroße Zitrone
8 dünne Scheiben Salami
1 Ei
125 g Pecorino romano
10 ganze schwarze Pfefferkörner
Olivenöl extra vergine
120 g Paniermehl

Den Ricotta etwa 30 Minuten in einer Filtertüte abtropfen lassen.

Die holzigen äußeren Blätter der Artischocken entfernen, von den übrigen Blättern die Spitzen abschneiden. Artischocken achteln und das Heu entfernen. Die Zitrone halbieren, die Schnittflächen der Artischocken mit einer Zitronenhälfte abreiben und in eine Schüssel mit kaltem Wasser legen.

Die Salami fein hacken. Den Ricotta, das leicht verquirlte Ei, den frisch geriebenen Pecorino und die Salami in einer Schüssel verrühren. Die Artischocken in einen Topf legen, vollständig mit Wasser bedecken und den Saft der zweiten Zitronenhälfte, die Pfefferkörner, 1 TL Salz und 2 TL Öl zufügen. Bei starker Hitze zum Kochen bringen, dann die Temperatur reduzieren und die Artischocken 20 Minuten köcheln, bis sie gar sind. Mit einem Schaumlöffel herausnehmen, in einem Durchschlag abtropfen lassen und auf einen Teller zum Abkühlen legen.

Die Artischocken mit je 1 EL Ricotta-Mischung füllen. Den Ofen auf 190° vorheizen.

Währenddessen den Boden einer Auflaufform leicht mit Öl einfetten, die Artischocken hineinlegen, mit Paniermehl bestreuen und mit 4 EL Öl beträufeln. 8 bis 10 Minuten überbacken, bis das Paniermehl eine goldbraune Farbe annimmt. Heiß oder lauwarm servieren.

POLENTA PASTICCIATA

Maisbrei-Auflauf

für 6 Portionen

250 g Maisgrieß
1 Zwiebel
100 g Butter
350 g Hackfleisch vom Rind
150 g Kalbsbrät
2 EL Tomatenmark
100 g Parmesan

In einem schweren Topf gut 1 l Salzwasser zum Kochen bringen. Den Maisgrieß einrieseln lassen, dabei ständig mit einem langen, schmalen Holzlöffel rühren – Vorsicht, Spritzgefahr! Eventuell den Topf kurz vom Herd nehmen.

Die Temperatur reduzieren und den Maisbrei 30 Minuten köcheln, dabei so oft wie möglich kräftig rühren. Dabei bildet sich eine Kruste im Topf, und der Brei beginnt sich vom Topfboden und der Wand zu lösen. Wird er zu fest, löffelweise kochendes Wasser nachgießen, ist er zu weich, noch etwas Maisgrieß unterrühren.

Den fertigen Maisbrei auf ein großes Holzbrett oder auf ein mit Grieß bestreutes Tuch stürzen, etwa 5 cm hoch glatt streichen und auskühlen lassen.

Die Zwiebel fein hacken. In einer Pfanne 2 EL Butter erhitzen und die Zwiebel glasig dünsten. Hackfleisch und Kalbsbrät in kleinen Portionen einrühren und krümelig braten. Salzen und pfeffern, das Tomatenmark und 2 EL Wasser einrühren, 5 Minuten köcheln. Den Ofen auf 150° vorheizen.

Die restliche Butter schmelzen und eine feuerfeste Form mit 2 EL dieser Butter ausstreichen. Den abgekühlten und fest gewordenen Maisbrei in 1 cm breite Scheiben schneiden, am besten mit einem starken Zwirnsfaden.

Eine Schicht Polentascheiben in die Form legen und mit etwas zerlassener Butter beträufeln. Einige EL frisch geriebenen Parmesan aufstreuen, mit Hackfleischragout bedecken. Mit den restlichen Zutaten auf gleiche Weise verfahren und mit Butter abschließen – 2 bis 3 EL Parmesan zurückbehalten. Im vorgeheizten Ofen etwa 30 Minuten garen.

Den Auflauf mit dem restlichen Parmesan bestreuen und sehr heiß in der Form servieren.

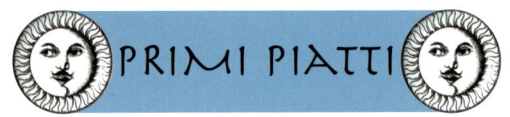

Il Passatore – sein bürgerlicher Name war Stefano Pelloni – und seine Brigantenbande überfielen in der Nacht zum 26. Januar 1851 das Theater von Forlimpopoli in der Romagna. Während sich die Zuschauer an der Aufführung von *La morte di Sisara* ergötzen wollten, brachen sie ein, beraubten die Anwesenden und entführten Dottore Ruggero Ricci, einen Familienfreund der Artusis, zu denen sich die Briganten führen ließen. Dort angelangt, zwangen sie Ricci, bei seinem Freund zu klopfen. Kaum dass Agostino Artusi die Tür geöffnet hatte, erkannte er die Situation und ergriff die Flucht. Pellegrino Artusi musste die leidige Aufgabe übernehmen, die unerwünschten Gäste durch das Haus zu führen, bevor es ihm ebenfalls gelang, zu entfliehen.

Dieses Ereignis brachte eine Wende ins Leben der Familie Artusi. Der Einbruch hatte Pellegrinos Schwester Gertrude dermaßen verängstigt und erschreckt, dass sie daran erkrankte und kurz darauf in eine geschlossene Anstalt eingeliefert werden musste.

Infolge des Schocks fasste die Familie den Entschluss, sich in der ruhigeren Toskana niederzulassen. Dieser Umzug bedeutete viel für Pellegrino Artusis Zukunft. In der Toskana lernte er eine neue Küche kennen, die sich in mancherlei Hinsicht von der Küche seiner Region unterschied. Der erste Schritt war vollzogen. Der zweite folgte mit seiner Tätigkeit als Bankier, die ihn oft auf Geschäftsreise durch das neu gegründete Königreich Italien zwang.

In Süditalien erledigte er nicht nur seine Geschäfte, sondern speiste auch gerne in den Wirtshäusern der Gegend und kam dabei in Berührung mit neuen Gerichten, die er, wieder einmal zu Hause, von seiner toskanischen Köchin Marietta Sabatini und seinem Koch Francesco Ruffilli nachkochen ließ. Was ihm schmeckte, landete in seinem Kochbuch *Von der Wissenschaft des Kochens und der Kunst des Genießens.*

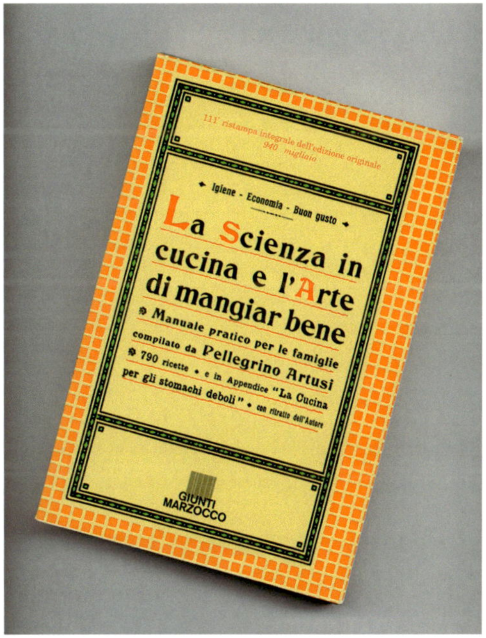

Reprint der Originalausgabe des »großen« Artusi

Ohne diesen Überfall wäre Artusi vielleicht für immer und ewig in Forlimpopoli geblieben, und sein Schicksal hätte einen anderen Lauf genommen. Vielleicht wäre er kein Bankier geworden, hätte keine Geschäftsreisen unternommen und wäre nie mit der kulinarischen Vielfalt auf dem italienischen Stiefel in Berührung gekommen. Wir könnten also mutmaßen: ohne Briganten kein Großer Artusi! Und ohne dieses Standardwerk der italienischen Küche wäre die nicht zu dem geworden, was sie ist.

Die Kunst des Genießens – die war auch in Italien in jenen Jahren vor Artusi nicht jedem selbstverständlich. »Warum«, fragt der Meister in seinem Kochbuch, »ist derjenige, der ein schönes Bild betrachtet oder eine Sinfonie hört, höher angesehen als jemand, der ein gutes Essen genießt?«

Die Italiener müssen irgendwann begriffen haben, dass, wie Artusi meint, »eine Abhandlung über die Zubereitung von Aal so viel wert ist wie eine Dissertation über das Lächeln der Beatrice Dantes«. Sein Kochbuch jedenfalls gehört zu den größten Verkaufserfolgen auf dem italienischen Buchmarkt seit der Staatsgründung durch Cavour und ist bis heute das, was in anderen Ländern die Verfassung sein mag: die eigentliche Gründungsakte der Nation.

Kochen kann eine sehr ernste Kunst sein – und ein Kochbuch ein literarisches beziehungsweise hochpolitisches Werk.

PRIMI PIATTI

PAPPARDELLE AI FUNGHI

Breite Bandnudeln mit Austernpilzen

400 g Austernpilze
3 Tomaten
1 Bund Petersilie
3 Thymianzweige
16 Salbeiblätter
1 Bund Schnittlauch
2 Knoblauchzehen
400 g Pappardelle
1 EL Butter
5 cl trockener Weißwein
5 cl trockener italienischer Vermouth
100 g kalte Butter in Würfeln
25 ml Rahm
Parmesan

Die Pilze trocken putzen und in Streifen schneiden. Die Tomaten kurz mit kochendem Wasser überbrühen, kalt abschrecken und häuten. Halbieren, entkernen und würfeln. Petersilie, Thymian und Salbei fein hacken. Den Schnittlauch in Röllchen, den Knoblauch in dünne Scheiben schneiden.

Die Nudeln in Salzwasser al dente kochen. Währenddessen Butter zerlassen und die Pilze anbraten. Tomaten, Kräuter und Knoblauch zugeben. Mit Weißwein und Vermouth ablöschen, etwas einkochen. Die kalten Butterstückchen einrühren, den Rahm zugeben, salzen und pfeffern.

Die Nudeln abtropfen lassen und mit der Sauce vermengen. In eine gut vorgewärmte Schüssel geben oder auf tiefen Tellern anrichten.

Heiß servieren und frisch geriebenen Parmesan getrennt dazu reichen.

PASTA AI QUADRUCCI DI PESCE SPADA

Nudeln mit Schwertfisch

für 6 Personen

400 g Schwertfisch
2 Tomaten
Olivenöl
2 Knoblauchzehen
1 Bund Petersilie
1 1/2 Glas Weißwein
600 g Sedanini (kurze Nudeln)
12 Minzeblätter

Den Fisch in Stücke schneiden. Die Tomaten kurz mit kochendem Wasser überbrühen, kalt abschrecken und häuten. Halbieren, entkernen und vierteln.

In einer Kasserolle etwas Öl erhitzen und die Tomaten mit Knoblauch und Petersilie andünsten, salzen und pfeffern.

Den Fisch in die Sauce geben und den Wein angießen, zugedeckt etwa 20 Minuten köcheln.

Währenddessen die Nudeln in reichlich Salzwasser al dente kochen. Abgießen und zur Sauce geben.

In vorgewärmten tiefen Tellern anrichten und mit gehackten Minzeblättern garnieren.

Doppelseite aus »dem« Artusi mit »deutschem« Krapfenrezept

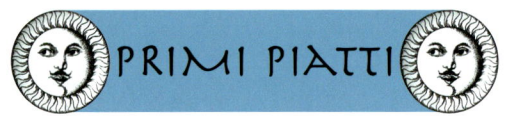

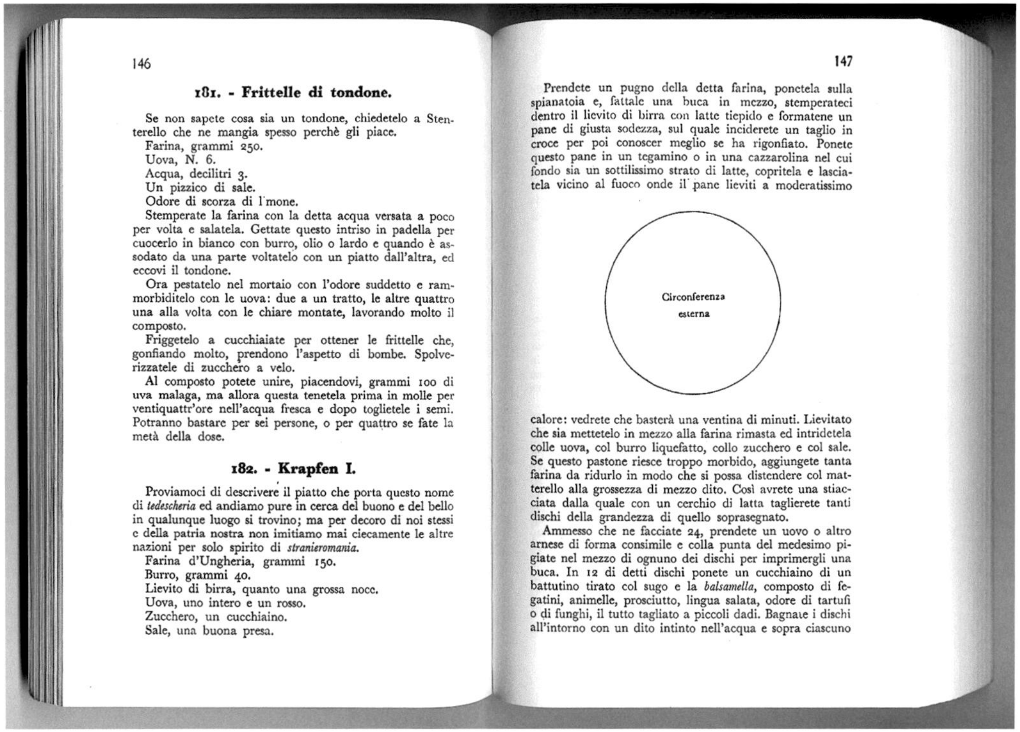

146

181. - Frittelle di tondone.

Se non sapete cosa sia un tondone, chiedetelo a Stenterello che ne mangia spesso perchè gli piace.

Farina, grammi 250.
Uova, N. 6.
Acqua, decilitri 3.
Un pizzico di sale.
Odore di scorza di l'mone.

Stemperate la farina con la detta acqua versata a poco per volta e salatela. Gettate questo intriso in padella per cuocerlo in bianco con burro, olio o lardo e quando è assodato da una parte voltatelo con un piatto dall'altra, ed eccovi il tondone.

Ora pestatelo nel mortaio con l'odore suddetto e rammorbiditelo con le uova: due a un tratto, le altre quattro una alla volta con le chiare montate, lavorando molto il composto.

Friggetelo a cucchiaiate per ottener le frittelle che, gonfiando molto, prendono l'aspetto di bombe. Spolverizzatele di zucchero a velo.

Al composto potete unire, piacendovi, grammi 100 di uva malaga, ma allora questa tenetela prima in molle per ventiquattr'ore nell'acqua fresca e dopo toglietele i semi. Potranno bastare per sei persone, o per quattro se fate la metà della dose.

182. - Krapfen I.

Proviamoci di descrivere il piatto che porta questo nome di *tedescheria* ed andiamo pure in cerca del buono e del bello in qualunque luogo si trovino; ma per decoro di noi stessi e della patria nostra non imitiamo mai ciecamente le altre nazioni per solo spirito di *stranieromania*.

Farina d'Ungheria, grammi 150.
Burro, grammi 40.
Lievito di birra, quanto una grossa noce.
Uova, uno intero e un rosso.
Zucchero, un cucchiaino.
Sale, una buona presa.

147

Prendete un pugno della detta farina, ponetela sulla spianatoia e, fattale una buca in mezzo, stemperateci dentro il lievito di birra con latte tiepido e formatene un pane di giusta sodezza, sul quale inciderete un taglio in croce per poi conoscer meglio se ha rigonfiato. Ponete questo pane in un tegamino o in una cazzarolina nel cui fondo sia un sottilissimo strato di latte, copritela e lasciatela vicino al fuoco onde il pane lieviti a moderatissimo

Circonferenza
esterna

calore: vedrete che basterà una ventina di minuti. Lievitato che sia mettetelo in mezzo alla farina rimasta ed intridetela colle uova, col burro liquefatto, collo zucchero e col sale. Se questo pastone riesce troppo morbido, aggiungete tanta farina da ridurlo in modo che si possa distendere col matterello alla grossezza di mezzo dito. Così avrete una stiacciata dalla quale con un cerchio di latta taglierete tanti dischi della grandezza di quello soprasegnato.

Ammesso che ne facciate 24, prendete un uovo o altro arnese di forma consimile e colla punta del medesimo pigiate nel mezzo di ognuno dei dischi per imprimergli una buca. In 12 di detti dischi ponete un cucchiaino di un battutino tirato col sugo e la *balsamella*, composto di fegatini, animelle, prosciutto, lingua salata, odore di tartufi o di funghi, il tutto tagliato a piccoli dadi. Bagnate i dischi all'intorno con un dito intinto nell'acqua e sopra ciascuno

Pellegrino Artusi war kein Literat, und er war kein Koch, sondern ein Bankier, ein erfolgreicher obendrein, der sehr wohl wusste, wie man ein Produkt vermarktet. Am Anfang hatte er es nicht leicht mit seinem Buch. Er musste es auf eigene Kosten verlegen, und die Kritiker entmutigten ihn. Dennoch zählte das Buch schnell zu den erfolgreichsten Büchern Italiens. Er war sein eigener Verleger, bediente sich des Versandhandels, warb für sein Buch in verschiedenen Zeitungen und machte es so einer breiteren Öffentlichkeit bekannt. Artusi hatte das Buch in der Zeit des Risorgimento, in den Jahren nach 1861 also, als sich der italienische Nationalstaat aus dem bis dato zersplitterten Land herausbildete, verfasst. Die Italiener mussten lernen umzudenken, alles aus einer italienischen und nicht mehr aus einer regionalen (piemontesischen, lombardischen, neapolitanischen oder sizilianischen) Perspektive zu sehen. Pellegrino Artusi trug dazu bei, das nationale Bewusstsein der Italiener zu steigern, indem er eine gesamtitalienische Küchenkultur präsentierte.

Außerdem unterstützte Artusis Kochbuch die sprachliche Einigung Italiens. Er war sich des sprachlichen Wirrwarrs im vereinten Königreich bewusst. In verschiedenen Regionen hieß ein und dasselbe Gericht unterschiedlich. Was an der tyrrhenischen Küste Cacciucco war, nannten die Bewohner der Adriaküste Brodetto, das wiederum den Florentiner an etwas anderes gemahnte: »Dazu muss gesagt werden, dass dieses Wort [cacciucco] vielleicht nur in der Toskana und im Westen bekannt ist. Denn an der Adriaküste sagt man Brodetto. Dies ist in Florenz nun wieder eine Oster-Minestra mit Ei, eher eine Brotsuppe in Fleischbrühe, die mit gequirltem Ei legiert und mit Zitronen gewürzt wird. Die Sprachverwirrung in den italienischen Provinzen erinnert an ein zweites Babylon.«

Die Italiener waren bis dahin merkwürdig unempfänglich für die Bemühungen auch der eigenen Intelligenzija geblieben, eine am Toskanischen orientierte Einheitssprache einzuführen. Zwar »wusch« Alessandro Manzoni seinen Roman *I promessi sposi* (*Die Verlobten*, 1827) »zu diesem Zweck im Arno«, denn er gab die lombardische Mundart der Figuren in späteren Auflagen, von 1840 an, zugunsten der toskanischen Alltagssprache auf. Doch hatte dies, anders als erhofft, keinerlei praktische Konsequenzen für die Leser: Jede Provinz blieb bei ihrem eigenen Idiom. Gleich zu Beginn platzt eine Hochzeit, erst am Ende kann sie wirklich stattfinden. Daran nicht ganz unschuldig ist die verworrene Lage in Oberitalien am Anfang des 17. Jahrhunderts. Nach dem Verfahren bekannter Schauerromane erzählt Manzoni viele Geschichten innerhalb einer Geschichte. Nebenbei liefert er eindrucksvolle Beschreibungen des Mailänder Brotaufstands und schildert das Wüten der Pest in Oberitalien.

PASTA CON LE SARDE

Nudeln mit Sardinen

250 g Fenchel
4 frische Sardinen
2 Zwiebeln
Olivenöl
1 Prise Safran
3 Sardellenfilets
400 g Spaghetti
50 g Rosinen
50 g Pinienkerne

Den Fenchel grob würfeln und in reichlich Salzwasser garen. Mit einem Schaumlöffel herausheben und zur Seite stellen, die Kochflüssigkeit aufheben.

Die Sardinen waschen und filetieren, die Zwiebeln würfeln.

Öl erhitzen und die Zwiebeln andünsten. Mit etwa 1 Tasse Fenchelwasser ablöschen und aufkochen. Wenn die Flüssigkeit fast verkocht ist, den Safran einrühren. So viel Öl zugeben, bis die Masse sämig ist, dann salzen und pfeffern.

In einer Pfanne Öl erhitzen und die Sardellenfilets zerfallen lassen. Die Sardinen zugeben und bei milder Hitze anbraten.

Die Spaghetti im Fenchelwasser – gegebenenfalls noch etwas Salzwasser zugeben – al dente kochen. Abgießen und in einer vorgewärmten Schüssel mit der Safransauce und den Sardinen vermengen. Rosinen und Pinienkerne zugeben und alles gut mischen. Kurz ziehen lassen und servieren.

MACCARUNEDDI FATTI IN CASA

Hausgemachte Makkaroni

1 kg Hartweizengrieß
3 Eier
Tomatensauce
frittierte Auberginenwürfel

Den Grieß mit den Eiern und wenig Salzwasser zu einem weichen, elastischen Teig verarbeiten. Den Teig zu Rollen formen und diese mit Hilfe einer Stricknadel vorsichtig aushöhlen, so dass Makkaroni entstehen. Die Nudeln trocknen lassen.

In reichlich Salzwasser wenige Minuten al dente kochen.

Mit Tomatensauce und frittierten Auberginenwürfeln servieren.

Alternativ kann man dazu auch Ricotta und Schweinefleischragout reichen.

AGLIATA

Bandnudeln mit Walnüssen und Knoblauch

80 g Brotinneres
Milch
500 g Walnüsse
3 Knoblauchzehen
300 g Bandnudeln
50 g Butter

Das Brotinnere in eine Tasse geben und mit Milch bedecken. Die Walnusskerne mit dem Knoblauch in einen Mörser geben und grob zerstoßen, so dass man die Walnussstücke noch herausschmecken kann.

Ohne es auszudrücken, das Brotinnere und eine Prise Salz hinzufügen, gut vermengen und die Mischung ruhen lassen.

Die Bandnudeln kochen, abgießen und mit der Butter anmachen. Die Walnusssauce darübergeben, sorgfältig umrühren und sofort servieren.

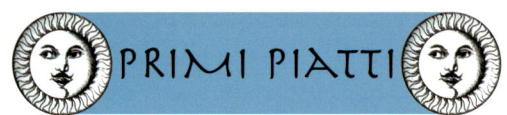

Erst Pellegrino Artusi schuf mit seinem Kochbuch jenen nationalen Identifikationscode, an dem vor ihm Politiker und Künstler gescheitert waren.

Pietro Caporesi, der das Vorwort zu Artusis Buch in der Einaudi-Ausgabe verfasst hat, schreibt: »Die Bedeutung Artusis ist äußerst bemerkenswert; es sollte nicht verkannt werden, dass sein Buch für die Einigung Italiens wohl mehr geleistet hat als die berühmten *Verlobten* von Manzoni. Denn mit dem Artusi hat man ein in Italien allgemein gültiges Handbuch geschaffen, hingegen ist Manzoni stilistisch und lautschöpferisch gescheitert. Das wird auch verständlich, wenn man bedenkt, dass nicht jeder lesen kann, dass aber alle essen ...«.

Artusis Sprache unterschied sich durch ihren direkten und unverblümten Charakter von dem gestelzten Stil anderer Kochbuchautoren des 19. Jahrhunderts, mit dem sich das weibliche Publikum der Zeit nicht anfreunden konnte und wollte. Er erreichte seine Leserinnen auf amüsante und direkte Art und Weise, indem er seine Rezepte und Kommentare mit Anekdoten und Geschichten schmückte, die viel über den Zeitgeist des jungen Italiens verrieten. Bevor er die Hausfrau in die Geheimnisse einer köstlichen Zuppa di fagioli (Bohnensuppe) einweihte, ließ er sich auf ein paar Worte mit ihr ein, ohne sich dabei vor Binsenwahrheiten oder Allgemeinplätzen zu scheuen, und schrieb: »Man sagt mit Recht, die Bohnen seien das Fleisch der Armen, und in manchen Gegenden Italiens, wo es für das Stück Fleisch zu einer guten Mines-

Gabriele D'Annunzio um 1895

TROTA ALLA PIEMONTESE

Forelle Piemonteser Art

50 g Sultaninen
800 g Forellen
1 Stange Bleichsellerie
1 Zwiebel
1 Knoblauchzehe
Salbei
1 Rosmarinzweig
Olivenöl
Aceto Balsamico
1 unbehandelte Zitrone (abgeriebene Schale)
2 Tassen Brühe
Weißmehl

Die Sultaninen waschen und in lauwarmem Wasser etwa 15 Minuten einweichen.

Währenddessen die Forellen vorbereiten. Sellerie, Zwiebel, Knoblauch, Salbei- und Rosmarinblätter hacken und in einen Fischkochtopf geben. Öl hinzufügen und andünsten. Den Fisch in den Topf geben, mit Essig beträufeln und Zitronenschale darüberreiben. Die gut ausgedrückten Sultaninen zugeben, die Brühe angießen, salzen. Den Fisch zugedeckt garen.

Sind die Forellen gar, sie vorsichtig aus dem Topf nehmen und auf einen ovalen Servierteller legen. Die Haut entfernen. Die Kochflüssigkeit in einen sauberen Topf seihen und 1 gestrichenen EL Weißmehl hinzufügen. Bei schwacher Hitze unter Rühren eindicken. Die Sauce über die Forellen gießen und servieren.

BOLLITO MISTO CON SALSA VERDE

Gemischtes gekochtes Fleisch mit grüner Sauce

für 8–10 Personen

1 gepökelte Kalbszunge (etwa 600 g)
1/2 TL Pfefferkörner
1 kg Rindfleisch (Schulter oder Nacken)
1 Poularde (1,5 kg)
4 Stangen Bleichsellerie
1 kleine Stange Lauch
3 Möhren
2 Zwiebeln
500 g Kalbfleisch (Nuss)
1 frische Schweinswurst, mit Knoblauch gewürzt (300 g)

für die Salsa verde:
4 Bund glatte Petersilie
6 eingelegte Sardellenfilets
1 Knoblauchzehe
1–2 EL Kapern
2 Eigelb
5 EL Olivenöl
2 TL Weinessig

Die Kalbszunge in einem Topf knapp mit Wasser bedecken und dieses zum Kochen bringen. Die Temperatur reduzieren und die Zunge etwa eineinhalb Stunden weich köcheln.

Währenddessen in einem großen Topf 3 l Salzwasser aufkochen, die Pfefferkörner und das Rindfleisch hineingeben. Die Temperatur reduzieren und das Fleisch etwa 30 Minuten ziehen lassen. Danach die Poularde zugeben.

Sellerie, Lauch, Möhren und Zwiebeln putzen und klein schneiden. Mit dem Kalbfleisch in den großen Topf geben und alles etwa eine Stunde sacht weiterköcheln.

Für die Salsa verde die abgezupften Petersilienblättchen mit Sardellenfilets, Knoblauch, Kapern und Eigelben im Mixer fein pürieren oder im Mörser zerstampfen. In dünnem Strahl das Öl einrühren, bis eine sämige Sauce entsteht. Mit Salz und Essig würzen.

Die Schweinswurst mehrmals einstechen und mit Wasser bedeckt langsam erhitzen. Die fertig gegarte Kalbszunge kalt abschrecken, mit einem Küchenmesser an der Spitze einschneiden und die Haut abziehen. Vor dem Servieren nochmals zum übrigen Fleisch in den Topf geben und heiß werden lassen.

Die Fleischsorten in dünne Scheiben schneiden, Poularde und Wurst in Portionsstücke teilen und alles auf einer gut vorgewärmten Platte anrichten. Mit Salsa verde und dem Gemüse servieren.

Als Beilage passen außerdem gekochte Salzkartoffeln.

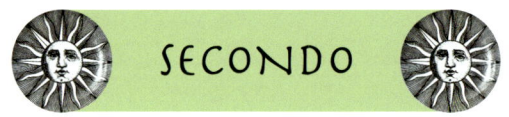

tra für die ganze Familie nicht reicht, sind Bohnen ein gesunder, nahrhafter und nicht zu teurer Ersatz dafür. Mehr noch: Bohnen werden langsam verdaut und stillen für längere Zeit das Hungergefühl. Aber ... es gibt ein ›Aber‹ wie bei so vielen Dingen im Leben, und ihr habt mich schon verstanden. Um euch etwas vorzusehen, nehmt ihr Bohnen mit dünner Haut, oder ihr püriert sie.« Als gebürtiger Romagnolo stellte Artusi seinem Rezept Tagliatelle all'uso di Romagna einen Tipp voran, den jede Italienerin – und nicht nur die – beherzigen sollte: »Kurze Rechnungen, lange Nudeln, sagen die Bologneser, und sie haben Recht. Denn lange Rechnungen machen den Ehemann wütend, und kurze Nudeln zeugen vom Ungeschick der Ehefrau, weil sie an Küchenabfälle gemahnen, wenn sie auf den Tisch kommen. Darum halte ich es für falsch, sich der Sitte der Fremden anzupassen, die Fadennudeln, Suppennudeln und den Inhalt der Minestra in winzige Stückchen zu zerkleinern. Schließlich sollen diese italienischen Gerichte ihren Nationalcharakter bewahren ...«.

Der Autor griff auch denjenigen unter die Arme, die sich zu sehr den Magen voll geschlagen hatten, indem er ihnen das Rezept für Gnocchi di farina gialla (Grießnockerl) ans Herz legte: »Wenn man aufgrund einer üppigen Ernährung ein gewisses Völlegefühl im Magen hat – durch eine leichte Suppe wie diese wird es besser werden ...« Und das Rezept für die Salsa di pomodoro (Tomatensauce) verriet er nicht, ohne vorher eine kurze Geschichte zu erzählen: »In der Romagna gab es einen Pfarrer, der es liebte, seine Nase in Privatangelegenheiten zu stecken. In jeder Familienangelegenheit, wie man so sagt, hatte er seine Finger. Da er aber ein durchaus ehrenwerter Mann war und mit seinem Eifer doch mehr Gutes tat als Schaden anrichten, ließ man ihn gewähren. Die witzigen Romagnesen nannten ihn Don Pomodoro (Hochwürden Tomate), weil ja auch die Tomaten überall dabei sein müssen. Auch eine mit dieser Frucht bereitete Salsa ist eine Bereicherung für die Küche.

Man zerkleinert eine kleine Zwiebel, eine Knoblauchzehe, ein fingerlanges Stückchen Sellerie, einige Blätter Basilikum, beliebig viel Petersilie und gibt alles mit Pfeffer, Salz und ein wenig Öl aufs Feuer, wo man noch sieben oder acht Tomaten hineinschneidet. Man rührt von Zeit zu Zeit um, bis sich eine einheitliche Flüssigkeit gebildet hat, die man durch das Sieb schlägt. Diese Salsa ist sehr vielseitig verwendbar. Besonders eignet sie sich für gekochtes Fleisch, mit Käse und Butter für die Pasta asciutta und für Risotto.«

Aber nicht nur zur kulturellen und sprachlichen Einheit verhalf Artusi dem jungen Italien des Risorgimento, darüber hinaus versöhnte er die verschiedenen Gesellschaftsschichten. Er hatte das Kochbuch für die italienische Bourgeoisie erdacht. Doch auch Bauern und Arbeiter entdeckten das Werk für sich, weil er die Küche der Reichen mit der der Armen auf Basis von Brot und Polenta zu verbinden wusste, indem er gleichzeitig auf die Küchentradition der Toskana mit ihren Suppen und Nudelgerichten und auf die Küche der Romagna, reich an Milch und Fleisch, zurückgriff und die Küche des Südens mit ihrer Gemüsevielfalt und Vorliebe für Olivenöl mit der Küche des Nordens, die Butter und Schmalz bevorzugt, in einen Topf warf.

Man kann in diesem Zusammenhang auch Gabriele D'Annunzio erwähnen, der während seines langes Aufenthalts in Florenz der ausgesuchten Küche der Luxusrestaurants, wie der des Doney, nicht selten die einfache Küche der Trattorien vorzog, und das sicher nicht aus preislichen Gründen, wenn man seine Vorliebe für Größe und aufwändigen Lebensstil bedenkt. Als ihn nach seinem Rückzug ins Vittoriale ein Schreiben seines Sohnes Picciolo erreichte, antwortete er mit einem Telegramm, dessen Text ein Zeugnis seiner Vorliebe für die toskanische Küche ist: »Deine unerwartete Nachricht erweckt meine süßesten Erinnerungen an Florenz. Stop. Ich schicke dir, was du willst, aber du schicke mir per Telegraf das Steak, das wir damals mit dem unvergesslichen Jarro aßen. Stop. Umarmung, Babbo. Gabriele D'Annunzio«.

FALSOMAGRO

Gefüllter Rollbraten

für 8 Personen

3 große Eier
125 ml Milch
30 g frische glatte Petersilie
100 g Parmesan
750 g Rindfleisch aus der Querrippe (vom Metzger zu einer großen Scheibe schneiden lassen)
120 g Schinken in dünnen Scheiben
1 große Zwiebel
125 ml Olivenöl
3 EL Mehl
500 ml trockener Rotwein
800 ml Fleischbrühe

In einer Schüssel Eier, Milch, die gehackte Petersilie, den frisch geriebenen Parmesan, Salz und Pfeffer mischen. Den Teig in eine beschichtete Pfanne geben und bei mittlerer Hitze zwei Pfannkuchen backen – zusammen sollten sie groß genug sein, um das Fleisch fast vollständig zu bedecken.

Das Fleisch flach ausbreiten, die Pfannkuchen darauflegen und mit Schinkenscheiben bedecken, so dass ein schmaler Rand frei bleibt. Das Fleisch zusammenrollen und mit Küchengarn festbinden. Die Zwiebel in dünne Ringe schneiden.

In einem Topf das Öl erhitzen und den Rollbraten bei mittlerer bis starker Hitze scharf anbraten. Die Temperatur reduzieren und das Fleisch rundum bräunen. Die Zwiebelringe zugeben und ebenfalls bräunen. Dann mit dem Mehl bestäuben und gut durchrühren.

Ist das Fleisch gut gebräunt, mit dem Wein ablöschen. Die Brühe zugießen und aufkochen.

Die Temperatur reduzieren und alles zugedeckt eine Stunde schmoren, bis das Fleisch zart ist. Dazu eine Fleischnadel oder eine Fleischgabel einstechen – der Braten ist gar, wenn beim Herausziehen kaum Widerstand zu spüren ist.

Den Rollbraten aus dem Topf nehmen, aufschneiden, mit Sauce übergießen und servieren.

rechte Seite: Trüffelsuche, italienische Buchmalerei aus dem Hausbuch der Cerruti, 14. Jahrhundert

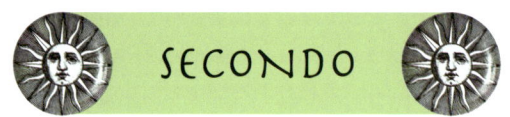

Umberto Eco

Eco im Piemont

Zwischen Alba und Alessandria, in der Gegend des Monferrato, nimmt die Geschichte Baudolinos ihren Anfang, des schelmischen Helden aus Umberto Ecos gleichnamigem Roman (2000).

Was wäre der Piemont ohne Alba, seine Trüffel und den Schriftsteller Umberto Eco, der dort, in Alessandria, zur Welt gekommen ist? Baudolino erblickt das Licht der Welt in einem märchenhaften Ort namens Frascheta, von dem wir annehmen können, dass er Baudolinos Vater Gagliaudo als Ausgangspunkt gedient hat, um mit seinem Hund oder einem Schwein durch Wälder und Weiden zu ziehen – immer auf der Suche nach Trüffeln, die unterirdisch an den Wurzeln der Bäume wachsen. Im Mittelalter des 12. Jahrhunderts konnten die einfachen Leute nichts mit diesem kartoffelähnlichen Schlauchpilz mit der rauen, dunklen Haut anfangen. Doch Gagliaudo, neugierig, wie er war, hatte sie gepflückt, seinem Instinkt folgend, der ihm sagte, dass man damit etwas machen könne. Der leicht stechende und pikante Geruch würde bestimmt zu den Wachteln passen, die seine Frau Rosina hervorragend zuzubereiten wusste.

Trüffel hin, Trüffel her, Baudolino gehen in Ecos Roman andere Gedanken durch den Kopf. Er ist ambitioniert und hat eine Begabung: Er kann formulieren, was seine Gegenüber gerne hören. Dies ebnet ihm

STOCCA ALLA MODA DI MESSINA

Stockfisch auf Messina-Art

3 Tage Vorbereitung

1 Stockfischfilet (etwa 750 g)
2 große Kartoffeln (festkochend)
1 mittelgroße Zwiebel
12 schwarze Gaeta-Oliven
2 EL Kapern
125 ml Olivenöl extra vergine
1 Dose italienische Eiertomaten mit Saft (800 g)
1 1/2 EL Pinienkerne
1 1/2 EL Sultaninen
1/4 l trockener Weißwein

Den Stockfisch drei Tage kalt wässern, dabei das Wasser dreimal täglich wechseln.

Den Ofen auf 190° vorheizen. Das Stockfischfilet längs halbieren, das Rückgrat entfernen und das Fleisch in mundgerechte Stücke schneiden. Die Kartoffeln schälen und in 6 mm dicke Scheiben, die Zwiebel in dünne Ringe schneiden. Die Oliven entkernen und grob hacken, die Kapern wässern.

In einer großen feuerfesten Pfanne das Öl bei mittlerer bis hoher Temperatur erhitzen und die Zwiebel 8 bis 9 Minuten goldbraun braten. Die Tomaten mit dem Saft zugeben und aufkochen, die Temperatur reduzieren und alles 3 bis 4 Minuten köcheln. Fisch, Pinienkerne, Sultaninen, Kapern, Oliven, Kartoffeln, 1/4 TL Salz und Pfeffer zugeben, zum Köcheln bringen. Wein zugießen und alles zugedeckt eine Stunde im Ofen backen.

Heiß servieren.

TUNNU AURUDUCI

Gebratene süß-saure Thunfischsteaks

für 6 Personen

2 mittelgroße Zwiebeln
4 EL Olivenöl extra vergine
1,5 kg Thunfischsteaks (je 1 1/2 cm dick)
150 g Mehl
2 TL Zucker
3 EL Rotweinessig
3 EL trockener Weißwein
2 EL gehackte frische glatte Petersilie

Die Zwiebeln in dünne Ringe schneiden. Eine breite Pfanne, in der alle Steaks nebeneinander Platz finden, bei mittlerer Temperatur erhitzen. 2 EL Öl, Zwiebelringe, Salz und Pfeffer hineingeben und die Zwiebeln 8 bis 9 Minuten goldbraun braten. Herausnehmen und warm stellen.

Das restliche Öl in die Pfanne geben und stark erhitzen. Die Thunfischsteaks mit Salz und Pfeffer würzen, von beiden Seiten leicht mit Mehl bestäuben. Jede Seite 2 Minuten scharf braten, dann aus der Pfanne nehmen.

Zucker, Essig, Wein und Zwiebeln hineingeben und ohne Deckel bei mittlerer Hitze 2 Minuten kochen. Die Petersilie und die Thunfischsteaks zufügen und alles weitere 2 Minuten kochen.

Den Thunfisch auf eine vorgewärmte Platte legen, mit Sud übergießen und servieren.

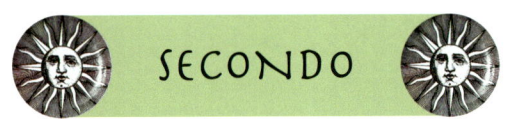

den Weg zum Hof des Kaisers Friedrich Barbarossa. Dort will er in den Besitz des Heiligen Grals gelangen und ihn dem Kaiser höchstpersönlich übergeben. Dabei greift ihm der alte, auf dem Sterbebett liegende Vater Gagliaudo unter die Arme, indem er dem Sohn die Augen öffnet und ihm verrät, wie der Heilige Gral tatsächlich ausgesehen haben müsse. Keinen Goldkelch mit Lapislazuli und ähnlichen Edelsteinen hätte sich ein armer Mensch wie Jesus leisten können, sondern schlicht und einfach muss sein Trinkgefäss gewesen sein, wohl eine Holzschale.

Und prompt fällt Baudolino der Gral in die Hände. Er ist allein deswegen besonders edel, weil sein Besitzer – nicht Christus, sondern Gagliaudo – aus ihm einen der wertvollsten Weine Italiens getrunken hat: den Barolo. Dieser Wein war nicht nur zu Baudolinos Zeiten von großer Bedeutung, sondern ist es noch heute, allein wenn man bedenkt, dass die erste Universität der gastronomischen Wissenschaften gerade in Bra gegründet wurde, im Anbaugebiet dieses Weines. Ein anderer Zweig dieser Universität befindet sich in Colorno, nur wenige Kilometer von Parma entfernt, in einem für Gourmets strategisch wichtigen Gebiet: der Heimat des Parmaschinkens und des Parmigiano. Das Projekt für eine Universitá del Gusto (Geschmacksuniversität), die ihre Tore für die ersten Studenten im Oktober 2004 öffnete, geht auf eine Idee von Slow Food zurück. Carlo Petrini, Gründer dieser internationalen Bewegung zur Förderung der Lebensmittelkultur, erklärte dazu: »Essen ist das Fundamentalste, und trotzdem gibt es bisher auf der ganzen Welt keine Hochschule, die sich mit der Kultur unserer Ernährung befasst.«

Prince Charles nimmt 2004 an einem Workshop von Slow Food in Turin teil. Neben ihm sitzt der Präsident und Gründer der Bewegung, Carlo Petrini.

AMARETTI PIEMONTESI

Mandelplätzchen

für etwa 30 Stück

250 g geschälte Mandeln
200 g Zucker
nach Geschmack: 1 TL Bittermandelaroma
4 Eiweiß
1 EL Butter
1 EL Mehl
Puderzucker zum Bestäuben

Die Mandeln fein mahlen, mit 150 g Zucker und Bittermandelaroma mischen. Das Eiweiß steif schlagen, den restlichen Zucker einrieseln lassen. Die Mandelmasse löffelweise unter den Eischnee ziehen und zu einer glatten Masse rühren.

Ein Backblech mit Butter einfetten und mit dem Mehl bestäuben. Die Mandelmasse in einen Spritzbeutel mit glatter Tülle füllen und walnussgroße Häufchen auf das Blech setzen – oder die Plätzchen mit einem Teelöffel abstechen. Etwa zwei Stunden ruhen lassen.

Den Ofen auf 150° vorheizen. Die Mandelplätzchen etwa eine Stunde eher trocknen lassen als backen. Mit Puderzucker bestäuben.

Mandelplätzchen werden als Gebäck zum Eintauchen in Vin Santo, einen typischen Dessertwein, serviert oder zum Espresso nach dem Essen.

LATTE FRITTO

Frittierter Pudding

für 12 Stück

2 Eier
50 g Mehl
150 g Paniermehl
Pflanzenöl zum Frittieren
200 g Zucker
1 TL Zimt

für den Pudding:
100 g Speisestärke
150 ml Milch
3 Eier
6 Eigelb
150 g Zucker
1 unbehandelte Zitrone (abgeriebene Schale)
10 Tropfen Vanillearoma
4 EL Butter

Für den Pudding die Speisestärke in 125 ml Milch auflösen, dabei kräftig rühren, damit sich keine Klümpchen bilden. Die Eier leicht verquirlen und mit den Eigelben zugeben. Die restliche Milch mit dem Zucker in einem Topf bei mittlerer Hitze zum Kochen bringen. Den Topf vom Herd nehmen, etwas heiße Milch unter die Stärke mischen und diese mit einem Schneebesen in die Milch rühren. Die Zitronenschale zufügen, alles unter ständigem Rühren 30 bis 60 Sekunden erneut erhitzen und kochen, bis die Mischung sämig wird. Den Topf vom Herd nehmen, Vanillearoma und Butter gründlich unterrühren.

Eine 20 mal 40 cm große Backform mit Klarsichtfolie auslegen, die Puddingmischung hineingeben und gleichmäßig verteilen. Die Oberfläche mit einem Stück gebuttertem Pergamentpapier zudecken und den Pudding im Kühlschrank vier bis sechs Stunden erstarren lassen.

Das Pergamentpapier entfernen, einen Teller umgekehrt auf die Form legen und den Pudding stürzen. Die Klarsichtfolie abziehen und den Pudding in 5 cm große Quadrate schneiden. Die Eier mit 2 EL Wasser verquirlen. Jedes Quadrat in gesiebtem Mehl wenden, in die verquirlten Eier tauchen und in Paniermehl wälzen. Öl knapp 3 cm hoch in einen großen Topf gießen und bei mittlerer Temperatur auf 180° erhitzen. Ein Puddingstückchen probeweise in den Topf geben: Wenn es sofort zischt, hat das Öl die richtige Temperatur. Quadrate portionsweise frittieren, bis sie von allen Seiten goldbraun sind.

Auf Küchenpapier abtropfen lassen, in einer Mischung aus Zucker und Zimt wälzen und warm servieren.

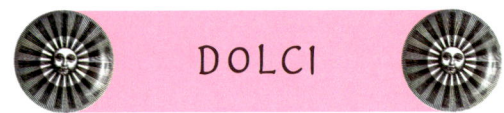

Il Gattopardo

Die Küstenstraße, die sich am Meer entlangschlängelt, überlagert von Düften reifer Weintrauben aus den Bergen, ist sicherlich der direkteste Weg, Siziliens Geschichte, atemberaubende Landschaften und gaumenschmeichelnde Gerichte zu entdecken. Wer sich aber der Seele der Insel nähern will, dem sei die Literatur empfohlen und besonders ein Roman, der es schon zu seiner Zeit zum Bestseller gebracht hat: *Il Gattopardo (Der Leopard)*. Kaum ein anderes Buch verrät so viel über Natur und Wesen Siziliens wie Giuseppe Tomasi di Lampedusas Roman. Und es mangelt in ihm nicht an Anlässen, bei denen dem Leser das Wasser im Munde zusammenläuft. Denn die sizilianische Küche erreichte ihren Höhepunkt im 18. und 19. Jahrhundert. Im prächtigen Wohnsitz des Fürsten von Salina, nach seinem Wappentier auch »Il Gattopardo« genannt, fallen die Tafelfreuden außergewöhnlich opulent aus. Die üppigen Büffets lassen kaum einen Wunsch offen.

Ballszene aus »Der Leopard«

CASSATA SICILIANA

Sizilianische Eistorte

für 6–8 Personen

5 Eier
120 g Puderzucker
1 EL Vanillezucker
50 g Speisestärke
50 g Mehl

für die Füllung:
50 g dunkle Schokolade
150 g kandierte Früchte
450 g frischer Ricotta
6 EL Zucker
1 TL Vanillezucker
2 EL Aurum-Orangenlikör oder Rum
100 g Spinat
100 g Puderzucker
zum Dekorieren: kandierte Früchte, geschälte Mandeln, Schokoladegranulat, Marzipanrosen oder -veilchen

Den Ofen auf 175° vorheizen, ein großes Blech mit Backpapier auslegen. Die Eier trennen. Die Eigelbe, Puderzucker und Vanillezucker mit dem Schneebesen schaumig schlagen. Die Eiweiß steif schlagen und vorsichtig unterziehen. Speisestärke und Mehl einrieseln lassen und unterrühren. Die Masse etwa 1 cm hoch auf das Blech streichen und im vorgeheizten Ofen 15 Minuten backen.

Auf ein Brett stürzen, das Papier abziehen und den Biskuit auskühlen lassen. Dann in Scheiben und diese in 1 cm dicke Streifen schneiden.

Für die Füllung die Schokolade in kleine Würfel schneiden, die kandierten Früchte hacken. Eine runde Schüssel mit Klarsichtfolie auskleiden und mit den Biskuitstreifen auslegen. Den Ricotta mit Zucker, Vanillezucker und Likör zu einer dickflüssigen Creme rühren. Die Schokolade und die kandierten Früchte unterziehen. Die Masse in die Schüssel geben und mit Biskuit bedecken. Im Kühlschrank vier bis fünf Stunden, am besten über Nacht, fest werden lassen.

Herausnehmen und stürzen. Den Spinat in Wasser kochen, 2 bis 3 EL des gefärbten Wassers mit dem Puderzucker verrühren und die Cassata damit bestreichen. Nach Belieben dekorieren.

Fertige Biskuitböden sind auch beim Bäcker oder in Kaufhäusern erhältlich.

ZABAIONE CON BACCHE

Weinschaum mit Beeren

200 g frische gemischte Beeren
1/2 unbehandelte Zitrone (Saft und abgeriebene Schale)
4 Eigelb
4 EL Zucker
4 EL trockener Marsala

Die Beeren waschen, abtropfen lassen und entstielen, Erdbeeren eventuell halbieren. In einer Schüssel mischen, mit Zitronensaft beträufeln und kühl stellen.

Einen großen Topf mit Wasser füllen und erhitzen. Eine kleinere, runde Edelstahlschüssel ins Wasserbad setzen. Die Eigelbe mit Zucker und Zitronenschale hineingeben, mit dem Schneebesen gründlich verquirlen. Den Marsala nach und nach einträufeln. Bei schwacher Hitze alles zu einer schaumigen Creme aufschlagen.

Vom Herd nehmen, auf vier Teller verteilen und mit den Beeren garnieren.

Statt mit Marsala kann man den Nachtisch auch mit Wein, Sekt oder Weinbrand zubereiten.

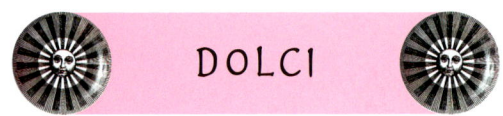

Burt LANCASTER
Alain DELON
Claudia CARDINALE
LE GUEPARD
Serge REGGIANI · Paolo STOPPA · Rina MORELLI · Romolo VALLI
UN FILM DE Luchino VISCONTI
VdC 865
SUPERTECHNIRAMA TECHNICOLOR
Coproduction: S.N. PATHÉ-CINÉMA-SGC-TITANUS
Distribution: CONSORTIUM PATHÉ-C.F.D.C

»Zu Füßen der Kandelaber, zu Füßen der fünfstöckigen Tafelaufsätze, die zur fernen Decke die Pyramiden der Dolci di riporto hoben, die nie verzehrt wurden, war in eintöniger Üppigkeit die Table à thé der großen Bälle ausgebreitet: korallenrot die lebendig in kochendes Wasser geworfenen Langusten, wächsern, gummiähnlich die Kalbs-Chaudfroids, stahlfarben die in die weichen Saucen versenkten Wolfsfische, die Puten, die die Ofenhitze goldgelb gebraten hatte, die unter dem Gelatinepanzer rosigen, fetten Leberpasteten, die Schnepfen – man hatte die Knochen ausgelöst und die Vögel dann sanft auf Hügel gerösteter, mit Ambraduft durchzogener Brotstücke gelegt,

MUSTAZZOLI

für 6 Personen

1 kg Mehl
100 g Mandeln
400 g Zucker
1 EL Backpulver
10 g Zimt
1 Gewürznelke
Butter

Das Mehl in eine Schüssel sieben. Die Mandeln rösten, fein hacken und zugeben. Zucker und Backpulver mit 1 Glas Wasser vermengen. Mit Zimt und fein gehackter Nelke dem Mehl beifügen. Die Mischung zu einem glatten, elastischen Teig verarbeiten, falls er zu fest ist, etwas Wasser zugeben.

Aus dem Teig 4 cm lange und 2 cm breite Kekse formen. Ein Blech einfetten und mit Mehl bestreuen, die Kekse darauflegen. Im auf 180° vorgeheizten Ofen 10 bis 15 Minuten backen.

TORTA DI NOCCIOLE ALLA SIRACUSANA

Haselnusstorte

für eine Tortenform (etwa 25 cm Durchmesser)

140 g Haselnüsse ohne Schale
Butter
60 g Bitterschokolade mit mindestens 70 % Kakaoanteil
110 g Zucker
4 Eier
3 gestrichene EL Mehl
130 g Ricotta
2 TL abgeriebene Orangenschale
5 EL Zitronengelee oder -marmelade

Den Ofen auf 210 bis 220° vorheizen. Die Haselnüsse locker auf ein Blech streuen und etwa 10 Minuten unter mehrmaligem Wenden rösten, bis sie ihre braunen Häute verlieren und eine leicht goldene bis bräunliche Farbe annehmen. Das Blech herausnehmen und die Nüsse auskühlen lassen. Dann jeweils eine Hand voll in ein großes Sieb geben und das Sieb schütteln, damit sich die Häute lösen. Die Nüsse fein hacken.

Eine Kuchenform ausbuttern, den Boden mit Backpapier auslegen. Die Hälfte der Schokolade grob bis mittelfein hacken.

100 g Butter in Stücke schneiden und weich werden lassen. Nach und nach den Zucker zugeben und mit einem Schneebesen zu einer cremigen Paste verrühren. Die Eier trennen. Dann Eigelb um Eigelb darunterschlagen – sie müssen sich stets mit der Zuckermasse verbunden haben, bevor das nächste zugefügt wird. Das Mehl darübersieben.

In einer zweiten Schüssel den Ricotta schaumig schlagen. Orangenschale und Haselnusssplitter nach und nach untermengen, zuletzt die Schokoladensplitter beifügen.

Die Eiweiß steif schlagen. Die Ricottamasse auf die Mehlschicht geben. Den Eischnee auf die Ricottaschicht gießen und alles vorsichtig untereinander heben. Die Mischung in die Form gießen und im vorgeheizten Ofen etwa 30 Minuten backen.

Den Kuchen herausnehmen und etwas abkühlen lassen. Den Zitronengelee mit etwa 1 EL Wasser vermischen und leicht erwärmen. Den Kuchen auf ein Tortensieb stürzen und noch leicht warm mit dem vorgewärmten Zitronengelee bepinseln. Vollständig abkühlen lassen, die Oberfläche mit der restlichen, geraspelten Schokolade bestreuen und servieren.

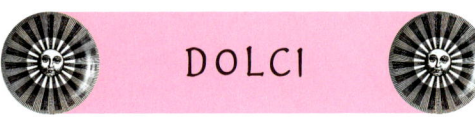

die mit den ganz fein gehackten inneren Teilen ebendieser Vögel garniert waren – die Fleisch-Gelatinen in der Farbe der Morgenröte, viele andere grausame, schönfarbene Köstlichkeiten. An den äußeren Enden der Tafel zwei gewaltige silberne Suppenterrinen, die die ambragebräunte, klare Consommé enthielten. Die Köche in den geräumigen Küchen hatten schon in der vorhergehenden Nacht schwitzen müssen, um dieses Mahl vorzubereiten.

›Nein – was für eine Menge Zeug! Donna Margherita versteht ihre Sache. Aber für all das braucht es andere Mägen als den meinen.‹«

Das alles lässt den Leser an die Natura-Morta-Darstellungen des Barock denken, an die Darstellung der Vergänglichkeit des Lebens und der irdischen Freuden – und den Gemütszustand von Don Fabrizio, der im wohl riechenden Saal umherwandelt und zugleich den alles umhüllenden Tod wahrnimmt. Denn »Il Gattopardo« ist sich mehr denn je und mehr als andere bewusst, dass nicht nur die Opulenz, sondern die ganze traditionelle italienische Gesellschaft sich ihrem Ende zuneigt. Er hat eine große Vorahnung des Todes: seines eigenen, seines Geschlechtes und des Todes der gesamten aristokratischen Gesellschaft, die aus seiner Sicht gedankenlos ihr Aussterben zu feiern scheint.

Er fühlt das alte System, dessen Basis Garibaldi 1860 nach seiner Landung der Tausend in Marsala erschütterte, unter den Füßen langsam, aber stetig zusammenbrechen. Doch er weigert sich, die Geschichte mitzugestalten, beobachtet lieber, was sich vor seinen Augen abspielt, und animiert allein seinen Lieblingsneffen Tancredi Falconieri, an den Umwälzungen der Zeit teilzunehmen, zuerst als Garibaldiner und dann als Unterstützer des Hauses Savoyen, welches das neue Italien regiert. Es ist der verzweifelte Versuch, alles beim Alten zu halten. »Alles muss sich ändern, damit alles so bleibt, wie es ist«, wiederholt er oft im Einklang mit Tancredi. Doch das ist vergeblich. Nichts bleibt so, wie es einmal war, und das lässt sich selbst in dem erkennen, was auf den Tisch kommt. In Casa Salina, das früher nur Potages, Escargots, Gelées und andere feine Kreationen der europäischen Küche sah, wird auf einmal ein plebejisches Timballo di maccheroni serviert, eine Makkaroni-Pastete, über die die Älteren die Nase rümpfen, während es die jungen Aristokraten kaum erwarten können, ihre Gabeln hineinzusenken: »Ganz abgesehen jedoch von guter Erziehung – der Anblick jener riesigen Makkaroni-Pastete verdiente sehr wohl, einem jeden summende Laute der Bewunderung zu entlocken. Das gebräunte Gold der Umhüllung, der starke Duft von Zucker und Zimt, der davon ausströmte, waren nichts als das Vorspiel zu dem Wonnengefühl, das einem im Inneren aufstieg, wenn das Messer die Kruste auseinander riss: Zuerst brach ein mit Wohlgerüchen beladener Dampf daraus hervor, und dann bemerkte man die Hühnerleber, die harten Eier, die Streifen von Schinken, jungem Huhn und Trüffeln in der weichen, heißen Masse der kleinen, kurzen Makkaroni, denen die verdichtete Fleischessenz eine köstliche Gamslederfarbe verlieh.«

Don Fabrizio, der Calogero Sedara zu diesem Abendessen eingeladen hat, weiß die Lage gut einzuschätzen. Sedara ist ein reich gewordener Bauer, der sein Vermögen teils durch geschickte Heiratspolitik, teils auf nicht ganz legalen Wegen zusammengerafft und es nach der Einigung Italiens zum Bürgermeister von Donnafugata gebracht hat. Aber im Grunde blieb er ein einfältiger Mensch, der mit hauchdünnen Kristallgläsern, knappen Portionen und feinen Manieren wenig am Hut hat. Die volkstümlichen Makkaroni, die auch auf dem Speiseplan in der Osteria del Popolo stehen, entsprechen viel eher Sedaras Geschmack, dessen Gunst der Fürst aber benötigt, um seine Pläne umsetzen zu können. Er möchte nämlich, dass sein adeliger, doch verarmter Neffe Tancredi Calogeros hübsche und vitale Tochter Angelica heiratet. Denn zusammen mit dem Kapital, das sie als Mitgift in die Ehe bringen würde, könnte sie ihm eine brillante politische Karriere eröffnen.

OPERNGESANG UND SCHLAGERMUSIK

REZEPTE AUS KAMPANIEN

INSALATA ALLA ROSSINI

Salat nach Rossini

180 g Kopfsalat
180 g Endiviensalat
200 g Bleichsellerie
1 kleine Dose Trüffel (80 g)

für die Marinade:
4 EL Olivenöl
2 EL Zitronensaft
Zucker
1 TL Senf
1 Stängel frischer oder 1 Messerspitze zerriebener Estragon

Die Salate putzen. Die Blätter ablösen, waschen und abtropfen lassen. In 1/2 cm breite Streifen schneiden. Den Sellerie in 1/2 cm dicke Ringe schneiden und alles in einer Schüssel mischen.

Für die Marinade Öl und Zitronensaft in einer kleinen Schüssel verrühren. Mit Salz, weißem Pfeffer, einer Prise Zucker und Senf pikant abschmecken. Frischen Estragon unter kaltem Wasser abspülen, mit Küchenpapier trockentupfen, fein hacken und zugeben. Die Marinade über den Salat gießen und untermischen. Die abgetropften Trüffel in feine Scheiben schneiden. Den Salat in einer Schüssel anrichten und mit Trüffelscheiben garniert servieren.

MOZZARELLA E OLIVE

Mozzarella mit Oliven

1 Büffelmozzarella (etwa 250 g)
1/2 Bund Basilikum
150 g schwarze und grüne Oliven
1/2 TL getrockneter Oregano
4 EL Olivenöl

Den Mozzarella abtropfen lassen, in dünne Scheiben schneiden und auf einer Platte oder vier Tellern auslegen.

Die Basilikumblättchen abzupfen, die Oliven entsteinen, beides mit dem Wiegemesser fein zerkleinern. Oregano zwischen den Fingern zerreiben und mit dem Öl dazurühren. Die Olivenmasse auf den Mozzarellascheiben verteilen.

MOZZARELLA IN CARROZZA

»Mozzarella in der Kutsche«

3 Eier
Milch
500 g altes Brot
700 g Büffelmozzarella
Weizenmehl
Olivenöl

Anonym, Gioacchino Rossini, 1865

Die Eier in einer Schüssel mit Salz und einem Schuss Milch verquirlen. Das Brot in 24 etwa 1 cm dicke Scheiben schneiden. Den Mozzarella in zwölf gleich große Stücke teilen. Jeweils ein Stück Mozzarella zwischen zwei Scheiben Brot legen. Jedes Sandwich mit Mehl bestäuben und in der Eimasse so lange wenden, bis es sich mit Flüssigkeit voll gesogen hat. In sehr heißem Öl goldbraun ausbacken.

Auf Küchenpapier abtropfen lassen und heiß servieren.

»ESSEN UND LIEBEN, SINGEN UND VERDAUEN,

das sind wahrhaftig die vier Akte der komischen Oper, die man das Leben heißt und die vergeht wie der Schaum einer Flasche Champagner.« So fasste Gioacchino Antonio Rossini seine Lebensphilosophie zusammen. Denn er war sein Leben lang ein Buongustaio – ein Feinschmecker – der besonderen Art, dem man zweifelsohne unterstellen kann, dass er seine Inspiration bei gutem Essen fand. *Wilhelm Tell* und *Der Barbier von Sevilla* sind sicherlich Kostbarkeiten für alle Liebhaber der klassischen Musik. Doch kommen auch die Feinschmecker bei Rossini nicht zu kurz. Denn er hat die Küche bereichert mit Gerichten wie Poularde Rossini, Tournedos Rossini sowie Uova pochèes alla Rossini (Pochierte Eier nach Rossini), die er für sich höchstpersönlich hat kreieren lassen. Nach dem Umzug in seine Villa ins französische Passy beschäftigte er sich noch mehr als zuvor mit Kochen. Rossini wurde 1792 in der Region Marche geboren. Seine Mutter war Sängerin und sein Vater Musiker. Die Liebe zur Musik wurde ihm sozusagen in die Wiege gelegt. Und die Marche ist bekannt für ihre volkstümliche, doch raffinierte Küche. Als Rossini in Bologna Musik studierte, lernte er nicht nur, wie man Klavier spielt, sondern auch, wie man frische Nudeln und Tagliatelle zubereitet und mit welcher Sugo man sie am besten isst. Was die Zubereitung seiner Lieblingsgerichte anging, geizte der Maestro nie, egal ob mit Trüffeln oder Fois gras. Selbst in Zeiten finanzieller Sorgen mochte er nicht auf gute Speisen verzichten, vor allem nicht auf die Risoles – warme Vorspeisen aus Wild und Pilzen. In seinem Namen kann man ein regelrechtes Menü zusammenstellen. Man denke nur an den Insalata Rossini, an die Maccheroni alla Rossini, die Poularde Royal mit Kastanienpüree und flambierten Pfirsichen. Die Risotto-Torte Pesaro zum Nachtisch wäre eine perfekt abschließende kleine Omaggio an die Geburtsstadt des Maestro.

Autograf von Rossini, Klavierstück »20 Takte in As-Dur« mit Widmung: »Dal Caffe di Madame Giovanna Brunaccini«

INSALATA DI RINFORZO NAPOLETANA

Blumenkohlsalat auf neapolitanische Art

für 9 Personen

400 g rote Paprikaschoten
1 Blumenkohl
8 eingelegte Sardellenfilets
100 g Gaeta-Oliven
50 g Kapern
80 ml Olivenöl extra vergine
3 EL Rotweinessig
2 große Zweige frischer Oregano

Die Paprika halbieren und entkernen, die Schote in feine Streifen schneiden. Den Blumenkohl in kleine Röschen teilen und von den Stielen befreien. Die Sardellenfilets abspülen, mit Küchenpapier trockentupfen und in feine Streifen schneiden. Die Oliven halbieren und entkernen. Die Kapern wässern.

Salzwasser zum Kochen bringen und die Blumenkohlröschen 3 bis 5 Minuten gar kochen – sie können auch gedämpft werden. Unter fließendem kalten Wasser abschrecken und gut abtropfen lassen. Mit Öl und Essig in eine Schüssel geben, mit Salz und Pfeffer würzen. Oreganoblättchen abzupfen und mit Sardellen, Oliven und Kapern zum Blumenkohl geben. Die Paprika ebenfalls zugeben und alles gründlich mischen. Mindestens drei Stunden bei Zimmertemperatur ruhen lassen.

CROSTINI ALLA TOSCANA

Geröstetes Weißbrot mit Hühnerlebercreme und Olivenpaste

am Vortag beginnen / für etwa 30 Stück

für die Hühnerlebercreme:
200 g frische Hühnerleber
1 Lorbeerblatt
1/2 TL Wacholderbeeren
125 ml Rotwein
1 kleine Zwiebel
1 Stange Bleichsellerie
1 Möhre
2 EL Olivenöl
2 EL Butter
2 EL Tomatenmark
1/2 unbehandelte Zitrone (Saft und abgeriebene Schale)
1/2 Bund glatte Petersilie
1 EL Kapern

für die Olivenpaste:
2 eingelegte Sardellenfilets
1 getrocknete Chilischote
150 g schwarze Oliven ohne Stein
1 TL frischer oder 1/2 TL getrockneter Rosmarin
1 TL frischer oder 1/2 TL getrockneter Thymian
6 Salbeiblätter
4 Knoblauchzehen
1 EL Kapern
100 ml Olivenöl
1 TL Zitronensaft
30 kleine Scheibchen Weißbrot

Für die Hühnerlebercreme die Leber säubern und klein schneiden. Mit dem Lorbeerblatt und den Wacholderbeeren in ein Schälchen geben. Den Rotwein angießen und über Nacht durchziehen lassen.

Am nächsten Tag die Zwiebel, den Sellerie und die geschabte Möhre sehr fein hacken. In einer Pfanne das Öl erhitzen und 1 EL Butter zerlassen. Das Gemüse andünsten.

Die Hühnerleber aus der Marinade nehmen, etwas trockentupfen, den Sud durchsieben. Die Leber zum Gemüse geben und kurz anbraten. Das Tomatenmark und den Sud einrühren, 10 Minuten sanft köcheln. Mit Salz, Pfeffer, Zitronensaft und -schale würzen. Die Petersilie fein hacken und einrühren.

Etwas abkühlen lassen, dann mit den Kapern im Mixer fein pürieren. 1 EL weiche Butter unterrühren und abschmecken.

Für die Olivenpaste die Sardellenfilets abspülen, trockentupfen und klein schneiden. Die Chilischote entkernen. Mit Oliven, Kräutern, Knoblauch und Kapern fein pürieren. Nach und nach das Öl einfließen lassen, bis eine sämige Paste entsteht. Mit Zitronensaft, Salz und Pfeffer abschmecken.

Die Weißbrotscheibchen im Toaster oder im Ofen anrösten. Jede Scheibe mit einer der Pasten bestreichen.

Ein Bauer aus Roncole

Nicht weniger kulinarisch interessiert waren andere italienische Komponisten. Giuseppe Verdi teilte mit Rossini die Liebe zu seiner Geburtsregion Emilia-Romagna. Beide lernten dort die Geheimnisse der Cucina romagnola schätzen. Verdi, der sein Leben in Mailand und Parma verbrachte, ergänzte die ursprüngliche Anhänglichkeit an die Küche von Parma mit den kulinarischen Entdeckungen aus der Lombardei. Er wurde am 9. Oktober 1813 in Le Roncole bei Busseto in der Provinz Parma geboren. »Ein Bauer aus Roncole« nannte er sich gerne, selbst nachdem ihn sein Erfolg zu einem Weltstar gemacht hatte. Seine Eltern waren arme Dorfwirte und konnten die musikalische Begabung des Sohnes, die früh auffiel, nicht fördern. Für sie griffen andere ein und finanzierten dem Wunderkind den Privatunterricht bei Vincenzo Lavigna (1776–1836), der als Cembalist an der Mailänder Scala tätig gewesen war und nun wieder in seinem Heimatdorf lebte. Die Aufnahmeprüfung am Mailänder Konservatorium misslang dem jungen Verdi dennoch. 1841 komponierte er die Oper *Nabucco* (italienische Abkürzung für den babylonischen König Nebukadnezar), die am 9. März 1842 in Mailand uraufgeführt wurde. *Nabucco* brachte Verdi den Durchbruch nach den langen »Galeerenjahren«, wie er die erfolglose Zeit davor selbst nannte. Die Oper thematisiert das Streben des jüdischen Volkes nach Freiheit aus der Gefangenschaft unter Nebukadnezar. Die Italiener sehnten sich zu der Zeit selbst nach der Einheit ihres Landes und konnten sich deshalb sehr mit dem Freiheitsstreben der Juden identifizieren. Es wundert kaum, dass der bekannte Freiheitschor »Va pensiero sull'ali dorate« (»Steig, Gedanke, auf goldenen Flügeln«) zu einer Art Nationalhymne wurde, zum Ausdruck des Protestes gegen die Tyrannei und politische Willkür, die auf der italienischen Halbinsel herrschten. Darin ist der Grund seines Erfolges zu suchen.

Obwohl Verdi von Königen und Ministern verehrt, vom Volk geliebt und von allen Theatern umgarnt wurde, blieb er stetig in seinem Herzen »il contadino di Roncole« und scheute sich vor dem glamourösen Leben, für das er sich als Sohn eines einfachen Dorfwirts nicht geboren fühlte. Mit 35 Jahren zog er sich aus diesem Grund aufs Land zurück, auf ein riesiges Anwesen im heimatlichen Busseto zwischen Adria und Apennin. Was wir heute als Villa Sant' Agata kennen, war zur Kaufzeit eine »catastrofe«, oder besser: ein ziemlich heruntergewirtschaftetes Haus. Verdi sanierte es fachmännisch und betrieb es als Gutshof. Er führte Dreschmaschinen und Dampfpflüge ein, ließ Bewässerungsanlagen, eine Molkerei und Käserei einrichten, züchtete Geflügel und Pferde. Seine Pferdezucht

Giuseppe Verdi, Porträtaufnahme von 1895

SPAGHETTI ALLA NORMA

Spaghetti mit Auberginen

1 Aubergine
3 große Tomaten
400 g Spaghetti
3 EL Olivenöl
1/2 Bund Basilikum
150 g Mozzarella
Parmesan

Die Auberginen in 1 bis 2 cm große Würfel schneiden und in einer Schüssel mit Salz bestreuen. 30 Minuten ziehen lassen. Dann herausnehmen und auf Küchenpapier abtropfen lassen. Die Tomaten kurz mit kochendem Wasser überbrühen, kalt abschrecken und häuten. Halbieren, entkernen und würfeln.

Die Spaghetti in Salzwasser al dente kochen.

Währenddessen in einer großen Pfanne das Öl erhitzen und die Auberginenwürfel goldbraun braten. Die Würfel auf eine Pfannenhälfte schieben und auf der freien Seite die Tomatenwürfel erhitzen. Salzen, pfeffern und grob zerzupftes Basilikum zugeben. Den Mozzarella ebenfalls würfeln und in einer Schüssel mit dem Pfanneninhalt vermischen. Sofort mit Spaghetti und frisch geriebenem Parmesan servieren.

LINGUINE AI FRUTTI DI MARE

Linguine mit Meeresfrüchten

250 g Venusmuscheln
250 g Miesmuscheln
250 g mittelgroße Garnelen
400 g frische Tomaten oder Eiertomaten aus der Dose mit Saft
125 ml Olivenöl extra vergine
2 Knoblauchzehen
1 Prise zerstoßene getrocknete Chilischoten
3 EL gehackte frische glatte Petersilie
500 g Linguine

Die Muscheln unter fließendem kalten Wasser gründlich spülen und bürsten, gegebenenfalls die Bärte der Miesmuscheln entfernen. Alle offenen Muscheln wegwerfen. Die Garnelen schälen und säubern. Die Tomaten kurz mit kochendem Wasser überbrühen, kalt abschrecken und häuten. Halbieren, entkernen und würfeln.

In einem Topf das Öl erhitzen und den zerdrückten Knoblauch goldbraun braten. Chili und Tomatenwürfel zugeben, 3 Minuten kochen. Die Muscheln zugeben, die Temperatur reduzieren und zugedeckt 3 bis 4 Minuten kochen, bis sich die Muscheln öffnen. Alle nicht geöffneten Muscheln wegwerfen.

Garnelen und Petersilie hinzufügen, weitere 2 Minuten kochen.

Währenddessen die Linguine al dente kochen. Gut abtropfen lassen und in den Topf zur Sauce geben. Mit Salz und Pfeffer abschmecken, mischen und sofort servieren.

Opernplakat zu »Falstaff«

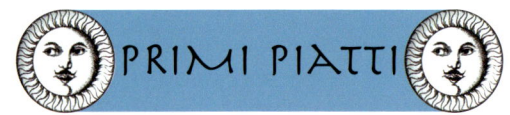

"Trinklied"

(aus "La Traviata")

Musik: Giuseppe Verdi
Arrangement: René Mense

Printed in Germany

P.M. 92-3150

P.M. 92-3150

Trinklied aus der Oper »La Traviata«

GEMELLI AL PAPPONE

Gemelli mit cremiger Zucchini-Basilikum-Sauce

500 g Zucchini
Pflanzenöl zum Frittieren
500 g Gemelli oder Fusilli
2 EL Olivenöl extra vergine
3 EL Butter
1 TL Mehl
1/4 l Milch
50 g frisches Basilikum
1 Eigelb
50 g Parmesan
100 g Pecorino romano

Die Zucchini gründlich waschen und in etwa 7 cm lange und 3 mm dicke Stifte schneiden. Pflanzenöl 1,5 cm hoch in einen gusseisernen Topf füllen und bei mittlerer bis hoher Temperatur erhitzen. Die Zucchinistifte rundum goldbraun frittieren. Auf Küchenpapier abtropfen lassen.

Die Nudeln al dente kochen.

Währenddessen in einer Kasserolle das Olivenöl und die Hälfte der Butter zerlassen. Das Mehl in der Milch auflösen und die Mischung einrühren. Unter ständigem Rühren Zucchini, Salz, Pfeffer und grob gehacktes Basilikum zugeben, 3 Minuten kochen. Die Kasserolle vom Herd nehmen und die restliche Butter unterziehen. Das Eigelb verquirlen und kräftig einrühren, zum Schluss die beiden frisch geriebenen Käse zufügen.

Die Nudeln abtropfen lassen, gut mit der Sauce mischen und servieren.

PIPE CON PESCATRICE

Pipe mit Seeteufel

500 g Seeteufel
1/2 Zwiebel
1 Bund glatte Petersilie
1 EL Kapern
5 EL Olivenöl extra vergine
1 Knoblauchzehe
1 Prise Oregano
400 g Pipe oder Makkaroni

Den Seeteufel filetieren, dabei zuerst seine Mittelgräte entfernen. Entgräten und in kleine Stücke schneiden. Die Zwiebel und die Petersilie fein hacken. Die Kapern grob hacken.

In einer Kasserolle das Öl erhitzen, Zwiebel und zerdrückten Knoblauch glasig dünsten. Die Fischstücke zugeben und unter Rühren 2 Minuten dünsten. Mit Salz und Pfeffer würzen, bei schwacher Hitze weitere 2 Minuten köcheln. 1 Minute vor Ende der Kochzeit die Kapern und den Oregano hinzufügen.

In einem Topf reichlich Salzwasser zum Kochen bringen und die Nudeln al dente kochen. Beim Abgießen etwas Wasser zurückbehalten. Die Nudeln in der Kasserolle mit der Fischsauce vermischen, dabei 2 EL Nudelwasser zugeben.

Die Petersilie unterheben und das Gericht heiß servieren.

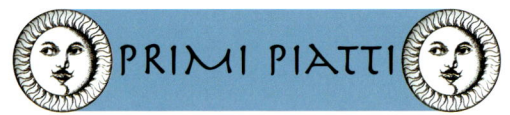

wurde weltberühmt. Er liebte diese Tiere, denen er mehr vertraute als den Menschen.

Nicht selten kam es vor, dass Maestro Verdi seine Gäste selber bewirtete, denn er kannte sich in der Küche genauso gut aus wie in der Musik. Das Rezept Spalla cotta soll Verdi angeblich erfunden haben, und mit seinem Risotto alla milanese konnte er seine Gäste in Entzücken versetzen. Er wusste, dass Opernfreunde im Allgemeinen – und seine Freunde im Besonderen – Genießer waren. Wer sich für seine Arien aus *Rigoletto* oder *La Traviata*, den Triumphmarsch aus *Aida* oder den Gefangenenchor aus *Nabucco* begeistern konnte, der würde auch ein lukullisches Mahl nicht verschmähen. So sorgte er dafür, dass jeder auf Sant' Agata auf seine Kosten kam. Die Region Emilia, die auch der Bauch Italiens genannt wird, kam ihm mit ihren Specialità sehr entgegen. Der Parmaschinken, die Salame und der Aceto balsamico aus Modena, der Lambrusco und der Parmesan fehlten nie auf seiner Tafel. Doch der Meister imponierte seinen Gästen darüber hinaus mit seinen eigenen Zutaten. Das Geflügel und der Fisch stammten aus eigener Zucht, die Nudeln wurden aus eigenem Mehl zubereitet, der Formaggio kam direkt aus seiner Molkerei auf den Tisch, und seine Weinreben sorgten für einen guten Tropfen.

Er und seine Gäste liebten es, zu essen, nicht anders als der feiste Dickwanst Falstaff in der gleichnamigen Oper, die Verdi am 9. Februar 1893 in Mailand uraufführte. Die Handlung spielt im »Gasthaus zum Hosenbande«, wo Sir John Falstaff allzu gerne vor einem Humpen Bier sitzt. Die Figur des Falstaff ist aus den Stücken *Heinrich IV.* und *Die lustigen Weiber von Windsor* von William Shakespeare bekannt: ein trink- und raufsüchtiger Soldat, eigentlich ein dicker Angeber und Genießer. Kein Wunder, dass eine österreichische Gourmet-Zeitschrift seinen Namen trägt. Die Figur des Falstaff war sehr beliebt und wurde außer von Shakespeare auch von anderen Autoren und Komponisten aufgegriffen und in eigenen Werken verarbeitet.

Verdi-Denkmal in Le Roncole bei Busseto

RAVIOLI CAPRESI

Ravioli aus Capri

1 kg Weizenmehl
150 ml Olivenöl

für die Füllung:
4 Caciotte capresi (Weichkäse aus Capri)
1/2 Caciotta romana (Weichkäse aus Rom)
frischer oder getrockneter Majoran
50 g Parmesan
1 Ei

Das Mehl mit so viel kochendem Wasser verkneten, dass ein geschmeidiger Teig entsteht. Das Öl langsam einarbeiten. Den Teig in ein feuchtes Tuch schlagen und zur Seite legen.

Für die Füllung die Weichkäse klein schneiden und den Majoran hacken. Mit frisch geriebenem Parmesan, Ei und Pfeffer vermengen.

Den Teig zu einem dünnen Rechteck ausrollen und halbieren. Auf die eine Hälfte im Abstand von etwa 5 cm kleine Häufchen der Füllung setzen. Mit der anderen Teighälfte belegen und um die Füllungen leicht andrücken. Mit dem Teigrädchen kleine Quadrate ausschneiden. In reichlich Salzwasser etwa 5 Minuten garen.

Dazu schmeckt eine Tomatensauce.

SALSA DI POMODORO ALLA NAPOLETANA

Tomatensauce auf neapolitanische Art

1 kg reife Tomaten oder 800 g Pelati
90 ml Olivenöl extra vergine
2 Knoblauchzehen
6 Basilikumblätter

Die Tomaten kurz mit kochendem Wasser überbrühen, kalt abschrecken und häuten. Halbieren, entkernen und würfeln.

In einem Topf das Öl erhitzen und den zerdrückten Knoblauch einige Minuten anbraten, ohne dass er braun wird. Die Tomatenwürfel zugeben und unter ständigem Rühren 5 Minuten dünsten, so dass die überschüssige Flüssigkeit verdunstet. Das Basilikum hinzufügen, mit Salz und Pfeffer würzen – und schon haben Sie eine Sauce für Spaghetti und viele andere Gerichte!

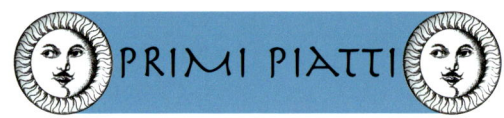

oben: Puccini auf der Jagd
rechte Seite: Giacomo Puccini, um 1890

PUCCINI ISST SCHLECHT

Nicht anders als Verdi war Giacomo Puccini nicht nur ein bejubelter Komponist, sondern auch ein Genießer und Liebhaber der guten Küche. Er wurde am 22. Dezember 1858 in Lucca in eine Musikerfamilie geboren. Sein Vater, Michele Puccini, leitete die Stadtkapelle von Lucca, spielte die Orgel am Dom und komponierte Opern und Messen. Wenn sein Vater ihm die Leidenschaft für Musik in die Wiege legte, dann war es seine Mutter, die ihm die Liebe zur einfachen Küche der Toskana mitgab. Die Luccheser Küche ist per se eine Cucina povera, eine Küche der bescheidenen Mittel, aber im Hause Puccini fiel sie besonders bescheiden aus, weil der Vater früh verstarb und die Mutter Albina sich auf der Grenze zur Armut bewegte. Aber die wenigen Zutaten, die ihr zur Verfügung standen, wusste sie fachmännisch einzusetzen. Aus billigem Gemüse und Dinkel kochte sie einen Gran farro; altes Brot, Brühe und Schwarzkohl verarbeitete sie zu einer Ribollita. So wuchs Giacomo mit dem Duft von Rosmarin und Knoblauch, von gebratenem Speck und Suppen aus weißen Bohnen, von Kastanienkuchen und Bruschetta mit Schwarzkohl auf und entwickelte seine Neigung zum Handfesten, die ihn sein Leben lang begleitete. So lesen wir in einem Brief, den er als Erwachsener an seinen Verleger schrieb, wie man Bohnen zubereitet: »Lieber Herr Giulio, die Bohnen sind etwas ganz Besonderes

CONIGLIO ALL' ISCHITANA

Kaninchen mit Tomaten und Kräutern

1 mittelschweres, küchenfertiges Kaninchen
Essig
500 g kleine Tomaten oder Pelati
gemischte Kräuter: Basilikum, Thymian, Majoran, Rosmarin, Peperoncino
50 ml Olivenöl
3 Knoblauchzehen
150 ml trockener Weißwein

Das Kaninchen in kleine Stücke zerlegen, mit etwas Wasser und Essig übergießen und etwa 10 Minuten ziehen lassen. Die Tomaten würfeln, die Kräuter fein hacken. Das Fleisch abgießen und trockentupfen.

In einer weiten Pfanne das Öl erhitzen und die ungeschälten Knoblauchzehen leicht anbräunen. Den Knoblauch entfernen und bei starker Hitze das Fleisch rundum anbraten. Mit dem Weißwein ablöschen und einkochen. Die Tomatenwürfel beifügen, salzen und pfeffern. Zuletzt die Kräuter zugeben. Köcheln, bis das Fleisch weich ist.

Lauwarm servieren.

Autograf des 1. Aktes der Oper »La Bohème«

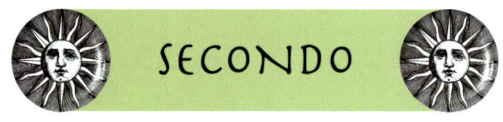

und müssen folgendermaßen zubereitet werden: Man stellt sie in kaltem Wasser aufs Feuer – Wasser in richtiger Menge, nicht zu viel, nicht zu wenig –, sie sollen dann bei mittlerem Feuer zwei Stunden sieden, und wenn sie gar sind, dürfen nicht mehr als drei oder vier Löffel Brühe übrig bleiben. – Also aufpassen bei der Wassermenge, nota bene: Wenn man sie aufs Feuer stellt, muss man vier oder fünf Salbeiblätter drantun, zwei oder drei ganze Knoblauchknollen sowie Salz und Pfeffer, und wenn sie (die Bohnen) halb gekocht sind, muss man noch etwas Öl dazugeben und mitkochen lassen.« Das wusste er als Buon toscano sehr genau. Hülsenfrüchte sind in der Toskana zu Hause. Hier existieren Geschäfte, die ausschließlich auf Hülsenfrüchte und Getreide spezialisiert sind. Sie heißen Civaiolo, und jeder kann sich dort den Kopf darüber zerbrechen, was für Bohnen er kaufen soll: die gesprenkelten Borlotti oder die dicken weißen Spagnuoli, die zartgelben Zolfini, die dunkelroten Fagioli di Lucca oder doch lieber die Cannellini – zart, länglich, elfenbeinfarbig –, die aromatischen kleinen weißen Fagioli di Sorana, die Piatelli oder Piatellini oder doch die Toscanelli?

Giacomo Puccinis erster musikalischer Versuch war ein sinfonisches Präludium, das er im Jahr 1876 schrieb. Nach einer ihn äußerst beeindruckenden Aufführung von Verdis *Aida* in Pisa wusste er, welchen Weg er einschlagen wollte. Im Herbst 1880 ging er nach Mailand, wo er sich am Konservatorium einschrieb. Er lebte von einem Stipendium, das ihm nur knapp zum Überleben reichte. Dies erfährt man aus den Briefen, die Giacomo seiner Mutter schickte. Dort ist weniger von seinen musikalischen Erfolgen die Rede als vielmehr von seinen kulinarischen Entbehrungen. In einem dieser Briefe schreibt er: »An Hunger leide ich nicht, ich esse schlecht.« In einem anderen bittet er seine Mutter um einen kulinarischen Gefallen: »Aber pass mal auf, es ist nur eine Kleinigkeit. Weil ich große Lust auf Bohnen habe (man hat sogar neulich welche gemacht, aber ich konnte sie nicht essen wegen des Öls, das hier [in Mailand] aus Sesam oder Flachskraut gemacht wird), brauche ich ein bisschen Öl, aber von dem neuen – du weißt schon. Ich möchte dich bitten, mir ein kleines Quantum davon zu schicken.« Er wusste, dass seine Mutter »aus seinem Speiseplan den Zustand seiner Seele und seiner Finanzen hochrechnen konnte«.

Schlechtes Essen oder nicht, Puccini ging seinen musikalischen Studien erfolgreich nach. In Mailand debütierte er am 31. Mai im Teatro Dal Verme mit seiner Oper *Le Villi*, die sowohl beim Publikum als auch bei der Kritik sehr gut ankam. Nach einer langen Entstehungsgeschichte – Puccini war ein Perfektionist, der mit Akribie arbeitete – wurde seine Oper *Edgar* am 21. April 1889 an der Mailänder Scala uraufgeführt. Der Erfolg hielt sich in Grenzen. Anders erging es der Premiere von *Manon Lescaut* sechs Jahre später, am 1. Februar 1895, im Teatro Regio in Turin. Im selben Theater wurde auf den Tag genau ein Jahr später *Bohème* unter der Leitung von Arturo Toscanini uraufgeführt. *Tosca* hatte ihre erfolgreiche Premiere am 14. Januar 1900 am Teatro Costanzi in Rom. Nur einen Monat später erlebte aber die Oper *Madame Butterfly* einen außerordentlichen Misserfolg. Nach einer Überarbeitung wurde sie drei Monate später am Teatro Grande von Brescia erneut aufgeführt und fand schließlich doch die Begeisterung des Publikums. Auch im Ausland war Puccini erfolgreich. Am 10. November 1910 debütierte er an der Metropolitan Opera in New York mit *La Fanciulla del West* mit Arturo Toscanini als Dirigenten und Enrico Caruso als Sänger. Acht Jahre später führte er ebenda den zu einem Triptychon zusammengefassten Einakter *Il Tabarro*, *Suor Angelica* und *Gianni Schicchi* zum ersten Mal auf. Im Jahre 1921 zog Puccini nach Viareggio um, wo er sich mit der Komposition der Oper *Turandot* beschäftigte. Er hinterließ sie jedoch unvollendet, da er am 29. November 1924, wenige Tage nach einer Halsoperation, in einer Brüsseler Klinik starb.

Sein Erfolg beim Publikum war schon zu Lebzeiten enorm und ließ auch nach seinem Tod nicht nach. Dass seine Arien zu den beliebtesten weltweit gehören, ist sicherlich zum Teil auf die Tatsache zurückzuführen, dass er ein gefühlsbetonter und genussreicher Mensch war, der seine Leidenschaft und Liebe in die Musik übersetzte.

SECONDO

POULARDE ALLA ROSSINI

Poularde nach Rossini

für 6 Personen

1 Poularde (1300 g)
200 g pochiertes, enthäutetes und gut gesäubertes Bries
150 g Champignons
2 EL Butter
100 g Rahm
1 Eigelb
200 g hauchdünn geschnittene Scheiben durchwachsener Speck
2 EL weiche Butter für die Folie

Die ausgenommene Poularde gründlich waschen, mit Küchenpapier trockentupfen, innen und außen gut salzen und pfeffern. Bries und Champignons klein schneiden. Den Ofen auf 200° vorheizen.

In einer Kasserolle die Butter vorsichtig erhitzen, Champignons und Kalbsmilch etwas Farbe nehmen lassen. Mit Rahm aufgießen und einige Minuten bei mittlerer Hitze garen, dann erst salzen und pfeffern. Die Pfanne vom Herd nehmen und das Eigelb vorsichtig einrühren.

Die Masse entweder mehrmals durch ein Sieb drücken oder in der Küchenmaschine zerkleinern. Die Poularde mit dieser Farce füllen, mit Küchengarn zusammennähen, erst mit den Speckscheiben, dann mit einer innen gut ausgebutterten Alufolie umwickeln und in den Ofen schieben. Nach 20 Minuten die Temperatur auf 180° reduzieren, nach 50 Minuten die Alufolie und den Speck abnehmen und die Temperatur auf 220° erhöhen, bis die Haut braun und knusprig ist, oder die Poularde unter dem Umluftgrill noch 10 bis 15 Minuten garen. Dafür am besten die Poularde auf einen Rost über einer Fettpfanne setzen und nach etwa 8 Minuten umdrehen.

BISTECCHINE ALLA NAPOLETANA

Geschmorte Rindersteaks

8 kleine Scheiben Rindersteak (je etwa 80 g)
1 1/2 Zitronen (4–5 EL Saft)
300 g frische Champignons
100 g milder roher Schinken
1 Bund glatte Petersilie
3 EL Olivenöl

Die Steakscheiben von beiden Seiten pfeffern, mit 2 EL Zitronensaft beträufeln und zugedeckt zur Seite stellen. Die Champignons putzen und in schmale Scheiben, den Schinken in feine Streifen schneiden. Die Petersilie fein hacken. Den Ofen auf 200° vorheizen.

In einer Pfanne 1 EL Öl erhitzen und den Schinken 2 Minuten anbraten. Pilze und Petersilie untermischen, 2 Minuten sanft weiterbraten. Salzen und pfeffern, mit 1 bis 2 EL

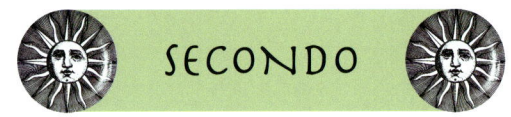

Notenheft mit bekannten italienischen Melodien

Zitronensaft würzen. In eine breite feuerfeste Ton- oder Auflaufform umfüllen.

Die marinierten Steakscheiben nebeneinander auf die Pilzmischung legen und im Ofen etwa 10 Minuten schmoren. Das Fleisch wenden, salzen und pfeffern, 2 EL Öl und 1 EL Zitronensaft darüberträufeln. Weitere 10 Minuten schmoren.

Zum Servieren die Fleischscheiben auf vorgewärmte Teller legen, mit Pilzen und Schinken bedecken, mit frischen Petersilienblättchen bestreuen.

Eine Reise in den Süden

»Eine Reise in den Süden ist für and're schick und fein
Doch zwei kleine Italiener möchten gern zu Hause sein

Zwei kleine Italiener, die träumen von Napoli
Von Tina und Marina, die warten schon lang auf sie
Zwei kleine Italiener, die sind so allein
Eine Reise in den Süden ist für and're schick und fein
Doch die beiden Italiener möchten gern zu Hause sein

Oh Tina, oh Marina, wenn wir uns einmal wiedersehn
Oh Tina, oh Marina, dann wird es wieder schön

Zwei kleine Italiener vergessen die Heimat nie
Die Palmen und die Mädchen am Strande von Napoli
Zwei kleine Italiener, die sehen es ein
Eine Reise in den Süden ist für and're schick und fein
Doch die beiden Italiener möchten gern zu Hause sein

Oh Tina, oh Marina, wenn wir uns einmal wiedersehn
Oh Tina, oh Marina, dann wird es wieder schön

Zwei kleine Italiener, am Bahnhof, da kennt man sie
Sie kommen jeden Abend zum D-Zug nach Napoli
Zwei kleine Italiener, die schauen hinterdrein
Eine Reise in den Süden ist für and're schick und fein
Doch die beiden Italiener möchten gern zu Hause sein

Oh Tina, oh Marina, wenn wir uns einmal wiedersehn
Oh Tina, oh Marina, dann wird es wieder schön.«

Was nützt all die schwülstige Träumerei? Basta! Schluss mit den Gedankenschleifen und der Schwermut. Der knurrende Magen treibt ihn schließlich von der Couch und dazu, sich die Winterjacke überzuwerfen und die Wohnung zu verlassen, um das neu eröffnete italienische Restaurant um die Ecke zu testen. Kurz nur bleibt er vor dem handgeschriebenen Plakat stehen, das schief an der Eingangstür hängt: Serata italiana mit Romina e Albano und deinen Lieblingsschlagern! Eine Chance, den kalten Winter wenn auch nur für ein paar Stunden zu vergessen. Kaum hat er die Tür hinter sich zugezogen, wird ihm warm ums Herz. Albano und Romina begrüßen ihn mit einem ihrer Hits: »Felicitá è un bicchiere di vino con un panino la felicitá. È lasciarti un biglietto dentro al cassetto, la felicitá ... Senti nell'aria c'è giá la nostra canzone d' amore che va ...« Es passt zwar nicht hundertprozentig zur eigenen Befindlichkeit, doch mit einem guten Glas Wein lässt sich die schlechte Stimmung vielleicht hinunterspülen, und etwas Warmes statt des Panino (belegtes Brötchen) wird die trüben Gedanken schnell vertreiben.

oben: Jugendliche Musiker bei einer Session auf dem Forum Romanum in den sechziger Jahren

Vittorio Gassman in »Due pezzi di pane«

SECONDO

STRACOTTO

Geschmortes Rindfleisch

2 Möhren
3 Stangen Bleichsellerie
1 große Zwiebel
100 g Parmaschinken mit viel Fett
4 EL Olivenöl
etwa 1,5 kg Rumpsteak vom Rind oder ein Bruststück mit etwas Fett
10 Wacholderbeeren
20 Pfefferkörner
Lorbeerblätter
1 l trockener Weißwein
1 l Rinderbrühe
45 g Butter

Die geschabten Möhren und den Sellerie fein würfeln, die Zwiebel fein hacken. Den Parmaschinken in dünne Streifen schneiden.

In einem großen, möglichst gusseisernen Topf das Öl erhitzen und das Fleisch rundum anbräunen. Herausnehmen und zur Seite stellen.

Möhren, Zwiebel, Sellerie, Wacholderbeeren, Pfefferkörner, Lorbeerblätter und Parmaschinken in den Topf geben und braten, bis das Gemüse weich ist. Das Fleisch mit dem Wein, der Brühe und etwas Salz wieder hinzufügen und zum Kochen bringen. Danach die Temperatur reduzieren und zugedeckt etwa zwei Stunden köcheln, bis das Fleisch sehr zart ist.

Mit einem Spieß hineinstechen, um seinen Garzustand zu prüfen. Wenn nötig, noch etwas länger kochen – der Großteil der Flüssigkeit sollte verdunstet sein.

Das Fleisch herausnehmen, Butter unter das Gemüse rühren und so viel Brühe oder Wein zugießen, bis eine sämige Sauce entsteht. Diese durch ein feines Sieb passieren. Das Fleisch in dünne Scheiben geschnitten mit der Sauce servieren.

Wörtlich übersetzt bedeutet »stracotto« verkocht – und in der Tat wird dieses Gericht sehr langsam gegart und muss lange köcheln.

Tanzvergnügen auf dem Petersplatz

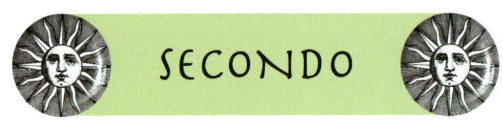

Ein kleiner Mann kommt mit den Armen fuchtelnd lächelnd auf ihn zu. »Benvenuto al ristorante pizzeria Al Vesuvio. Ich heiße Stefano und binne der Chefe. Eeeh! Qui si mangia bene, signore. Wir mache Sie glücklisch!« Stefano legt wie ein alter Freund seinen Arm um den Besucher und führt ihn in Richtung Tresen, an einem kleinen Podest vorbei, auf dem ein Pärchen vor einem Monitor Albanos und Rominas Lied vor sich hin trällert. Er lädt seinen neuen Gast zu einem Campari auf Eis ein, »offerto dalla casa, si capisce«, und stellt ihm dabei seine Frau Stella vor, die hinter dem Tresen die Kundschaft mit Getränken versorgt und an einem Kassettenrecorder hantiert, mit dem sie das Karaoke-Video steuert.

Während der neue Gast die Speisekarte studiert, steigt ein komischer Kauz auf das Podest. Er trägt einen langen schwarzen Mantel aus Samt mit passendem Hut und stimmt Zuccheros *Con le mani* an: »Con le mani, sbucci le cipolle. Me le sento addosso sulla pelle ...« Er klingt fast wie das Original. Wozu schält Zuccheros Angebetete im Lied die Zwiebeln? Was wird sie für ihren Geliebten zubereiten? Eine Zuppa di cipolle oder eine Frittata di cipolle fritte? Wie dem auch sei, die Lust auf Zwiebeln ist geweckt. Zwiebeln für ein leckeres Risotto? Zwiebeln als Basis für ein gutes Pasta-ragú oder eine gute Tomatensauce? Nicht einfach, sich zu entscheiden. Während des schwierigen Entscheidungsprozesses geht das Lied von Zucchero zu Ende. Eine Kleinwüchsige mit burschikosem Gang, kurzen Haaren und Scheitel hat die Bühne erobert, bereit für den nächsten Song. »Viva la pappappappa, col popopopopopopomodoro, Viva la pappappappa, che è un capopopopopopopolavoro ...«, der berühmte Schlager von Rita Pavone, die hierzulande mit *Wenn ich ein Junge wär* berühmt geworden ist – »la pappa col pomodoro« ist nichts anderes als eine einfache Tomatensuppe. Die Entscheidung wird so deutlich erleichtert. Schließlich sitzt man in einem neapolitanischen Restaurant, das sicherlich die besten Tomaten aus Kapanien bezieht, wo wiederum die besten Tomaten Italiens angebaut werden. Also, was ist naheliegender, als mit einer Tomatensuppe zu beginnen?

Stefano kommt gerade von einem Tisch zurück, auf dem er eine Karaffe Wasser und Vino della casa abgestellt hat, und erkundigt sich, ob sich der neue Gast an einen Tisch setzen möchte. Aber manchmal ist der Tresen der bessere Ort. An der Bar kann er zwischen den Schlagern immer mal wieder das eine oder andere Wort mit der Frau des Besitzers wechseln, die schwer beschäftigt ist mit dem Bereitstellen der Getränke und dem Bedienen des Karaoke-Gerätes. Also bestellt er eine Tomatensuppe und ein Glas Wein aus Kampanien und ist gespannt.

Schon dampft die Suppe neben dem Brotkorb mit Ciabatta-Scheiben. Was den Wein angeht, hat Stefano einen »Lacryma Cristi del Vesuvio Rosso« ausgesucht, direkt aus den besten Kellereien Kampaniens, wo seine Familie Weinberge besitzt und Wein mit dem unvergleichlichen Geschmack der Sonne und Erde seiner Region produziert.

Rosa Balistrieri singt auf dem Markt in der Altstadt Palermos.

Torta Caprese
Kuchen aus Capri

für eine Springform (etwa 28 cm Durchmesser)

300 g ungeschälte Mandeln
200 g Blockschokolade
200 g weiche Butter
200 g Zucker
6 Eier
1/2 Päckchen Backpulver
2 EL aromatisierter Likör (Strega)
Puderzucker

Die Mandeln sehr fein hacken, die Schokolade zerkleinern. In einer Schüssel die Butter mit dem Zucker cremig rühren. Die Eier zunächst in einer zweiten Schüssel gründlich verquirlen, dann zur Buttercreme geben. Mandeln und Schokolade beifügen, das Backpulver und den Likör unterrühren.

Die Springform mit Butter einfetten oder mit Backpapier auslegen und den Teig hineinfüllen. Im auf 180° vorgeheizten Ofen etwa 50 Minuten backen. Den Kuchen auf ein Gitter stürzen und abkühlen lassen. Mit Puderzucker bestreuen.

Babà alla Napoletana
Neapolitanischer Hefekuchen

für 6 Portionen

für den Teig:
40 g Hefe
150 ml Milch
350 g Weizenmehl
6 Eier
200 g weiche Butter
20 g Zucker

für den Guss:
500 g Zucker
1 unbehandelte Zitrone (abgeriebene Schale)
40 ml Rum

Für den Teig die Hefe in wenig lauwarmer Milch auflösen und das Mehl in kleinen Portionen langsam einarbeiten. Den Teig an einem warmen Ort etwa 30 Minuten gehen lassen, bis er sein Volumen verdoppelt hat.

Die Eier trennen. Die Eigelbe, die Butter und den Zucker in eine Schüssel geben und mit dem Handrührgerät bei mittlerer Geschwindigkeit rühren, bis die Masse leicht schaumig wird. Die Eiweiß mit einer Prise Salz steif schlagen. Den Hefeteig zur Creme geben und langsam einarbeiten. Falls der Teig zu fest ist, ihn mit einigen Löffeln Eischnee verfeinern. Die Masse in eine Napfkuchenform (26 cm Durchmesser) füllen und noch einmal gehen lassen, bis sie ihr Volumen verdoppelt hat.

Im auf 180° vorgeheizten Ofen etwa 40 Minuten backen.

Für den Guss den Zucker bei schwacher Hitze in 1 l Wasser auflösen, etwa 10 Minuten leicht köcheln. Etwas abkühlen lassen, die Zitronenschale und den Rum unterrühren.

Den Kuchen abkühlen lassen, aus der Form nehmen und auf eine Platte setzen. Den Guss esslöffelweise über den Kuchen geben, dabei die Flüssigkeit, die sich auf der Platte sammelt, wieder auffangen und erneut über den Kuchen geben.

Der Kuchen wird normalerweise mit Sauerkirschmarmelade serviert. Dazu passen aber auch gut Schlagsahne, Erdbeeren oder Zabaione.

Der intensiv rubinrote Wein findet schon nach dem ersten Schluck tiefste Zustimmung. Er ist einzigartig in seinem trockenen und vollmundigen Geschmack, der das eher schwache Aroma kompensiert. Die »Tränen Christi« werden aus der Traubensorte Piedirosso gekeltert, den roten Füßen. Dieser Name leitet sich ab von den roten Wurzeln der Weinreben, die direkt an den Hängen des Vesuvs wachsen. Während der Suppe sollte er sich für das Primo entscheiden. Und wieder kommt ein Lied zu Hilfe. Aus den Lautsprechern ertönt: »Spaghetti, pollo, insalatina e una tazzina di caffè, a malapena riesco a mandar giù. Invece ti ricordi che appetito insieme a te a Detroit.« Ein Lied von Fred Bongusto – guter Geschmack –, der melancholisch an seine Lola denkt, die weit weg in den USA lebt. Eine ordentliche Portion Spaghetti al dente mit Salsa di pomodoro alla napoletana (Tomatensauce nach neapolitanischer Art) ist genau das, was er braucht. Dem kann als Secondo eine andere Spezialität der Region folgen: Coniglio all'ischitana (Kaninchen mit Tomaten und Kräutern) und dazu Insalata di rinforzo napoletana (Blumenkohlsalat). Im Nu ist die Bestellung fürs Primo und Secondo aufgegeben. Die italienischen Schlager sorgen für genau die richtige Ablenkung vom miesen deutschen Wetter. Wieder hat sich jemand vor den Monitor getraut und gibt mit dem Mikrofon in der Hand schräg, aber laut zum Besten: »Se c'è una cosa che mi fa tanto male è l'acqua minerale! Miracolosa sarà, ma per piacere io non la posso bere. Perdonate se ho il

whisky facile, son sempre amabile, pur se bevo cosí.« Stella stellt ihm eine Flasche Wasser hin zum Song von Fred Buscaglione – ein Star in Italien –, der in seinem pinkfarbigen Cadillac an einem Morgen im Februar 1960 verunglückte, als er den Höhepunkt seiner Karriere erreicht hatte. Während er von einer römischen Partynacht zurückkehrte, prallte er gegen einen Laster voller Tuffstein. Ein trauriges Ende, aber seine Lieder sind geblieben und begeistern Schlagerfreunde damals wie heute: *Che bambola!*, *Teresa non sparare* und *Eri piccola così* gehören zum festen musikalischen Bestand Italiens. Er hat die Musik der fünfziger Jahre revolutioniert, in einer Zeit, in der übertriebene Sentimentalität und altbackene Geschichten die Musik bewegten. Fred Buscaglione war ein Macho mit Herz, von außen der Gangstertyp mit Zigarette im Mundwinkel, doch im Grunde mit weichem Kern: der zärtliche Starke. Die Frauen jener Zeit haben ihn geliebt. Zu seinen größten Fans gehörte Stellas Mutter, die seine Schallplatten stundenlang jeden Tag laufen ließ. Kein Wunder, dass Stella bis heute all seine Lieder auswendig mitsingen kann.

PASTIERA NAPOLETANA

Neapolitanischer Ricotta-Kuchen

3 Tage Vorbereitung / für eine Springform (etwa 30 cm Durchmesser)

für die Füllung:
200 g Hartweizenkörner
1/2 l Magermilch
1 unbehandelte Zitrone (abgeriebene Schale)
10 g gemahlener Zimt
200 g Zucker
500 g Ricotta
4 Eier
40 ml Orangenblütenwasser
150 g kandierte Früchte und Rosinen

für den Teig:
300 g Mehl
150 g Zucker
150 g Butter
3 Eigelb
Puderzucker

Für die Füllung die Hartweizenkörner drei Tage in Wasser einweichen, dabei das Wasser täglich wechseln. Anschließend abgießen und die Körner 15 Minuten in frischem Wasser kochen. Erneut abgießen und die Körner mit der heißen Milch, der Hälfte der Zitronenschale, einer Prise Zimt und 1 EL Zucker in eine Kasserolle geben und bei mittlerer Hitze kochen, bis die Milch vollkommen aufgesogen ist.

Den Ricotta in einer Schüssel cremig rühren. Die Eier trennen. Eigelbe, den restlichen Zimt und Zucker, die restliche Zitronenschale, Orangenblütenwasser, kandierte Früchte, Rosinen und schließlich die Körnermasse unter den Ricotta rühren. Bis zur weiteren Verarbeitung im Kühlschrank ruhen lassen. Vor dem Backen die Eiweiße steif schlagen und unter die Füllung heben.

Für den Teig das Mehl auf eine Arbeitsfläche häufen, Zucker, Butter und Eigelbe untermengen und zu einem Teig verarbeiten. Eine Stunde im Kühlschrank ruhen lassen.

Eine Springform mit Butter einfetten. Drei Viertel des Teigs etwa 3 cm dick ausrollen und damit den Boden und den Rand der Form auslegen. Die Füllung hineingeben. Den restlichen Teig ebenfalls ausrollen, in Streifen schneiden und diese gitterförmig über die Füllung legen. Im auf 180° vorgeheizten Ofen etwa eine Stunde backen – der Kuchen ist fertig, wenn er eine schöne goldene Farbe hat.

Auf einem Kuchengitter abkühlen lassen und mit Puderzucker bestreuen.

Kaum ist sie mit diesem kurzen musikalischen Rückblick in die Fünfziger zu Ende, legt sie ein fröhliches Lied auf:

»Ma perché, come mai, ma perché,
in cucina non ci entro mai, eh?
Cosa c'è nella padella
mmm che profumino,
fai assaggiare un pezzettino?
ma che bontà, ma che bontà ...«

Stella erzählt dazu, dass ihr vierjähriger Sohn das Lied besonders toll findet, nicht zuletzt wegen des Finales. Wahrscheinlich liegt es an dem schnellen Rhythmus und der Ironie. Es ist ein Lied von Mina, die in vielen ihrer Lieder ihrer Leidenschaft für das Essen Ausdruck verlieh. Aus ihrer Liebe für Süßigkeiten und Konditoreien hat sie nie einen Hehl gemacht. In den achtziger Jahren wurde das auch ziemlich offensichtlich! In *Quello lí* singt sie darüber, wie sie im Supermarkt die Beine der Männer anschaut und ihre gierige Fantasie sie in Lebensmittel verwandelt.

Aber in dem Lied, das jetzt gespielt wird, gibt sie die gut situierte Dame des italienischen Nordens, die gerne isst, ihr Essen aber nie selbst zubereitet. Sie hat Personal, das sich darum kümmert. Eines Tages aber kommt sie auf die Idee, selbst einmal in die Küche, den Keller und eine Konditorei zu gehen. Sie ist von der Fülle der Leckereien überwältigt, begeistert vom Geschmack und den Gerüchen, will alles probieren, ohne eine Ahnung von dem zu haben, was sie sich gerade in den Mund steckt.

Der Abend ist noch lang. Schon ertönt ein Song von Paolo Conte: »Un gelato al limon, gelato al limon, gelato al limon ...«. Hier führt jemand heimlich Regie und begleitet das Essen musikalisch. Das inspiriert. Und es folgt, wie bestellt, eine Reihe von Liedern zum Kaffee, und wie könnte sonst ein italienisches Essen enden, wenn nicht mit einem Espresso – etwa zur Begleitung von Fiorella Mannoias *Caffé nero bollente* und Fabrizio De Andrés *Don Raffaé*. Und auf Riccardo CoccGiantes Melodie singt ein nicht besonders musikalischer junger Mann von »l'odore del caffé nella cucina«.

Während er einen kleinen Grappa trinkt, ertönt: »Wenn bei Capri die rote Sonne im Meer versinkt und vom Himmel die bleiche Sichel des Mondes blinkt, ziehn die Fischer mit ihren Booten aufs Meer hinaus ...«. Und gleich hat man nicht nur die Abenddämmerung vor Augen, sondern auch den Geruch der Doraden, des Kabeljaus und des Thunfisches und lauscht aufmerksam dem rührenden Song, den Lucio Dalla dem neapolitanischen Tenor Caruso gewidmet hat: »Qui dove il mare luccica e tira forte il vento; su una vecchia terrazza davanti al golfo di Sorrento un uomo abbraccia una ragazza dopo che aveva pianto, poi si schiarisce la voce e ricomincia il canto ...« *Caruso* ist ein wahres Meisterwerk. Nicht nur dass die Single über acht Millionen Mal verkauft wurde, es existieren 30 verschiedene Versionen, darunter eine von Luciano Pavarotti.

Enrico Caruso

TORTA DONIZETTI

Donizetti-Kuchen

für 8 Personen

320 g Butter
135 g Zucker
8 Eigelb
4 Eiweiß
50 g Mehl
120 g Kartoffelmehl
100 g kandierte Aprikosen in Würfeln
100 g kandierte Ananas in Würfeln
1 TL Maraschino
1 Vanilleschote (Mark)
Puderzucker

Die weiche Butter mit 120 g Zucker cremig rühren. Nacheinander alle Eigelbe einrühren. Das Eiweiß mit dem restlichen Zucker steif schlagen und zugeben. Nach und nach das Mehl, das Kartoffelmehl, die kandierten Früchte, den Maraschino und die Vanille einarbeiten. Eine Napfkuchenform (24 bis 26 cm Durchmesser) mit Butter einfetten, den Teig einfüllen und im auf 180° vorgeheizten Ofen etwa 40 Minuten backen.

Abkühlen lassen und mit Puderzucker bestreuen.

Titelblatt eines Liederhefts zu Eduardo di Capuas berühmtem Lied »O' sole mio«

IL CANTO NAPOLITANO

Vor allem Neapel hat neben hervorragenden Rezepten und Zutaten gute Musik hervorgebracht. Il canto napoletano! Schon darin erklingt Musik.

Es gibt wohl nur wenige Menschen, die noch nie *O' sole mio* gehört haben. Obwohl man sich bei dem Lied die schöne Sonne über dem Golf von Neapel vorstellt, wie sie das Wasser zum Glitzern bringt, wissen die wenigsten, dass die Musik nicht unter der Sonne Kampaniens entstand, sondern in Odessa. Eduardo Di Capua komponierte sie 1898 auf einer Welttournee mit seinem Vater Giacobbe, einem begabten Geigenspieler. Während sich Vater und Sohn am Schwarzen Meer aufhielten, inspirierte ihn das schillernde Licht der ukrainischen Sonne, die eines Morgens durch das Fenster des Hotelzimmers schien, und weckte die Sehnsucht nach »seiner Sonne« – der Sonne Neapels. *O' sole mio* wurde unter anderem von Enrico Caruso, Mario Lanza, Luciano Pavarotti, Benjamino Gigli und Andrea Bocelli interpretiert. Sogar Elvis Presley hat es unter dem Titel *It's now or never* nachgesungen.

Man könnte wohl behaupten, dass das neapolitanische Lied genau wie die Arien, die das volkstümliche, demokratische Moment der Opern darstellen – Musik, die auch die weniger musikalisch Gebildeten verstehen und mitsummen können –, die Basis der modernen Musica leggera, der leichten Musik, sind. Es ist diese Art von Musik, die man seit dessen Erfindung im Radio hört und deren Noten junge und weniger junge Leute begeistert vor sich hin trällern. Es ist auch die Musik, der die ersten Italienurlauber in den 1960er Jahren an den Stränden und in den Cafés lauschten und die sie neben Limoncello und italienischen Schuhen mit nach Hause nahmen.

Wie zum Beispiel *Azzurro*, das Paolo Conte 1968 für Adriano Celentano schrieb und das so etwas wie die zweite italienische Nationalhymne wurde. (Die Spieler der italienischen Fußball-Nationalmannschaft werden »azzurri« genannt.) *Azzurro* ist ein Sommerlied über einen Mann, der das ganze Jahr über auf den Sommer wartet und, wenn er einsetzt, die »blauen« Nachmittage doch als zu lang und langweilig empfindet, weil seine Freundin dann am Meer liegt, weit entfernt von ihm. In *Azzurro* wird die Sehnsucht nach der Liebe besungen, aber unter der heiteren Oberfläche steckt die Sehnsucht nach einem anderen Leben. Ob das auch den Toten Hosen bewusst war, als sie 1990 ihre Version von *Azzurro* aufnahmen?

Wer 1983 Strandurlaub in Rimini machte und die Nächte in den angesagten Clubs der Riviera durchtanzte, den packte sicherlich *Vamos a la Playa*, die Mutter aller Disco-Sommerhits der Neuzeit. Weshalb das italienische Duo Righeira in Spanisch

Volkstanzszene in Posillipo, 18. Jahrhundert

PESCHE FLAMBÉ

Flambierte Pfirsiche

4 Pfirsiche
2 EL Kristallzucker
1/4 l Rotwein
200 g süße Sahne
2 EL Puderzucker
4 cl hochprozentiger Rum

Die Pfirsiche halbieren und entsteinen. Im gezuckerten und knapp unter dem Siedepunkt erhitzten Rotwein pochieren, bis sie weich, aber noch bissfest sind. Die Pfirsiche auf einer Platte anrichten. Die süße Sahne mit dem Puderzucker steif schlagen und durch eine Spritztüte rund um die Früchte dressieren. Die Pfirsichhälften gleichmäßig mit Rum begießen und unmittelbar vor dem Servieren mit einem langstieligen Zündholz anzünden.

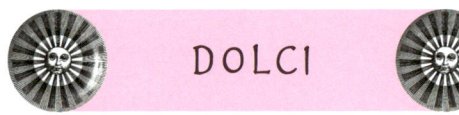

Musikkorps der Carabinieri-Brigade in Rom, 1982

GRANITA AL LIMONE

Zitronengranita

120 g Zucker
220 ml Zitronensaft
1 unbehandelte Zitrone (abgeriebene Schale)

450 ml Wasser bei schwacher Hitze erwärmen. Den Zucker zugeben, unter Rühren auflösen und aufkochen. Den Topf vom Herd nehmen und den Sirup abkühlen lassen.

Zitronensaft und -schale unterrühren. Die Mischung in eine Gefrierdose füllen und drei bis vier Stunden ins Tiefkühlfach stellen.

Die Gefrierdose kurz in heißes Wasser stellen und den Eisblock herausnehmen. Grob zerkleinern und in einer Küchenmaschine mixen, bis kleine Kristalle entstehen. In große Gläser füllen und sofort servieren.

sang, bleibt bis heute sein Geheimnis. Vielleicht, weil sie so den zynischen Text besser kaschieren konnten, der eine postnukleare Strandapokalypse beschreibt? Das Lied handelt nämlich von einer Atomexplosion, deren radioaktiver Sturm die Haare der Strandurlauber zerzaust, alle Fische tötet und das azurblaue Wasser fluoreszieren lässt. Aber wer hat sich schon mehr gemerkt als den Refrain: »Vamos a la playa, oh oh oh oh«?

Vom Strand singt auch Mina, die 1962 mit *Heißer Sand* (Musik von Werner Scharfenberger, Text von Kurt Feltz) einen großen Hit in den deutschen Charts landete. Von dem Publikumsrenner wurde mehr als eine halbe Million Singles verkauft.

»Heißer Sand und ein verlorenes Land,
und ein Leben in Gefahr.
Heißer Sand und die Erinnerung daran,
dass es einmal schöner war.

Schwarzer Tino, deine Nina
war dem Rocco schon im Wort.
Weil den Rocco sie nun fanden,
schwarzer Tino, musst du fort.

Heißer Sand …
Heißer Sand!

Schwarzer Tino, deine Nina
tanzt im Hafen mit den Boys,
nur die Wellen singen leise,
was von Tino jeder weiß.«

Weit entfernt vom Strandidyll, handelt das Lied von einem Eifersuchtsdrama.

Italienische Sommerhits haben es wie das italienische Essen in sich. Sie sind leicht und raffiniert zugleich.

Musikalische Wachablösung am Quirinalspalast, 1995

Mafiosi Briganten und Krimis

Rezepte aus Kalabrien, Basilikata, Apulien

ZUPPA DI SEDANI

Selleriesuppe

400 g Bleichsellerie
Olivenöl
3 Eier
Brot
100 g Soppressata (Presssack)
100 g Caciocavallo (Hartkäse)
100 g Wurst
50 g Pecorino

Den Sellerie putzen, in Stückchen schneiden und in eine Kasserolle geben. Mit 1 l Wasser übergießen, Öl und wenig Salz zugeben, erhitzen. Sobald der Sellerie gar ist, die Brühe durchseihen.

Die Eier hart kochen, abkühlen lassen, schälen und achteln. Das Brot in Scheiben schneiden und im Ofen rösten. Die Sopressata in Würfel, den Caciocavallo in Streifen schneiden, die Wurst zerbröckeln. Alle Zutaten in eine Suppenschüssel geben, die kochend heiße Brühe darübergießen und die Selleriestückchen zugeben. Mit schwarzem Pfeffer und geriebenem Pecorino verfeinern. Umrühren und servieren.

INSALATA MISTA CALABRESE

Gemischter Salat

1 zarte Fenchelknolle (200 g)
150 g junge Möhren
2 Zucchini
4 Stangen Bleichsellerie
1 rote Paprikaschote (150 g)
7 EL Olivenöl extra vergine
2–3 EL Weißweinessig

Den Fenchel putzen, die harten Teile entfernen, das Herz in hauchdünne Scheiben schneiden, zartes Grün zur Seite legen. Die Möhren schaben und mit Zucchini und Sellerie in dünne Scheibchen oder sehr feine Stifte schneiden. Die Paprika halbieren und entkernen, das weiße Fruchtfleisch entfernen, die Schote in feine Streifen schneiden. Alle Salatzutaten in einer großen Schüssel anrichten, zartes Sellerie- und Fenchelgrün dazulegen.

Mit einem Schneebesen gründlich Öl, Essig, Salz und Pfeffer verquirlen, abschmecken. Über den Salat träufeln und sofort servieren.

Marlon Brando spielte 1971 die Titelrolle in Francis Ford Coppolas Verfilmung von Mario Puzos Roman »Der Pate«.

Al Capone auf einer Polizeifotografie, die anlässlich seiner Verhaftung 1931 aufgenommen wurde

Downtown Manhattan. Ein Backsteingebäude in viktorianischem Baustil, ein seltenes Exemplar, das im Hochhaus- und Wolkenkratzerdschungel überlebt hat. Im Hinterhof anstelle der zu erwartenden überlaufenden Mülltonnen und üblen Gerüche eine bepflanzte Gartenanlage mit echtem, auf wenige Zentimeter gemähtem Rasen. »Caltagirone« liest man in leicht verschnörkelter Kursivschrift auf dem Schild über dem Eingang und an den Fensterscheiben. Das edelste italienische Restaurant New Yorks imponiert nicht nur mit seiner glitzernden Glasfront, die auf den idyllischen Garten geht, Marmorsäulen, Originalbildern, Stuck und Lüstern, sondern wartet auch mit »autentica cucina siciliana« auf. Ein Hauch von Mysterium umhüllt den schicken Laden, von dem niemand mit Sicherheit sagen kann, wem er gehört. Sicher ist, dass er Prominente und Reiche anlockt. Und hin und wieder lässt sich der eine oder andere Mafioso hier nieder, um es sich gut gehen zu lassen. Die gediegene Atmosphäre kommt den Geschäften entgegen, die sich am Tisch bei einem guten Glas Wein und den feinsten Spezialitäten aus Sizilien am besten bereden lassen. Zwischendurch sorgt eine exklusive Band für die passende Begleitmusik. Sizilien-Melancholiker sind hier gut aufgehoben, denn an diesem Ort können sie der Tarantella oder Pizzicata lauschen, die ein Sängerduo in makellosem Dialetto siciliano von sich gibt.

ZUPPA DI PESCE

Fischsuppe

1 kg für Suppen geeigneter Fisch (Zackenbarsch, Drachenkopf und andere)
1 Bund Petersilie
Olivenöl
2 Knoblauchzehen
pikantes Chilipulver
Brot

Die Fische säubern, gründlich waschen und in große Stücke schneiden. Die Petersilie hacken.

In einer Kasserolle Öl erhitzen und den zerdrückten Knoblauch andünsten. Die Fischstücke zugeben, salzen, mit Petersilie bestreuen und bei schwacher Hitze von beiden Seiten andünsten. Mit Chili bestreuen, ein paar EL Wasser zugießen und bei schwacher Hitze etwa 30 Minuten kochen.

Das Brot in Scheiben schneiden und im Ofen rösten. Auf Teller legen, den Fisch darauf verteilen, mit Brühe begießen und servieren.

PIZZA DI PATATE

Kartoffelpizza

für 6 Personen

750 g Kartoffeln (mehlig kochend)
5 EL Olivenöl
750 g reife Tomaten
10–12 eingelegte Sardellenfilets
2 Knoblauchzehen
300 g Mozzarella
1 Bund glatte Petersilie
50 g Mehl
100 g schwarze Oliven
1 EL frischer oder 1 TL getrockneter Oregano

Die Kartoffeln in der Schale garen. Noch heiß pellen, durch die Kartoffelpresse drücken. 1 TL Salz und 2 EL Öl untermischen, abkühlen lassen. Die Tomaten kurz mit kochendem Wasser überbrühen, kalt abschrecken und häuten. Halbieren, entkernen und grob würfeln. Mit Salz bestreuen und in einem Sieb abtropfen lassen. Die Sardellenfilets kurz abspülen, mit Küchenpapier trockentupfen, eventuell halbieren. Zerdrückten Knoblauch unter die gut abgetropften Tomaten mischen. Den Mozzarella in kleine Würfel schneiden, die Petersilie fein hacken.

Den Ofen auf 200° vorheizen. Ein rundes Backblech (28 cm Durchmesser) mit 1 EL Öl ausstreichen. Die Kartoffeln mit dem Mehl verkneten, den Teig auf dem Blech verteilen und gleichmäßig flach drücken, ringsum einen Rand hochziehen. Die Tomaten auf den Kartoffelteig streichen, kräftig pfeffern. Mozarellawürfel, Sardellen und schwarze Oliven darüber verteilen. Mit Oregano bestreuen, restliches Öl darüberträufeln. Im vorgeheizten Ofen etwa 40 Minuten backen.

Die Pizza mit Petersilie bestreuen, in Portionsstücke schneiden und heiß servieren.

Heute Abend treffen sich im Caltagirone vier Gentiluomini. Ihre italienischen Vorfahren sind mit der großen Migrationswelle am Anfang des 20. Jahrhunderts im amerikanischen Traum gelandet. Wer würde schon Verdacht schöpfen, dass sie hier zusammengekommen sind, um Geld zu waschen? Das mit Drogenhandel eingenommene Geld soll in Zukunft in den Bau von Luxushotels in der Karibik gesteckt werden. Jeder hat seine eigene Vorstellung, und es wird heftig diskutiert. Dabei lassen sie sich aber den guten Appetit nicht verderben. Per dio! Sie sind schließlich im besten Restaurant der Stadt. Und sie greifen zu: Aus der fernen Heimat ist nur das Beste aufgetischt worden: Tramezzini mit echter sizilianischer Salsiccia, Polpettine di carne, getrocknete Tomaten, Acciughe mit eingelegten Capperi di pantelleria. In der Mitte des Tisches dampft eine Terrine mit Melanzane alla parmigiana. Daneben thront eine dreistöckige Etagere mit schwarzen Austern auf einem Salatbett; hauchdünn geschnittener Carpaccio di tonno mit Succo di limone – selbstverständlich von den Küsten Siziliens; und frittierte Frutti di mare auf der unteren Platte, auf der die Schwänze der Scampi durch die Schicht aus Pastella – Bierteig – hervorlugen. Die besten Bissen werden mit Vecchio vino di Sicilia hinuntergespült. »Alla Sicilia!«, tönt es einstimmig. Die Käseplatte ist mit Weintrauben und Feigen dekoriert, und die Obstschale könnte aus einem Bild von Caravaggio stammen, so üppig ist sie belegt mit Ananas, Trauben, Birnen, Kiwis und Kaki. Und wie könnten die Arance di Sicilia auf diesem Tisch fehlen und eine Flasche Limoncello, für den süßen Abschluss nach einer Tazzina di espresso?

Diesen Abend könnten die vier bis zum Ende genießen, doch macht ihnen jemand einen Strich durch die Rechnung. Geheimnisse sickern auch in der Welt der Mafia durch, und hinter jeder Ecke lauert ein Verräter. Der Capo der Konkurrenz hat von dem Treffen erfahren. In die Karibik will er selber. Also schickt er seine Uomini di fiducia hin, um Piazza pulita, reinen Tisch, zu machen. Drei an der Zahl haben sich

Charles »Lucky« Luciano, der einstige »Pate« von New York, der während des Zweiten Weltkriegs nach Italien abgeschoben wurde, verlässt am 22. November 1954 eine neapolitanische Haftanstalt, in der er sich das Wochenende über in Arrest befand.

TORTIERA DI PATATE E FUNGHI

Kartoffel-Pilz-Auflauf

800 g Kartoffeln (vorwiegend festkochend)
500 g frische große Champignons oder Waldpilze
1 Zitrone (Saft)
1 Bund glatte Petersilie
50 g grobe Weißbrotbrösel
50 g Pecorino oder Parmesan
6–8 EL Olivenöl

Die Kartoffeln waschen, schälen und in 1/2 cm dicke Scheiben schneiden. Die Pilze putzen, Stielenden abschneiden, die Pilze in dicke Scheiben schneiden und sofort mit dem Zitronensaft beträufeln. Die Petersilienblättchen in feine Streifen schneiden, mit den Weißbrotbröseln und dem frisch geriebenen Käse mischen. Den Ofen auf 175° vorheizen.

Eine feuerfeste Form mit 1 EL Öl ausstreichen. Schichtweise Kartoffel- und Pilzscheiben hineingeben. Jede Lage salzen und pfeffern, mit der Petersilienmischung bestreuen und reichlich mit Öl beträufeln.

Im Ofen etwa eine Stunde backen, bis die Kartoffeln weich sind.

Sofort servieren.

Der Auflauf eignet sich auch als Beilage zu geschmortem Fleisch.

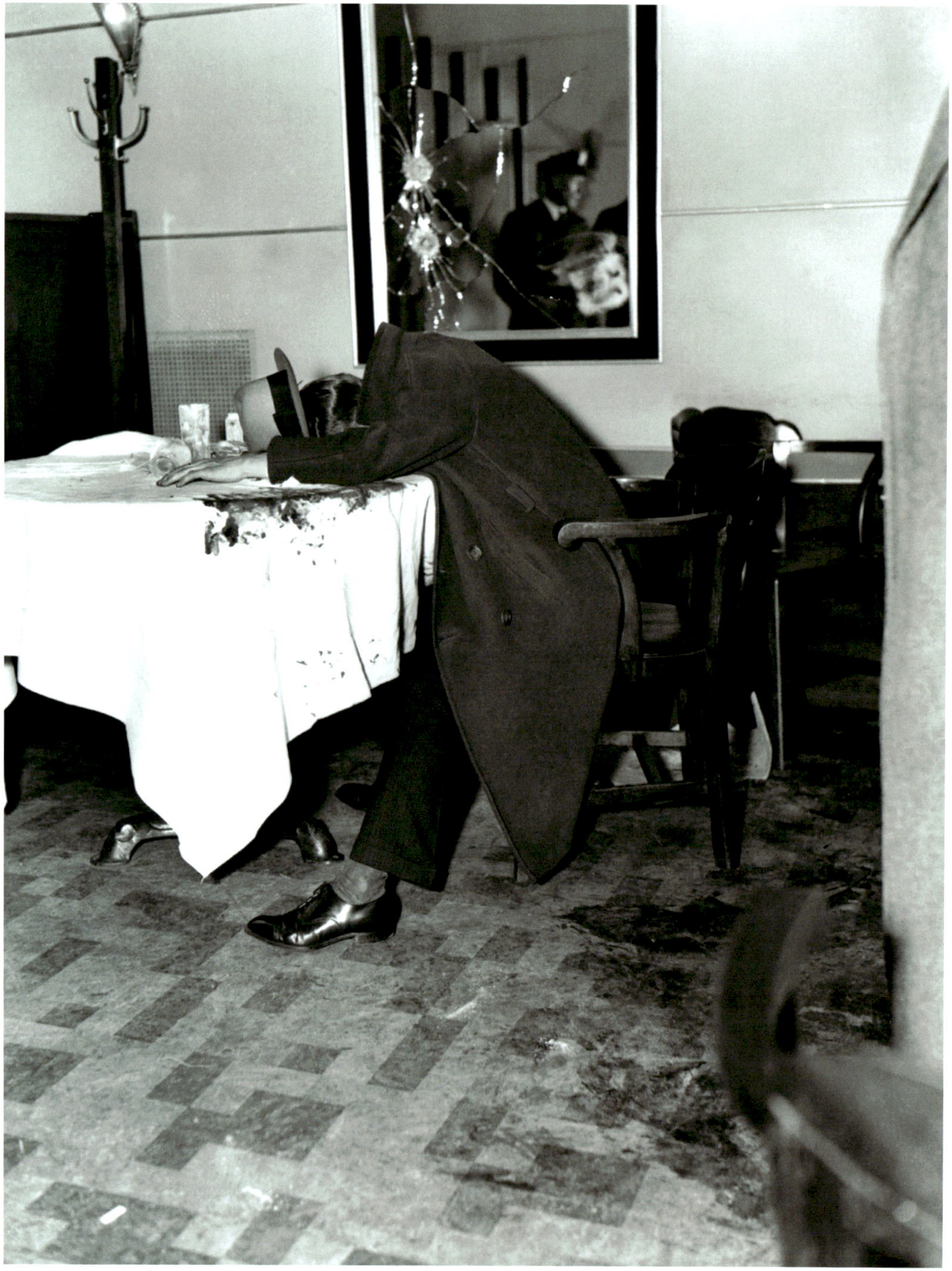

Bankräuber fliehen nach einem Überfall im bereitstehenden Wagen. Standbild eines anonymen Filmfotografen

linke Seite: In der Palace Bar in der Newarker East Park Street (New Jersey) liegt der Mafioso Dutch Schultz lebensgefährlich verletzt auf dem Tisch. Polizeiaufnahme vom 23. Oktober 1935

Zugang zum Garten verschafft und im Gebüsch versteckt, von wo aus sie die Lage studieren. Dabei wird durchaus darauf geachtet, dass bei der geplanten Aktion kein anderer gefährdet wird. Die Mafia will (ihre) Ordnung schaffen, keine Unschuldigen eliminieren. Ihnen entgeht nichts, keine einzelne Bewegung der Tischgesellschaft. Ihre Maschinenpistolen sind einsatzbereit. Sie gönnen ihren Opfern noch etwas von dem Abend. Dolce ist der Geschmack der Rache, die sich langsam verzehrt. Sterben sollen sie mit vollem Bauch!

Dann eröffnen sie das Feuer. Die Scheiben der Glasfront verwandeln sich in einen Splitterregen, der in das Lokal hineinfällt. Hysterische Schreie der Gäste, ein Durcheinander von Menschen, die unter den Tischen oder hinter den Säulen Schutz suchen. Flaschen, Gläser, Früchte, alles fliegt mit einem Höllenlärm durch die Gegend. Nach wenigen Sekunden bleiben nur noch eine Rauchwolke und ein wüstes Szenario zurück: vier regungslose Leichen in einer Blutlache, Splitter, beinlose Tische, zerfetzte Pflanzen, Flecken. Blut oder Tomatensauce der Parmigiana?

Die drei Killer verlassen den Ort und springen in eine schwarze Limousine. Auf der Rückbank sitzt der Boss, die Augen hinter einer schwarzen Brille. Seine Leute greifen einer nach dem anderen nach seiner Hand, um sie zu küssen: »Bacio la mano, padrino!« Ein Lächeln der Genugtuung zeichnet sich auf dessen Gesicht ab: »La mafia non perdona!«, sind seine letzten Worte, bevor er in den Cannolo beißt, der auf dem Ablagetisch des geräumigen Automobils bereitlag.

Und Abspann.

So oder ähnlich inszeniert Hollywood ein Essen beim Italiener.

MELANZANE FRITTE

Frittierte Auberginen

4 Auberginen
500 g Tomaten
1/2 Zwiebel
50 g Olivenöl
1 Knoblauchzehe
Basilikum
Weißmehl
1 Mozzarella
20 schwarze Oliven

Die geschälten Auberginen in Scheiben schneiden, auf ein Sieb legen, salzen und etwa eine Stunde so liegen lassen, damit sie ihre bittere Flüssigkeit abgeben können.

Währenddessen die Tomaten würfeln und die Zwiebel hacken. Öl erhitzen, Zwiebel und zerdrückten Knoblauch anbraten. Die Tomatenwürfel zugeben, salzen und pfeffern. Ein paar Basilikumblätter und etwas Wasser hinzufügen. Sobald die Tomaten gar sind, durch ein Sieb streichen.

Die Auberginen waschen, trockentupfen, in wenig Mehl wenden und in reichlich Öl goldbraun frittieren. Die fertigen Scheiben auf Küchenpapier abtropfen lassen. In einem Tiegel schichtweise anordnen, auf jede Schicht Tomatenpüree, Mozzarellascheiben und entkernte Oliven geben, mit Tomatenpüree abschließen. Mit Öl beträufeln und im auf 200° vorgeheizten Ofen etwa 15 Minuten backen.

Das Gericht reicht man warm als Beilage und kalt als Antipasto.

Am 29. Juni 1970 demonstrieren am New Yorker Columbus Circle 75 000 Amerikaner italienischer Abstammung gegen die Mafia.

Canto di Malavita – Freunde der italienischen Oper

Dass die Italiener nicht nur von Liebe und Meer singen, beweisen die »Mafia-Sänger« auf der 2000 erschienenen CD *Canto di Malavita*. Durch einen Zufall fielen dem in Hamburg lebenden Francesco Sbano in der zweiten Hälfte der neunziger Jahre Aufnahmen alter Malavita-Lieder in die Hände. Offizielle Aufnahmen dieser Musik existieren nur sehr wenige, die meist als Musikkassetten von fliegenden Händlern verkauft wurden. Eine Reise nach Kalabrien an die Stiefelspitze Italiens, wo Sbano für verschiedene Magazine über diese Musik schreiben wollte, führte ihn zu Mimmo Siclari, dem Wortführer der Cantori di Malavita, einer Gruppe von Musikern, die die melancholisch anmutende, von Ehre und Blut klagende Folklore der Mafiamusik bewahren. Während Siclari als Sänger und Musikant von Sommerfest zu Sommerfest zog und Volkslieder zum Besten gab, kam er mit Menschen ins Gespräch, die die alten Lieder der 'Ndrangheta – der kalabresischen Mafia – noch kannten und laut Sbano hinter dieser »Tradition« standen. Sie machten ihn mit Melodien und Liedtexten vertraut. Fehlendes rekonstruierte er anhand von Briefen aus der Zeit vor über 100 Jahren, als die Lieder entstanden. Es gab keine anderen Aufzeichnungen, denn die Mafialieder wurden nur mündlich von Musiker zu Musiker im privaten Kreis weitergegeben. Siclari nahm die Stücke in seinem Studio auf und verkaufte sie auf kleinen, regionalen Märkten. Aus der Begegnung zwischen Francesco Sbano und Mimmo Siclari entstand die Idee, die bisher nur auf billigen Tapes in Umlauf gebrachte Musik einem breiteren Publikum zugänglich zu machen. So erschien bei dem Hamburger Label PIAS Recordings diese CD, eine Zusammenstellung von 18 Balladen und Tarantellen der ehrenwerten Gesellschaft. Die traditionelle Musik von Tamburin, Akkordeon und Gitarre steht im krassen Kontrast zu den harten Texten, die von Blut, Ehre und Treue handeln. In einem Lied heißt es: »Der, der viel spricht und nicht schweigt, bereitet sich besser sein eigenes Grab.« In einem anderen läuten Kirchenglocken, ein Dudelsack und ein Tamburin setzen ein, und eine dunkle Männerstimme ermahnt die Zuhörer, den Mitgliedern der ehrenwerten Gesellschaft Rispetto zu erweisen. *Il Canto di Malavita* hat weltweit so viele Exemplare verkauft, dass die CD bereits heute als Klassiker der Sparte Weltmusik gilt. Der Erfolg hat Produzenten und Sänger dazu animiert, 2002 eine neue CD herauszubringen. Sie trägt den Titel *Omertà, Onuri e Sangu* – Verschwiegenheit, Ehre und Blut. Um diese »Werte« dreht sich alles in diesen »echten Liedern der Mafia, die nichts mit der Hollywood-Mafiamusik zu tun haben«, sagte dazu der Sänger. Er spielt damit auf den

Immer wieder wird der ehemalige italienische Premierminister Giulio Andreotti mit der Mafia in Verbindung gebracht und deswegen auch gerichtlich angeklagt. Am 12. Oktober 1999 gibt er am letzten Verhandlungstag, an dem auch die Schlussplädoyers gehalten werden, den wartenden Journalisten ein Interview.

FERRAZZUOLI ALLA MOLLICA

Ferrazzuoli mit gerösteten Brotkrumen

für 6–8 Personen

600 g Hartweizenmehl (oder 400 g Spätzle-Nudelmehl und 200 g Hartweizengrieß)
1–2 EL Olivenöl
6 Eier

für die Sauce:
6 große Scheiben getrocknetes Weißbrot
2 Knoblauchzehen
8–10 EL Olivenöl
Paprika

Aus Mehl, einer Prise Salz, Öl und Eiern einen Nudelteig kneten – er sollte glatt, glänzend und leicht feucht sein. Anfangs lieber etwas weniger Mehl nehmen, da es einfacher ist, in einen zu feuchten Teig etwas mehr Mehl einzukneten, als etwas mehr Flüssigkeit in einen zu trockenen Teig. Den Teig unter einem feuchten Tuch 30 bis 45 Minuten ruhen lassen.

Den Teig zu einer langen, schmalen, flachen Rolle von 7 bis 8 cm Breite und einer maximalen Dicke von 2 bis 3 cm formen. Scheiben von etwa 1 cm Breite abschneiden und auf einem Backbrett zu kleinen Rollen formen, die um einen dünnen Eisenstab (1 mm Durchmesser) geschlungen und mit diesem zusammen noch einmal ausgerollt werden. Die Ferrazzuoli von dem Stab streifen und auf einem bemehlten Brett zur Seite legen, bis sie gekocht werden. Bei diesen Arbeitsschritten sorgfältig vorgehen, damit alle Hohlnudeln ungefähr die gleiche Größe haben: etwa 7 cm.

Für die Sauce das Brot, das hart sein sollte, grob reiben. Den Knoblauch fein hacken und in dem Öl kurz anschwitzen. Die Brotkrümel goldbraun rösten, mit Salz und Paprika abschmecken.

In einem großen Topf etwa 5 l Wasser zum Kochen bringen. 1 1/2 bis 2 EL Salz zugeben und die Nudeln al dente kochen – die Garzeit ist abhängig von der Frische der Nudeln und der Dicke des Nudelteigs. Durchgetrocknete Ferrazzuoli brauchen zwei- bis dreimal so lange wie ganz frische, dicke Nudeln länger als dünne. Daher nach etwa 2 Minuten mit dem Probieren beginnen: jede halbe Minute mit dem Schaumlöffel eine Nudel aus dem Topf fischen und den »Biss« testen. Sind sie al dente, abgießen und im heißen Kochtopf mit der Brotsauce vermischen.

Sofort servieren.

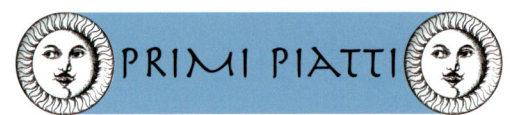

Als am 24. Juli 1992 der von der Mafia ermordete Richter Paolo Borsellino beigesetzt wird, säumen schon früh Tausende Bürger Palermos die Straßen, um ihm die letzte Ehre zu erweisen.

Am 7. Dezember 2004 legen sich Demonstranten auf das Straßenpflaster Neapels, um die erschreckende Zahl von 120 Toten ins Bild zu setzen, die allein im Jahr 2004 einem Bandenkrieg zwischen verschiedenen Camorra-Clans zum Opfer fielen.

Einfluss einer gewissen romanhaften und volkstümlichen Kultur an, die in den letzten 30 Jahren dazu beigetragen hat, den Mythos um die Figur des »Paten« zu vergrößern. Mario Puzos Roman und dessen Verfilmung von Francis Ford Coppola sind das beste Beispiel dafür. Aber auch harmlosere Filme wie Billy Wilders Komödie *Some Like it Hot (Manche mögen's heiß)*, und vor allem die darin auftretenden »Freunde der italienischen Oper« haben daran ihren Anteil.

Es mag seltsam anmuten, das gute Essen in Palermos besten Lokalen zu verkosten und gleichzeitig darüber sinnieren zu müssen, dass dort womöglich am Nachbartisch ein Mafiaboss seine Todesliste zusammenstellt. Doch ebendiese Männer sind oft Stammgäste in jenen Lokalen, wenn sie ihnen nicht sogar gehören.

Die sizilianische Cosa Nostra ist die wichtigste Mafiagruppierung Europas. Die Basisorganisation, die so genannte Familie, besteht aus einer Mafiagruppe, die ein bestimmtes Territorium komplett kontrolliert. In die Cosa Nostra tritt man durch Hinzuwahl (Kooptation) oder Aufruf ein.

Die sizilianische Mafia entstand in der Mitte des 19. Jahrhunderts aus bewaffneten Banden, die die Güter der vorwiegend adligen Großgrundbesitzer vor den regelmäßigen Aufständen der Bauern schützten. Da Sizilien schon lange Kolonialland war und weit entfernt von der Regierung in Rom, konnte sich die Mafia hier besonders gut ausbreiten. Die Großgrundbesitzer schafften sich Söldner an, die so genannten Soldati, welche das Land vor Wilderern und Verbrechern schützten. Der Adel in Sizilien legte die Verwaltung seiner Güter weitgehend in die Hände bestechlicher Statthalter, die diese Banden gründeten und so den Grundstein für politische Korruption auf der Insel legten.

Die Macht der Mafia wurde erst in den 1980er und 1990er Jahren teilweise gebrochen. Die Strafverfolgung feierte große Erfolge, unter anderem durch die Verurteilung des New Yorker Bosses John Gotti.

ORECCHIETTE ALLA PUGLIESE

Öhrchennudeln auf apulische Art

am Vortag beginnen / für 4–6 Personen

100 g Hartweizengrieß
200 g Weizenmehl
6 EL Olivenöl
600 g frischer Brokkoli
3 Knoblauchzehen
1 rote getrocknete oder eingelegte Peperoncino- oder Chilischote

In einer Schüssel Hartweizengrieß und Mehl mischen, 2 EL Öl und 1 TL Salz zugeben. Alles mit knapp 1/4 l lauwarmem Wasser zu einem geschmeidigen Teig kneten. Zu einem Laib formen und mit einem feuchten Tuch bedeckt 20 Minuten ruhen lassen. Dann kleine Portionen vom Teig abschneiden, auf bemehlter Fläche zu fingerdicken Rollen von etwa 2 cm Durchmesser formen. Die Rollen in 1/2 cm dicke Scheibchen schneiden und jedes mit dem Daumen eindrücken, so dass in der Mitte eine Mulde entsteht. Mit einem Küchentuch bedecken und über Nacht trocknen lassen.

Am nächsten Tag den Brokkoli putzen, in Röschen zerlegen, gröbere Stiele eventuell schälen. Den Knoblauch hacken, die Peperoncino in feine Streifen schneiden.

In einem großen Topf 3 l Salzwasser aufkochen und die Brokkolistiele hineingeben. Nach 5 Minuten die Brokkoliröschen zugeben und weitere 5 Minuten blanchieren.

Das Gemüse mit einem Schaumlöffel herausnehmen, kalt abschrecken und abtropfen lassen. Das Brokkoliwasser erneut zum Kochen bringen. Die Nudeln ins kochende Wasser geben und etwa 10 Minuten al dente garen.

Währenddessen die Brokkolistiele klein schneiden. In einer großen Pfanne das restliche Öl erhitzen. Brokkoli und Knoblauch andünsten, Peperoncino einrühren. Mit Salz und Pfeffer würzen. Einige EL Gemüsebrühe zugeben.

Die fertigen Nudeln abgießen und abtropfen lassen. Direkt in die Pfanne geben, gründlich unter das Gemüse mischen, nochmals mit Salz und Pfeffer würzen.

Heiß servieren.

Die apulischen Hausfrauen machen vor, wie man leidenschaftlich mit Teig umgeht: Die originell geformten Gebilde, die wie kleine Hütchen oder Öhrchen aussehen, sind im Süden Italiens alltäglicher Pastagenuss. Orecchiette gibt es auch fertig zu kaufen – eine nicht unerhebliche Zeitersparnis.

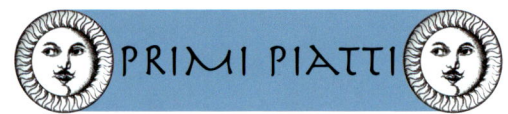

Frederico »Fredo« (John Cazale) und Michael Corleone (Al Pacino), die Söhne des Paten (Marlon Brando), versuchen in »Der Pate II« den Sprung von der »ehrenwerten Gesellschaft« in die High Society.

Der Kodex der Omertà, der Schweigepflicht, befindet sich in Auflösung, und die sizilianischen Traditionen geraten in Vergessenheit. Viele hochrangige Überläufer, wie Sammy Gravano, Al D'Arco, Angelo Lonardo und Salvatore Vitale, sagten aus. Allerdings könnte die Mafia dadurch, dass sich die Aufmerksamkeit des FBI seit 2001 vor allem auf die Verfolgung von Terroristen richtet, wieder Aufwind bekommen.

Im Jahre 2005 wurden fundierte Zahlen und Daten über die italienische Mafia bekannt. So sollen laut italienischen Medienberichten 70 Prozent aller Unternehmer und Geschäftsleute auf Sizilien Schutzgeld (das so genannte Pizzo) bezahlen, jährlich etwa sieben Milliarden Euro – in Italien landesweit etwa 14 Milliarden.

Neben Drogenhandel gehört der Pizzo somit zum Kerngeschäft der Mafiabosse. Der gesamte Mafia-Umsatz wird von Bekämpfern des organisierten Verbrechens auf 100 Milliarden Euro geschätzt, das Doppelte des Umsatzes des Autokonzerns Fiat.

Neapel wurde 2005 vom blutigsten Bandenkrieg seit Jahrzehnten erschüttert. Politiker in Palermo verbreiten nach wie vor gerne die Illusion, die Cosa Nostra sei weitgehend besiegt. Doch Experten sind sich darüber einig, dass sie das Leben auf Sizilien nach wie vor bestimmt.

Bürgerprotest nach der Ermordung des Richters Giovanni Falcone

Polizeieinsatz einer Sondereinheit auf Sizilien

BUCATINI CON LA MOLLICA

Bucatini mit Brotinnerem

5 in Salz eingelegte Anchovis
Olivenöl
400 g Bucatini (spaghettiartige röhrchenförmige Nudeln)
100 g geriebenes trockenes dunkles Brot

Die Anchovis entsalzen, entgräten und zerpflücken. In wenig Öl bei schwacher Hitze sich auflösen lassen.

Die Nudeln in reichlich Wasser mit wenig Salz kochen. Kurz vor dem Abgießen in einem kleinen Topf wenig Öl erhitzen und das Brot rösten. Die abgegossenen Bucatini zuerst gut mit dem Brot vermengen, dann die Anchovis-Sauce und etwas schwarzen Pfeffer darübergeben.

Ohne Käse servieren.

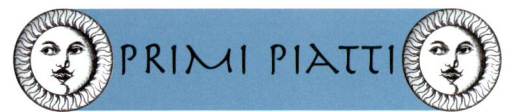

Perugia

Ein italienischer Kommissar

Langsam von Norden nach Süden und von Osten nach Westen streifend, auf der Entdeckung nach den kulturellen und kulinarischen Geheimnissen der italienischen Halbinsel, fühlt man sich als Krimi-Liebhaber (zumindest als deutscher) schnell erinnert an jenen venezianischen Kommissar, der mal auf Sizilien, mal in der Toskana, mal auf Sardinien und mal in Rom nach Mördern fahndet und dabei nie vergisst, es sich gut gehen zu lassen: Die Rede ist von Commissario Zen, der Hauptfigur des schottischen Schriftstellers Michael Dipdin, der in den Achtzigern für vier Jahre an der Universität in Perugia tätig war. Zwischen Vorlesung und Seminar fand er genug Zeit, sich Gedanken über das gerade einen Ausländer beeindruckende Dolce vita der Italiener zu machen und zugleich über das, was sich hinter dieser schönen Fassade verbirgt: ein durch Korruption, Nepotismus und Bürokratie gekennzeichneter Alltag. Es war noch die Zeit vor »Mani pulite« (saubere Hände), vor den Ermittlungen der Mailänder Staatsanwaltschaft, die zahlreichen hohen Amtsträgern der Democrazia Cristiana (DC) und der Partito Socialista Italiano (PSI) Verstrickungen in Korruptionsfälle nachwiesen und die gesamte Parteienlandschaft Italiens zusammenbrechen ließen. Erst in den Neunzigern wurde das politische Feld frei für neue Parteien, zum Beispiel die Forza Italia, die Partei Silvio

Berlusconis. Zu dem Namen hatten ihn mit großer Wahrscheinlichkeit seine Fans vom AC Mailand inspiriert, der ihm gehört. Politik und Fußball wurden endlich verlinkt! Seitdem hat der Begriff Bananenrepublik wieder Hochkonjunktur in Europa.

Als sich Michael Dipdin in den 1980ern in Italien aufhielt, war diese Bananenrepublik noch nicht so offensichtlich, aber für Klarsichtige bereits erkennbar. Sie bildete den sozialen und politischen Hintergrund für seine Krimireihe um den venezianischen Ermittler Aurelio Zen.

Im ersten Buch *Entführung auf Italienisch* verewigt Dibdin Perugia, das zum Zentrum eines heiklen Falles wird: Aurelio Zen, der in Rom lebende Commissario, wird nach Perugia versetzt. Er war Vicequestore, bis er während der Moro-Entführung zu einem unbedeutenden Beamten mit unbedeutenden Aufgaben degradiert wurde. In Perugia erwarten ihn Kollegen, die nicht viel von ihm halten, und eine Entführungsgeschichte, bei der ein positiver Abschluss ziemlich unmöglich erscheint. Ein reicher und mächtiger Industrieller wurde vor Monaten entführt. Die Familie ist nicht zur Zusammenarbeit mit Polizei und Richtern bereit. Intrigen, Hass, Oberflächlichkeit und Uneinigkeit beherrschen den Alltag der Kinder von

MACCO DI FAVE

Saubohnen mit Spaghetti

12 Stunden einweichen

200 g getrocknete dicke Bohnen
1 große reife Tomate
1 Zwiebel
1 TL Zucker
200 g Spaghetti
Olivenöl
Pecorino

Die Bohnen in reichlich frischem Wasser zwölf Stunden einweichen. Anschließend die Bohnen von ihren Schalen befreien, gut waschen und mit 1 1/2 l Wasser in eine Kasserolle geben, salzen. Die Tomate kurz mit kochendem Wasser überbrühen, kalt abschrecken und häuten. Halbieren, entkernen und würfeln. Die Zwiebel in hauchdünne Ringe schneiden, beides hinzufügen. Damit die getrockneten Bohnen so süß wie frische werden, kann man 1 TL Zucker zugeben. Das Ganze zugedeckt bei schwacher Hitze köcheln.

Die Spaghetti in reichlich Salzwasser al dente kochen. Nach dem Abgießen zuerst mit Öl anmachen und dann zu den Bohnen geben. Umrühren und fertig kochen.

Vor dem Servieren etwas Pfeffer und frisch geriebenen Pecorino darüberstreuen.

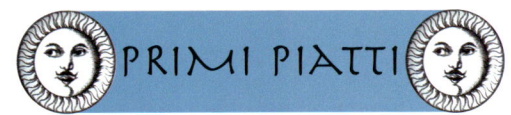

Der architektonisch wohl schönste Altentreff Italiens mit Fresken aus dem 15. Jahrhundert in Sorrento

Ruggiero Miletti, dem Entführten. Nicht nur der Vermittler zwischen Entführern und der Familie Miletti, der Anwalt Ubaldo Valesio, wird getötet, auch das freigelassene Entführungsopfer wird in den Bergen Umbriens nur noch tot aufgefunden. Doch waren die Mörder dieser beiden Männer tatsächlich die Entführer?

Viel wichtiger aber vielleicht: In Perugia entdeckt und genießt der Commissario Crostini umbri (geröstetes Brot mit Trüffelpaste), Frittata ai tartufi (Trüffelomelett) und Lepre alla cacciatora (Hase nach Jägerart).

Jeder Krimi führt in eine neue Gegend oder Stadt. In *Così fan tutti* ist es Neapel: Der Kommissar wird in die Hauptstadt Kampaniens strafversetzt und betrachtet seine Arbeit überwiegend als komische Oper frei nach Mozart. Statt sich um die Verbrecherjagd zu kümmern, droht er der Vielfalt der weiblichen Reize zu erliegen. Doch als in alarmierender Zahl dubiose Geschäftsmänner, korrupte Politiker und stadtbekannte Mafiosi von der Bildfläche verschwinden, wird Aurelio Zen in eine hochbrisante Affäre verwickelt. Irgendjemand scheint »Säuberung« allzu wörtlich zu nehmen.

Neapel

ZITE ALLA SALENTINA

Zite nach Salentiner Art

400 g Brokkoliröschen
400 g Zite (lange dünne Röhrennudeln) oder Makkaroni
1 Zwiebel
50 g roher Schinken
1 EL eingesalzene Kapern
50 g grüne Oliven
5 EL Olivenöl extra vergine
1 Knoblauchzehe
2 EL Parmesan

Die Brokkoliröschen unter kaltem Wasser abbrausen und in kochendem Salzwasser 3 Minuten blanchieren. Abgießen und kurz in Eiswasser halten.

Die Nudeln in 4 bis 5 cm lange Stücke brechen. Die Zwiebel fein hacken, den Schinken in Streifen schneiden. Die Kapern waschen und zerkleinern, die Oliven entkernen und grob hacken.

In einer Pfanne 2 EL Öl erhitzen, den zerdrückten Knoblauch goldbraun anschwitzen und wieder herausnehmen. Die Zwiebel und den Schinken in die Pfanne geben. Wenn die Zwiebel glasig geworden ist, den gut abgetropften Brokkoli sowie Kapern und Oliven unter Rühren erhitzen.

In einem großen Topf reichlich Salzwasser zum Kochen bringen und die Nudeln al dente kochen. In dem restlichen Öl schwenken. Mit der Brokkolisauce vermischen, mit frisch geriebenem Parmesan bestreuen und sehr heiß servieren.

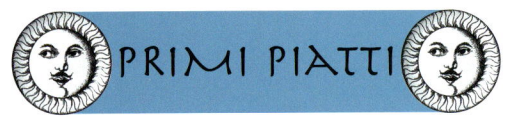

Typische römische Trattoria

In *Himmelfahrt* ermittelt Zen in Rom: Prinz Ludovico Ruspanti stürzt von der Kuppel des Petersdoms in den Tod, und Aurelio Zen sieht sich bei der Aufklärung des Falles einer Mauer des Schweigens gegenüber. Denn Zeuge für Zeuge verstummt – für immer.

Um die brutalen Morde aufzuklären, sieht sich der Kommissar nicht nur mit Rom, einer Stadt zwischen Antike und Moderne, Eleganz und Verwahrlosung, sondern auch dem Staat, den die Ewige Stadt in ihren Mauern beherbergt, konfrontiert: dem Vatikan. Der bildet eine sehr eigene Welt mit sehr eigenen Gesetzen und hat dennoch viele Gemeinsamkeiten mit der ihn umgebenden Welt. Auch hier regiert noch immer Geschichte und Tradition, zum Beispiel in Form der mächtigen Logen, die weder Skrupel noch Erbarmen kennen und damit zunehmend in Konflikt mit der Moderne geraten.

Letztlich muss Aurelio Zen einsehen, dass manche Dinge sind, wie sie sind: »Die neue Metro würde wunderbar sein, wenn sie erst mal fertig war, aber schließlich haben die Römer das Gleiche ... gesagt seit den Tagen, da Nero sich daranmachte, die Stadt ... neu aufzubauen. Schon damals war die Dietrologia, die Suche nach den Fakten hinter den Fakten, eine nationale Lieblingsbeschäftigung.« Und so endet die neue Metro als verstopftes Abflussrohr und der Roman mit einem Mord.

Rom, Blick in die Kuppel des Petersdoms

TORTA DI CARNE

Fleischtarte

150 g Innereien vom Schwein
200 g Schweineleber
200 g Kalbsleber
Olivenöl
1 EL Schweineschmalz
1 EL Tomatensauce
1 rote Chilischote
500 g Brotteig

Die Innereien gründlich waschen und klein schneiden, die Lebern in Streifen schneiden.

Öl und Schmalz erhitzen, Innereien und Lebern anbraten. Salzen und pfeffern, 1 knappen EL konzentrierte, in wenig Wasser aufgelöste Tomatensauce und etwas gehackten Chili hinzufügen. Umrühren und alle Zutaten bei schwacher Hitze köcheln, bis eine dickflüssige Sauce entsteht.

Eine Tortenform mit Öl einfetten. Zwei Drittel des Brotteigs zu einer Platte ausrollen und die Form damit auslegen. Die Sauce daraufgeben und mit dem zweiten, ebenfalls zu einer Platte ausgerollten Teigstück abdecken. Die beiden Teigplatten an den Rändern gut zusammendrücken, damit die Füllung beim Backen nicht austreten kann.

Die Form im auf 170° vorgeheizten Ofen etwa 40 Minuten backen.

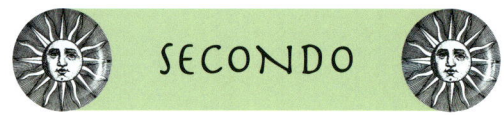

In *Tödliche Lagune* macht er sich auf nach Venedig: Zen untersucht in seiner Geburtsstadt den Fall eines reichen Amerikaners, der unter mysteriösen Bedingungen verschwunden ist. Zen arbeitet gewissermaßen nebenberuflich ohne polizeilichen Auftrag für die wohlhabende Ellen Durridge, die Ehefrau des seit Monaten Vermissten. Der Kommissar, der sich in der Wohnung seiner Mutter einquartiert, erliegt erneut dem morbiden Zauber seiner Geburtsstadt, die er im fernen Rom lange vermisst hat. Bei seinen Ermittlungen aber stößt er – auch unter seinen Kollegen – auf eine Mauer des Schweigens.

Im gedämpften Licht Venedigs zeigt sich der wahre Charakter der Dinge oft erst auf den zweiten Blick – oder auch gar nicht. So endet der Roman in der deutlichen Aussage des Kommissars über die geheimnisvolle Stadt seiner Vergangenheit: »Ich bin selbst fremd hier.«

Venedig

ORATA ALLA PUGLIESE

Überbackene Goldbrasse

500 g mittelgroße Kartoffeln (vorwiegend festkochend)
1 Goldbrasse (knapp 1 kg)
1 Bund glatte Petersilie
3 Knoblauchzehen
10 EL Olivenöl
Kräuteröl
50 g Pecorino oder Parmesan

Die Kartoffeln schälen und in 1/2 cm dicke Scheiben schneiden. In einem Topf 1 l Salzwasser zum Kochen bringen und die Kartoffeln portionsweise 5 Minuten blanchieren. Abtropfen lassen.

Die Goldbrasse schuppen und ausnehmen, gründlich abspülen und mit Küchenpapier trockentupfen. Petersilie und Knoblauch fein hacken oder im Mörser zerreiben. Mit 8 EL Olivenöl zu einer Paste rühren. Den Ofen auf 225° vorheizen.

Eine große feuerfeste Form mit dem restlichen Olivenöl einstreichen. Die Hälfte der Kartoffelscheiben hineinschichten. Kräftig salzen und pfeffern, mit einem Teil des Kräuteröls beträufeln und mit der Hälfte des frisch geriebenen Käses bestreuen. Den Fisch auf die Kartoffeln legen, ebenfalls salzen, pfeffern und mit einem Teil des Kräuteröls bestreichen. Mit den restlichen Kartoffelscheiben bedecken, erneut mit Salz, Pfeffer, Kräuteröl und frisch geriebenem Käse würzen. Im Ofen 30 Minuten garen.

Die Goldbrasse erst am Tisch zerlegen und sehr heiß servieren.

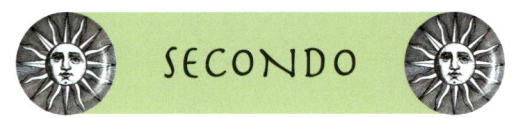

Die Buchreihe hat in Deutschland einen größeren Erfolg als in Italien. Liegt es vielleicht daran, dass die Deutschen schon immer ein Herz für Italien hatten und die Romane um Aurelio Zen unglaublich viel über Land und Leute aussagen? Sie sind wie ein Urlaub im Belpaese ohne Sonnenstich, Stechmücken und verspätete öffentliche Verkehrsmittel, dafür aber mit zahlreichen Einblicken in die Atmosphäre, das Flair und die Küche der verschiedenen Regionen Italiens. Sie bringen ein authentisches Gefühl für und von Italien. Weil Zen weiß, dass jede Stadt eine kulinarische Schatzgrube ist, erliegt er überall, wo er sich gerade aufhält, den kulinarischen Reizen der Region.

In *Sizilianisches Finale* wird er nach Sizilien abkommandiert: Zen wird vom Innenministerium beauftragt, die Anti-Mafia-Einheit der Staatspolizei zu überwachen. Doch eigentlich verbringt er die meiste Zeit mit seinen Kollegen im Restaurant, weil das Innenministerium und die Staatspolizei miteinander konkurieren und sich nicht einigen können.

So gerät der Kommissar zwischen allen Fronten ins Kreuzfeuer der Politik und der Mafia. Als auch noch seine Mutter unter mysteriösen Umständen stirbt und seine vermeintliche Tochter ermordet wird, bricht er psychisch zusammen und stellt sich die Frage nach dem Sinn des Ganzen.

Sizilien

ZUPPA DI PESCE

Fischsuppe mit Garnelen

1 kg gemischte Fischfilets (Rotbarsch, Schellfisch, Seehecht, Kabeljau)
4 Stangen Bleichsellerie
1 große Dose geschälte Tomaten (800 g)
2 Zwiebeln
1 Bund glatte Petersilie
4 Knoblauchzehen
1/2 TL Pfefferkörner
6 EL Olivenöl
3/8 l trockener Weißwein oder leichte Fischbrühe
250 g geschälte Garnelen

Die Fischfilets in Portionsstücke schneiden, leicht mit Salz bestreuen und abgedeckt kühl stellen. Den Sellerie in 1 cm breite Stücke schneiden, zartes Grün grob hacken und zur Seite legen. Die Tomaten abtropfen lassen, klein schneiden, den Saft auffangen. Zwiebeln und Petersilie grob hacken. Den Knoblauch grob zerkleinern und mit den Pfefferkörnern im Mörser zerstoßen, 2 EL Öl unterrühren.

In einem großen Topf 4 EL Öl erhitzen, Zwiebeln und Sellerie kurz andünsten. Die Tomaten untermischen, Weißwein angießen und kräftig aufkochen. Die Knoblauchmischung einrühren, salzen und pfeffern. Nach und nach den Tomatensaft angießen und alles 5 Minuten kräftig köcheln.

Die Fischstücke in den Topf geben und zugedeckt 10 Minuten garen. Nach 5 Minuten die Garnelen einrühren und fertig garen. Mit Salz und Pfeffer würzen, mit Petersilie und Selleriegrün bestreuen.

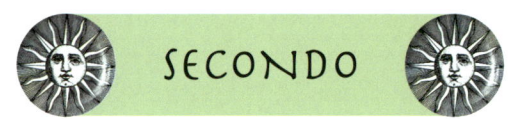

Frauen in Tratalias auf Sardinien beim Backen, Aufnahme aus den zwanziger Jahren

Auf Sardinien, dem Schauplatz von *Vendetta*, dürfen auf der Tafel des reichen Sarden, der am Esstisch mit seinen Gästen ermordet wird, Focaccia sarda (Kartoffelpizza mit Schafskäse), Culingioni (Nudeltaschen mit Schafskäse) und Pernice con lenticchie (Rebhuhn mit Linsen) nicht fehlen.

Kommissar Aurelio Zen steht vor einem Rätsel: ein vierfacher Mord in der festungsartig ausgebauten Villa des reichen Sarden, in die eigentlich niemand unbemerkt eindringen kann. Ein Ding der Unmöglichkeit? Doch nicht nur die Leichen bezeugen das Gegenteil. Die Bluttat ist verewigt, da es zu den Gepflogenheiten des Hausherrn Oscar Burolo gehörte, sein Leben auf Video aufzuzeichnen – jetzt dokumentiert ein Band seinen Tod. Als Zen mit den Ermittlungen auf Sardinien beginnt, findet er sich in einer brutalen, abweisenden Welt wieder, in der bald auch sein eigenes Leben auf dem Spiel steht.

Castelsardo auf Sardinien

COSTOLETTE D'AGNELLO ALLA CALABRESE

Lammkoteletts auf kalabrische Art

500 g reife Tomaten
2 Paprikaschoten
1 Zwiebel
1 Bund Petersilie
Olivenöl
700 g Lammkoteletts
100 g grüne Oliven
Gewürze nach Geschmack

Die Tomaten kurz mit kochendem Wasser überbrühen, kalt abschrecken und häuten. Halbieren, entkernen und in Scheiben schneiden. Die Paprika halbieren und entkernen, das weiße Fruchtfleisch entfernen, die Schoten fein würfeln. Zwiebel und Petersilie hacken.

Öl erhitzen und die Koteletts anbraten. Zwiebel, Tomaten, Paprika, die ganzen Oliven, Petersilie und Öl in einen separaten Tiegel geben, salzen und 10 Minuten kochen.

Die Koteletts mit ihrem Saft zugeben. Mit Gewürzen und Salz abschmecken. Sehr heiß servieren.

Dazu schmeckt Brot nach Hausfrauenart.

BACCALÀ ALLA LUCANA

Klippfisch auf lukanische Art

einige Stunden Vorbereitungszeit

800 g Klippfisch
Olivenöl
in Essig eingelegte Paprikaschoten

Den Klippfisch einige Stunden in Wasser einlegen.

Dann einen Moment in kochendes Wasser tauchen, abgießen, in gleichmäßig große Stücke schneiden und entgräten.

In einem Tiegel Öl und Paprikaschoten einige Minuten andünsten. Die Fischstücke zugeben und bei schwacher Hitze etwa 15 Minuten kochen. Die Fischstücke wenden, so dass sie von beiden Seiten eine schöne Farbe annehmen, und weitere 15 Minuten kochen.

Sobald der Fisch gar ist, sofort servieren.

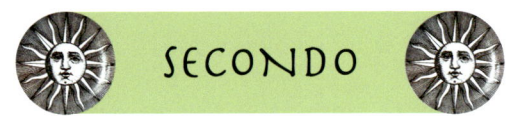

Fischmarkt

In der Toskana *(Roter Marmor)*, wo Zen sich von den Folgen eines Bombenanschlags erholt und auf einen Mafiaprozess vorbereitet, vertreibt er sich unter anderem die Zeit mit den Gaumenfreuden der toskanischen Küche, bei denen schon die Medici schwach wurden: Crespelle ripiene agli asparagi e zucchine (Pfannkuchen mit Spargel und Zucchini, Tonno con cipolle e fagioli (Thunfisch mit Zwiebeln und Bohnen), Rigatoni strasciati alla fiorentina (Rigatoni nach Florentiner Art), Arista alla fiorentina (Schweinebraten nach Florentiner Art) und Riciarelli (Mandelkekse).

Als immer mehr Menschen in seinem Umfeld ermordet werden, scheint klar, dass die Cosa Nostra die Jagd auf die Prozesszeugen eröffnet hat. Aber wie der Kommis-

sar bald lernen muss, existiert immer mehr als eine Lösung für ein Problem: »Die packen die Flaschen nicht in den Karton, die falten den Karton um die Flaschen herum.« Die Wirklichkeit ist oft komplexer, als man denkt, denn Aurelio Zen droht eine ganz andere Art von Gefahr.

Toskana

Piazza del Duomo, San Gimignano

SECONDO

PESCE STOCCO ALLA CALABRESE

Stockfisch auf kalabrische Art

einige Stunden Vorbereitungszeit

800 g Klippfisch
1 große Zwiebel
1 Hand voll Petersilie
Olivenöl
1 EL Tomatenmark
800 g Kartoffeln
1 Basilikumzweig
100 g schwarze Oliven

Den Stockfisch einige Stunden in Wasser einlegen.

Dann die Zwiebel und die Petersilie fein hacken und in eine große Kasserolle, möglichst aus Ton, geben. Öl sowie Tomatenmark hinzufügen und alles erhitzen. Sobald die Sauce gut eingedickt ist, eine Suppenkelle warmes Wasser zugießen.

Den Stockfisch in reichlich Wasser kochen. Abgießen, trockentupfen und in Stücke schneiden, dabei die Haut entfernen und sorgfältig entgräten. Die Fischstücke in die Kasserolle geben. Die Kartoffeln in runde, etwa 1/2 cm dicke Scheiben schneiden und zugeben. Den Basilikumzweig darauflegen.

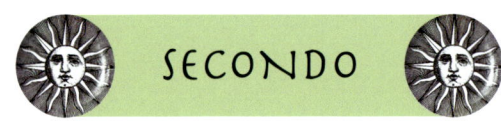

Werbetafel für den berühmten Barolo

Sobald die Kartoffeln fast gar sind, die entkernten Oliven, ein wenig Salz und eine Prise schwarzen Pfeffer zugeben. 10 Minuten durchziehen lassen.

Den Basilikumzweig entfernen und servieren.

Weinberge in Piemont

Besonders interessiert aber folgt er dem Auftrag ins Piemont, weil dort die Trüffel rufen und das Schicksal des Barbaresco auf dem Spiel steht – für den Gourmet Aurelio Zen und alle Weinkenner eine Gefahr, die es unbedingt abzuwenden gilt.

In *Schwarzer Trüffel* wird der Barbaresco-Hersteller höchstpersönlich ermordet und sein Sohn Manlio der Tat angeklagt. Mit dieser Anschuldigung ist die ganze Weinherstellung gefährdet. Also muss Aurelio Zen sehr schnell handeln, um den ältesten Wein Piemonts zu retten. Denn der Überlieferung nach lag es an dem Barbaresco und dessen besonderem Geschmack, dass die alten Gallier die Alpen passierten, um sich des Landes anzunehmen. Und wie könnte man das nicht glauben bei einem Wein, der so viele Geschmacksqualitäten in sich vereint: trocken, vollmundig, kernig, streng, samtig und harmonisch zugleich. Um des Barbaresco willen nimmt Zen gerne eine Versetzung in Kauf, und nicht nur deswegen.

Das Piemont ist auch für seine hochwertigen Trüffel bekannt. Für alle, die den speziellen Geschmack und Geruch zu schätzen wissen, kommen sie nicht nur als Grundelement eines Gerichtes in Frage, sondern bereichern als »Sahnehäubchen« auch einfache Gerichte wie Spiegeleier oder Hühnerbrust, die dadurch eine besondere Note erhalten.

Trüffel in einer Schaufensterauslage

POLLO ALLA LUCANA

Gefülltes Hähnchen

100 g durchwachsener Speck
50 g fetter Speck
200 g Hühnerleber
2 Eier
1 Bund glatte Petersilie
50 g Pecorino oder Parmesan
1 kg junges Brathähnchen
1 frischer Rosmarinzweig oder 1 TL getrockneter Rosmarin

Den Speck in feine Würfel schneiden und in einer Pfanne erhitzen. Das Fett auslassen, die Grieben knusprig braten und herausnehmen. Die Hühnerleber in das heiße Fett geben und von beiden Seiten kurz anbraten. Salzen und pfeffern, aus der Pfanne nehmen und etwas abkühlen lassen. In Würfel schneiden und in einer Schüssel mit den Grieben vermischen. Das Fett in der Pfanne aufheben.

Die Eier verquirlen und über die Lebermischung gießen. Die Petersilie fein hacken und unterrühren. Den frisch geriebenen Käse zugeben, alles gründlich mischen, mit etwas Salz und Pfeffer würzen.

Den Ofen auf 220° vorheizen. Das Hähnchen innen und außen kurz kalt abspülen, mit Küchenpapier trockentupfen. Salzen und pfeffern, mit der Lebermischung füllen, die Öffnung mit Küchengarn zunähen oder mit Spießchen verschließen. Flügel und Keulen des Hähnchens am Körper feststecken, den Rosmarinzweig außen festbinden, getrockneten Rosmarin mit in die Füllung geben.

Das Fett in der Pfanne nochmals erhitzen, 1 EL davon abnehmen und einen großen Bräter damit ausstreichen. Das Hähnchen hineinlegen und rundum mit dem restlichen Fett bestreichen. Im vorgeheizten Ofen etwa eineinviertel Stunde knusprig braten. Dabei ein- bis zweimal wenden, immer wieder mit dem austretenden Bratensaft und Fett bestreichen.

Dazu passen gebratene Kartoffelscheiben mit Zwiebeln und Pilzen oder ein pikanter Blumenkohlsalat.

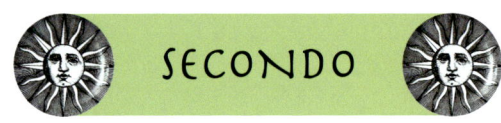

Straßenmusikant mit verschiedenen Instrumenten, Aufnahme von 1925

»Das nächtliche Leben Italiens, erzeugt durch die Hitze des Tages, stellte sich in seinem ganzen Umfang dar. Alles ist in voller Bewegung; an allen Ecken sieht man erleuchtete Trinkhallen, Nationen aller Art zeigen sich, welche der Handel zusammenführt. Alles jubelt beim Wein, und unbehinderte Freiheit herrscht. Durch die ganze Stadt schreit das Geräusch lärmender Freude, Zanks und rauer Schiffsmannschaft. Das Theater ist erst um Mitternacht beendigt; die Promenade wird dann besucht. Die Lebhaftigkeit der südlichen Nationen zeigt sich bei jeder Handlung und ist dem Deutschen neu und frappant ...«

Interessante Einsichten in das italienische Leben seiner Zeit sind in Karl Friedrich Schinkels Tagebüchern und Briefen zu finden, die während seiner beiden italienischen Reisen, 1803 bis 1804 und 1824, entstanden sind. Auch sie haben dazu beigetragen, das deutsche Italienbild mitzuprägen.

Die Hitze war nicht nur für die arbeitende Bevölkerung eine unangenehme Belastung, sondern auch für den Reisenden, der nicht über Klimaanlagen oder tragbare elektrische Ventilatoren verfügte. Schinkel gibt uns eine Kostprobe davon, wie er die Strapazen seiner Reise unter der geißelnden Sonne bewältigen konnte, indem er ein paar einfache Ernährungstipps gibt: »Ich finde die Hitze selten ganz übertrieben; auch kann man sich in den schattigen, tiefen

Melonenverkaufsstand in Neapel um 1900

UOVA RIPIENE AL CIOCCOLATO

Eier mit Schokolade

4 Eier
50 g Puderzucker
30 g Kakaopulver
1 Päckchen Vanillezucker
40 g Bitterschokolade
1 kleines Glas Strega (Kräuterlikör)
1 Eiweiß
30 g Weizenmehl
Olivenöl extra vergine

Die Eier hart kochen, schälen, der Länge nach halbieren, die Eigelbe herausnehmen und in eine Schüssel geben. Die Eigelbe zerbröseln und mit 30 g Puderzucker, dem Kakaopulver, etwas Vanillezucker, der geraspelten Bitterschokolade und dem Kräuterlikör zu einer feinen Masse verrühren. Das Eiweiß steif schlagen.

Die Hohlräume der Eierhälften mit der Masse füllen, rundherum mit Mehl bestäuben, in den Eischnee tauchen und in reichlich Öl ausbacken.

Die Eier mit einem Schaumlöffel herausheben, auf Küchenpapier abtropfen lassen, mit dem restlichen Puderzucker bestäuben und warm servieren.

Robert Leopold, Brigant in der römischen Campagna, 1821

Straßen und in Kirchen, Palästen und Häusern ihrer entziehen. Man muss nicht zu viel Wasser trinken, weil es den Durst nicht löscht; eine gute Portion Kaffee mit Milch und etwas Semmel des Morgens, eine Tasse Schokolade mit einem Glase Wasser zur Restauration um 11 Uhr, ein gutes Mittagbrot mit hinlänglichem Wein um 2 oder 3 Uhr, ein Glas Eis und ein Glas Wasser am Abend: diese Diät bekommt mir ganz vortrefflich.«

Viel mehr Raum aber widmet er in seinen Aufzeichnungen den Briganten, die damals zu den größten Gefahren einer Reise zählten. Die Briganten waren überall und stellten eine echte Herausforderung dar für alle, die sich auf den Weg machten. Das erfahren wir an mehreren Stellen in Schinkels Reisebericht. Einmal in Triest angelangt, will er die Gegend erkunden, obwohl er weiß, dass höchste Vorsicht geboten ist, weil die Brigantenbanden auch diese Gegend unsicher machen. In Triest und Umgebung sind es Zigeuner und Mamelucken aus der Türkei, die über Istrien ins Land gelangen, und »täglich hört man von Räubereien und Mordtaten«.

Gegen dieses Risiko weiß sich der deutsche Architekt zu helfen: »Man wählt gewöhnlich zur Reise auf entlegenen Straßen, die durch Wald führen, solche Tage, an denen in der Gegend ein Fest oder ein Markt ist, damit man durch die Lebhaftigkeit der Straße gesichert werde.« Auf dem Weg von Genua nach Mailand hat Schinkel ebenso zu bangen. Dort oben im rauen Gebirge Bochetta treibt eine Räuberbande ihr Unwesen, angeführt von Giuseppe Musso, der Nachwelt als Gran Diavolo (großer Teufel) bekannt. Konnte er in Triest und Ligurien um die Briganten noch einen Bogen machen, bekommt er sie auf Sizilien zu Gesicht. In der Nähe des Tempels von Segest müssen er und seine Reisegesellschaft sich vor ihnen verstecken: »Als wir durch Kornfelder von dem Hügel des Tempels hinabstiegen, rief plötzlich unser Campieri: Räuber! Auf einen Wink von ihm schwangen wir uns von den Tieren ins Korn; die Gepäcke wurden in größter Eil abgeworfen, und man ließ die Maulesel frei umhergehen. Einige zwanzig bewaffnete Reiter erschienen hinter einer Felsecke und verschwanden hinter einer anderen. Wir lagen eine halbe Stunde in nicht geringer Furcht, ehe wir es wagten, weiterzugehen, und nahmen eine Instruktion von unserem Campieri über unser Benehmen an, wenn wir ihnen noch begegnen sollten. Ist es Nacht, so muss man sich auf Diskretion ergeben, am Tage hingegen pflegt der Führer mit ihnen zu handeln, und man wird auf eine gewisse Summe einig, gegen welche die Gesellschaft ohne Tätlichkeit weiterziehen kann.«

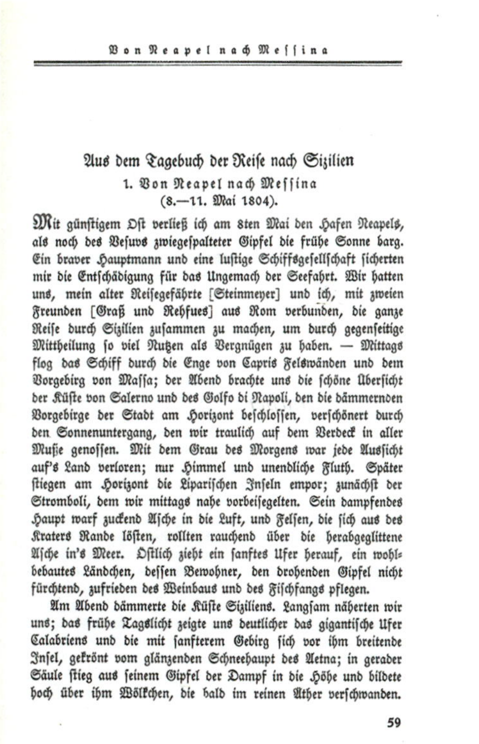

Von Neapel nach Messina

Aus dem Tagebuch der Reise nach Sizilien

1. Von Neapel nach Messina (8.—11. Mai 1804).

Mit günstigem Ost verließ ich am 8ten Mai den Hafen Neapels, als noch des Vesuvs zwiegespalteter Gipfel die frühe Sonne barg. Ein braver Hauptmann und eine lustige Schiffsgesellschaft sicherten mir die Entschädigung für das Ungemach der Seefahrt. Wir hatten uns, mein alter Reisegefährte [Steinmeyer] und ich, mit zweien Freunden [Graß und Rehfues] aus Rom verbunden, die ganze Reise durch Sizilien zusammen zu machen, um durch gegenseitige Mittheilung so viel Nutzen als Vergnügen zu haben. — Mittags flog das Schiff durch die Enge von Capris Felswänden und dem Vorgebirg von Massa; der Abend brachte uns die schöne Übersicht der Küste von Salerno und des Golfo di Napoli, den die dämmernden Vorgebirge der Stadt am Horizont beschlossen, verschönert durch den Sonnenuntergang, den wir traulich auf dem Verdeck in aller Muße genossen. Mit dem Grau des Morgens war jede Aussicht auf's Land verloren; nur Himmel und unendliche Fluth. Später stiegen am Horizont die Liparischen Inseln empor; zunächst der Stromboli, dem wir mittags nahe vorbeisegelten. Sein dampfendes Haupt warf zuckend Asche in die Luft, und Felsen, die sich aus des Kraters Rande lösten, rollten rauchend über die herabgeglittene Asche in's Meer. Östlich zieht ein sanftes Ufer herauf, ein wohlbebautes Ländchen, dessen Bewohner, den drohenden Gipfel nicht fürchtend, zufrieden des Weinbaus und des Fischfangs pflegen.

Am Abend dämmerte die Küste Siziliens. Langsam näherten wir uns; das frühe Tagslicht zeigte uns deutlicher das gigantische Ufer Calabriens und die mit sanfterem Gebirg sich vor ihm breitende Insel, gekrönt vom glänzenden Schneehaupt des Aetna; in gerader Säule stieg aus seinem Gipfel der Dampf in die Höhe und bildete hoch über ihm Wölkchen, die bald im reinen Äther verschwanden.

59

Im Schinkeljahr 1981 erschien im Ullstein Verlag ein Reprint der Ausgabe von 1922.

MOSTACCIOLI

Gebäck mit Honig und Anislikör

für 6 Personen

500 g Weißmehl
1 cl Anislikör
500 g feiner Honig

Das Mehl auf eine Arbeitsfläche häufen, Likör und Honig zugeben und verkneten, bis man einen brotähnlichen Teig erhält. Mit dem Nudelholz eine etwa 1,5 cm dicke Teigplatte ausrollen und aus ihr Mostaccioli in verschiedenen Formen ausstechen: Tiere, Hampelmänner, Buchstaben etc. Diese auf ein gebuttertes Blech legen und im Ofen bei 150° backen.

Das Gebäck herausnehmen und abkühlen lassen. Vor dem Verzehr ein paar Tage ruhen lassen, damit es mürbe wird.

Giacomo Mantegazza, Der Unterhalter, 1884

FAMILIE BOLOGNESI

E. Eichens, Salvator Rosa unter den Räubern, 1840

Herr Bolognesi war ein wohlhabender Bankier und frommer Christ. Eines Tages entschloss er sich, eine Reise nach Rom zu unternehmen. Eine Wallfahrt in die Hauptstadt der Christenheit würde seinem Körper, seinem Geist sowie seiner Seele gut tun. Solch eine Reise war keine alltägliche Angelegenheit. Nach zehn Tagen war die Reisekutsche startbereit. Die Truhen mit dem Notwendigen für die folgenden Wochen waren mit Gurten und Riemen an der Kutsche befestigt worden. Herr Bolognesi, der sich informiert hatte, überwachte die letzten Vorbereitungen. Er wollte sichergehen, dass alle Schutzmaßnahmen getroffen worden waren. In jener Zeit lauerten vielerlei Gefahren auf allen Wegen, vor allem aber musste sich jeder Reisende vor den Briganten in Acht nehmen. Aus diesem Grund hatte Herr Bolognesi den Fuhrmann aufgefordert, jedes Gepäckstück auf dem Dach und hinter der Kutsche mit Schellen und Glöckchen zu versehen. Hörten sie das Gepäck klingen und klirren, konnten sie davon ausgehen, dass es noch da war. Außerdem hatte er sich im linken Ärmel seines Mantels eine Tasche anbringen lassen, um einen Dolch zu verstecken, der damals in jedes Handgepäck gehörte. Obwohl unbequem und unpraktisch, schöpfte Herr Bolognesi Mut allein durch den körperlichen Kontakt mit dem langen Messer. Für die Sicherheit von Pässen und mitgeführtem Geld hatte er sich eine weitere Tasche anfertigen lassen, die er unter der linken Achsel trug. Selbstverständlich reiste auch ein Gendarm mit geladenem Gewehr und einem großen Revolver mit, den er an seiner Hose unter dem Gehrock trug. Zudem waren sie auf dem Weg nach Rom, dem Zentrum der Christenheit, und Gott würde ihnen beistehen, weil er ihre guten Absichten erkannte. Doch um göttlichen Beistand zu beten konnte kein Fehler sein:

»Jetzt reis ich aus in Jesu Nam,
Der mir zu Trost vom Himmel kam,
Gereiset in dies Jammertal
Aus seinem höchsten Freudensaal. [...]

Von Straßenräubern mich bewahr;
Von Wassersnöten und Gefahr;
Von wilden Tieren, Fall und Brand;
Von Stoßen und für Sund und Schand.

In deine Händ ergebe ich dir
Leib, Seel und was ich hab bei mir,
An allen Orten nah und weit,
Bei jedermann zu dieser Zeit.«

MIELE E RICOTTA

Honig und Ricotta

für eine feuerfeste Form (etwa 24 cm Durchmesser)

500 g frischer Ricotta
50 g kandierte Früchte
2 Eier
3 Eigelb
100 ml dünnflüssiger Honig
1 Prise gemahlener Zimt
1 EL abgeriebene Zitronenschale
3 Eiweiß
10 ml Marsala

Den Ricotta durch ein Sieb in eine Schüssel streichen. Die kandierten Früchte würfeln und mit Eiern, Eigelben, Honig, Zimt und Zitronenschale zugeben, gründlich verrühren. Die Eiweiß steif schlagen und mit dem Marsala vorsichtig unterheben.

Die Masse in eine gefettete feuerfeste Form oder auf ein Kuchenblech geben und im auf 150° vorgeheizten Ofen etwa 30 Minuten backen.

Pietro Longhi, Das fröhliche Paar, 1750

Danach stiegen alle zuversichtlich in die Kutsche. Am zweiten Tag erreichten sie Assisi, wo die Familie Bolognesi Zwischenstation machte. Sie besichtigten die dem heiligen Franz gewidmete Basilika, erkundeten seine Geburtsstadt und kamen in der Pension Il Santo unter. Der Name flößte Vertrauen ein, ebenso wie der Gastwirt Francesco, ein auf den ersten Blick zuvorkommender Mann mittleren Alters. Sie bezogen zwei Zimmer, ein großes für die Familie Bolognesi und ein zweites für den Fuhrmann und den Gendarmen, in dem auch das Gepäck untergebracht wurde. Natürlich ließen sie die Schatullen und die Truhen am Boden festschrauben. Der Bankier war die ganze Zeit auf der Hut und dachte, er würde seine Reise glimpflich überstehen, wenn er sich nur an die Sicherheitsmaßnahmen hielte. Aber er hatte die Zeiten und die List der Menschen unterschätzt. Denn sogar der Wirt steckte mit den Briganten unter einer Decke.

Nachdem sie sich erfrischt hatten, traf die Familie im Speiseraum ein, wo sie feststellten, dass sie fast die einzigen Gäste waren. An dem massiven Holztresen saßen auf einem Hocker zwei düstere Gestalten mit einer Flasche Wein und zwei vollen Gläsern. Sie beäugten die Familie und grinsten einander unauffällig zu.

Francesco demonstrierte all sein Gastgebertalent, indem er ein einmaliges Abendessen auftischte, das er mit kleinen Geschichten und Anmerkungen würzte. Er erzählte von den bescheidenen Zutaten, die die umbrische Küche kennzeichnen und die spirituelle Atmosphäre der Stadt zum Ausdruck bringen. Doch was über den Esstisch ging, ließ alle Gedanken an Frugalität und Besinnlichkeit weichen. Es kam einem Hochzeitsessen sehr nah. In einer Zeit, in der die Mehrheit der Bevölkerung, wenn überhaupt, nur Schwarzbrot hatte, war das außen knusprige, innen weiche Weißbrot, das in großen Mengen auf den Tisch gestellt wurde, ein erstes Zeichen von Luxus und Überfluss. Das erfreute die Bolognesi, die genießerische Tischgesellen waren. Dem Brot folgte das Wasser aus den Quellen von San Gemini, einem berühmten Thermalbad, das schon die Römer in Betrieb genommen hatten. Doch ein christliches Abendessen wäre ohne Wein nichts wert gewesen. Francesco bot seinen Gästen nur das Beste: Orvieto, den Lieblingswein der Päpste. Als Appetitanreger wurden grüne und schwarze Oliven in Knoblauchsauce gereicht, die selbst gepflückt und höchstpersönlich eingelegt worden waren. Nachdem die Oliven gekocht und abgetropft waren, wurden sie in einen Tontopf gelegt und mit Schichten aus Salz und Kräutern bedeckt. In Umbrien legte man damals wie heute weniger Wert auf die Primi als auf die Antipasti, von denen Francesco eine reiche Auswahl anbot: Mezzafegato, ein Gericht aus Schweineleber, Orangenschale, Pinienkernen, Rosinen und Zucker, mit Knoblauch und Pfeffer gewürzt; Budellucci, mit Fenchelsamen aromatisierte, geräucherte und am Spieß gebratene oder gegrillte Schweinedärme; Crostini alla pasta accigata, geröstete Brote mit Sardellenpaste, oder Crostini al tartufo, knackige und knusprige Brotteile mit Trüffeln. Bei den Trüffeln kam Francesco richtig in Schwung und ließ auf seine Gäste einen Wortschwall niederprasseln, da er ein leidenschaftlicher Tartufaio – Trüffelsucher – war. Er würde seine Plätzen niemandem verraten, höchstens eines Tages seinem Sohn. Er schwärmte von den zehn Trüffelsorten in Umbrien, acht schwarzen und zwei weißen. Am wertvollsten sei der innen und außen schwarze Wintertrüffel, der Tartufo nero di Norcia; der schwarze Sommertrüffel, Scorzone genannt, sowie der seltene weiße Wintertrüffel um Gubbio und Orvieto, Tuber magnatum, der tiefer als die anderen unter der Erde gedieh und daher schwierig zu finden ist. Da sie bereits beim Thema waren, holte Francesco eine Schüssel hausgemachter Strangozzi, die er mit hauchdünn gehobelten Trüffeln, Olivenöl extra vergine und einer Prise Salz angemacht hatte. Herr Bolognesi dachte, dass nur seine Landsleute Tagliatelle und Pasta machen könnten. Bei diesen ohne Ei hergestellten Bandnudeln aber musste er seine Meinung ändern. Nach den Nudeln waren die Fischspezialitäten an der Reihe. Direkt aus dem Lago Trasimeno kam die nach Rosmarin duftende Plötze (lasca) und die Maräne (coregone) auf den Tisch, von Francesco fachmännisch zerlegt. Mit gleicher Akribie behandelte er das Spanferkel (porchetta), das überall in Italien gegessen wird, jedoch eine Spezialität aus Umbrien ist. Dazu gab es ein typisches Regionalgericht aus Assisi: Cipollata, ein Zwiebelgemüse, und Cardi

SCARCEDDA

Osterkranz

für 6–8 Personen

Olivenöl
500 g Mehl
1/2 Päckchen Backpulver
100 g Zucker
2 Eigelbe
2 Eier

Den Ofen auf 200° vorheizen und ein Blech mit Öl bestreichen.

Das Mehl sieben und mit einer Prise Salz, Backpulver und Zucker vermischen. Die Mehlmischung aufhäufen und in die Mitte eine Mulde drücken. Eigelbe und 100 ml Öl hineingeben, alles kräftig zu einem glatten Teig verkneten. Ein kleines Stück Teig abnehmen und zur Seite legen. Den restlichen Teig in drei gleich große Stücke teilen. Die Teigstücke zu Strängen formen und diese zu einem Zopf flechten. Den Zopf zu einem Kranz formen und die Enden leicht zusammendrücken.

Ein Ei vorsichtig waschen, trockentupfen und auf die Nahtstelle des Zopfs legen. Aus dem zur Seite gelegten Teig zwei Streifen formen, diese über Kreuz auf das Ei legen und am Kranz befestigen. Das zweite Ei gut verquirlen und den Teigkranz gleichmäßig damit bestreichen. Den Kranz auf das Blech legen und im Ofen etwa 30 Minuten goldgelb backen.

Den Osterkranz auf einem Kuchengitter auskühlen lassen und servieren.

Scarcedda ist ein traditionelles Gebäck zur Osterzeit. Je nach Größe kann der Kranz auch mit mehreren rohen Eiern geschmückt werden, aber bitte immer in ungerader Anzahl.

F. Randel, Gefesselter italienischer Räuberhauptmann auf einem Ochsenkarren legt vor Mönchen die Beichte ab, 1838

alla perugina, eine essbare Distel, die in Olivenöl, Zitronensaft und gehackter Petersilie mariniert und dann in einem Teig gebraten worden war. Die marmorierten, auf der Hochebene von Castelluccio angebauten Linsen fehlten ebenso wenig wie die exquisite Käseplatte mit Scamorza bianca, Caciotta, Pecorino fresco und Castaldo tartufato, einem mit weißen Trüffeln verfeinerten Käse aus Schafs- und Kuhmilch. Zum Nachtisch wurde die berühmte Rocciata di Assisi serviert, ein in Wein getränktes und mit reichlich Trockenfrüchten gefülltes Gebäck. Ausnahmsweise durfte auch sein Sohn Carlo seine Cantucci in das Sektglas mit Sagrantino di Montefalco tunken, bevor ihn Herr Bolognesi austrank. Währenddessen versuchten Mutter und Tochter, mit einem Kräuterlikör aus dem Benediktinerinnenkloster Monastero della Pace ihrer Verdauung auf den Sprung zu helfen. Kein Wunder, dass solch ein Essen einen tiefen Schlaf schenkte. Am Folgetag waren die Bolognesi bereit, ihre Reise fortzusetzen, doch bevor sie aufbrachen, erwarb Herr Bolognesi einen Korb voller Wurstwaren aus Norcia, Proviant für die Weiterreise und Geschenke für die Bekannten in Rom. Und so reisten Culatelli, Salame, Salsicce und Mazzafegati mit. Norcia, die kleine Stadt in den Bergen, war schon damals nicht nur für ihre Trüffel berühmt, sondern auch für ihren Schinken von kleinen, schwarzen Schweinen, die mit Kastanien und Eicheln gefüttert worden waren. Schwer beladen nahmen sie schließlich Abschied von ihrem Gastgeber, der

Briganten nach der Plünderung einer Kirche,
aus: Charles Lahure, Histoire populaire de la France, 1866

COPETE

Mandelflocken

für 4-6 Personen

120 g Mandeln
2 Eiweiß
gemahlener Zimt
380 g Puderzucker

Die Mandeln mit kochendem Wasser überbrühen, schälen, im Ofen rösten und fein hacken. In einer Schüssel die Eiweiß steif schlagen. Mandeln, etwas Zimt und 360 g Puderzucker zugeben, gut vermischen.

Mit einem Löffel etwa 30 Flöckchen formen und auf einem mit Backpapier ausgelegten Blech verteilen. Mit dem restlichen Puderzucker bestäuben und im auf 200° vorgeheizten Ofen etwa 15 Minuten backen.

Abkühlen lassen und servieren.

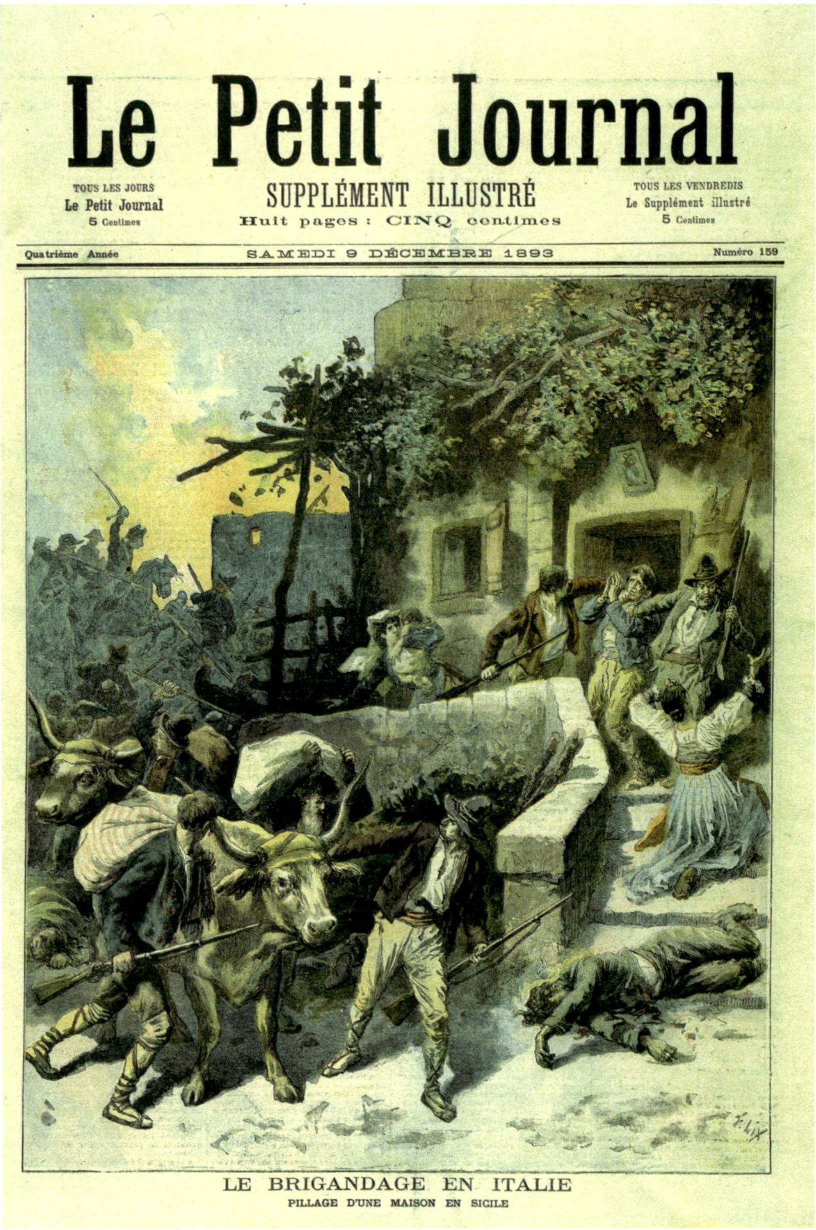
Le Petit Journal
TOUS LES JOURS Le Petit Journal 5 Centimes
SUPPLÉMENT ILLUSTRÉ
Huit pages : CINQ centimes
TOUS LES VENDREDIS Le Supplément illustré 5 Centimes
Quatrième Année — SAMEDI 9 DÉCEMBRE 1893 — Numéro 159
LE BRIGANDAGE EN ITALIE
PILLAGE D'UNE MAISON EN SICILE

Briganten plündern ein Haus in Sizilien, 1893

ihnen noch einen kürzeren Weg empfahl, um schneller und sicherer ans Ziel zu gelangen.

Doch hinter einer scharfen Kurve standen sie: acht Mann mit schwarzen Spitzhüten und jeweils einer Flinte in der Hand, die sie auf die Kutsche gerichtet hielten. Der Fuhrmann machte unverzüglich Halt. Die Insassen wunderten sich darüber. Die Stimme des Hauptmanns, der die Bande anführte, drang bis in die Kutsche. »Keine falsche Bewegung! Oder wir werden schießen!« Die Frauen kreischten. Herr Bolognesi versuchte Haltung zu bewahren, um seine Angst zu kaschieren. Er stieg aus der Kutsche, bereit, auf die Briganten zuzugehen, eventuell seinen Dolch aus dem linken Ärmel zu ziehen und zuzustoßen, wenn es nötig sein würde. Doch der Mut verließ ihn, als er die acht vor sich sah. Er erkannte die zwei finsteren Gesichter, die er am Vortag am Tresen des Gasthauses bemerkt hatte ... Viele Gedanken schossen ihm durch den Kopf. Hatte der Wirt nicht versichert, dass der empfohlene Weg brigantenfrei war? Oder war es vielleicht ein Trick gewesen, um ihn und seine Familie in die Falle laufen zu lassen?

Alles geschah in wenigen Minuten. Nachdem sie Gold und Bares in Sicherheit gebracht hatten, sprangen die Kerle wieder auf ihre Pferde, nahmen die junge Tochter mit und verloren sich im Gebüsch. Die Angst noch im Gesicht, entschieden sich die Pilger aus Bologna, kehrtzumachen und so schnell wie möglich nach Hause zurückzueilen. Weder die Gebete noch die Schutzvorkehrungen hatten ihnen geholfen. Monate später, nach unzähligen Versuchen, ihre Tochter ausfindig zu machen, erhielten die Eltern einen Brief. Die Tochter hatte sich in einen ihrer Entführer verliebt, fand das freie Leben in der Wildnis gar nicht so schlecht, und als Brigantessa ließe sich auch gut leben. Sie mögen ihr verzeihen, aber nach Hause würde sie nicht mehr zurückkehren.

Wer aber waren diese Briganten in Wirklichkeit? Legenden, Sagen, Erzählungen und Mythen liefern ein eher düsteres Bild. Glaubt man ihnen, dann hatte der typische Brigant bedrohliche Augen, eine freche Haltung und war stets kampfbereit. Diese schlangenähnlichen Scheusale stießen mit dem Dolch zu, um sich der Börse wohlhabender Wanderer zu bemächtigen. Sie trieben sich in schwer zugänglichen Gegenden wie in den Schluchten der kalabresischen Sila herum, wo sie sich bis zum Einbruch der Nacht aufhielten, die ihnen bei ihren Aktionen Schutz bot. An ihrem Aufzug waren sie leicht erkennbar: schwarze Hose, schwarze Jacken mit Silberknöpfen und bunten Tressen, schwarzer Hut mit vielerlei Bändern, alles aus Samt. Die Doppelflinte auf der Schulter, den Revolver im Gürtel, und aus der Hosentasche guckte der silberverzierte Horngriff des langen Dolches. In der Volksfantasie tötete der Brigant, um alte Beleidigungen zu rächen. In dieser Hinsicht unterscheidet er sich kaum vom Mafioso. Damals wurde erzählt, dass ein Mann an 54 Messerstichen für eine Ohrfeige starb, die er als Kind ausgeteilt hatte. Ein Brigant vergaß und verzieh nicht. Er tötete aus Liebe, um den Mitbewerber aus dem Weg zu räumen. Er wurde zum Verbrecher aus Protest gegen soziale Ungerechtigkeit, kämpfte gegen den Herrn, der die Pachtsumme erhöht, ihn geschlagen und Mutter und Schwester verführt hatte. Er wollte sich so fühlen, wie der Herr sich fühlte: frei, mächtig, Furcht einflößend. Und er strebte nach den Privilegien des Herrn: Luxus, Reichtum, gutes Essen, schmackhafter Wein. Er schrak nicht zurück bei der Vorstellung, dass er bald durch den Schuss eines Soldaten die Hänge eines Berges herabrollen oder ihn ein Spion erdolchen würde. Oder dass er im Streit mit einem Gefährten durch eine Kugel zu Tode verwundet würde. Die Madonna vom Karmel stand ihm immer bei, weil er sich sein eigenes Credo zugelegt hatte. Er glaubte nämlich, die Madonna vom Karmel sei äußerst flexibel und lasse alle ins Paradies – so wurde sie zur Beschützerin der Briganten. Unter der Bedingung, dass sie ihr Bild auf der Brust trugen, das sie immer nach einer Schändung, Brandstiftung oder vor dem Zubettgehen zu küssen hatten.

Aber die Briganten handelten nicht allein. Es gab immer einen Drahtzieher, der sich im Hintergrund aufhielt und gute Miene zum bösen Spiel machte: der Compare, meist ein reicher Bauer oder ein Wirt, der nach außen hin ein ehrenvolles Leben führte. Er stellte das Verbindungselement zwischen Räuberbanden und Gesellschaft dar, zwischen Briganten und Herren. Wie ein Wächter wusste er über alles Bescheid.

TORTA DI MANDORLE

Mandelkuchen

für 4–6 Personen

100 g geschälte Mandeln
50 g Mehl
4 Eier
150 g Zucker
50 g Paniermehl
1 unbehandelte Zitrone (abgeriebene Schale)
1 TL gemahlener Zimt
Puderzucker

Den Ofen auf 180° vorheizen. Die Mandeln auf ein Blech verteilen und etwa 10 Minuten rösten, dabei einmal wenden. Herausnehmen und klein hacken. Eine Springform (20 cm Durchmesser) mit Butter einfetten und mit Mehl ausstreuen.

Die Eier trennen. Die Eigelbe mit dem Zucker schaumig rühren. Das gesiebte Mehl, Mandeln, Paniermehl, Zitronenschale und Zimt untermischen, alles gründlich zu einem glatten Teig verrühren.

Die Eiweiß mit etwas Salz zu Schnee schlagen und vorsichtig unterheben. Den Teig in der Springform verteilen, glatt streichen und etwa 30 Minuten backen. Den Kuchen abkühlen lassen, aus der Form lösen und mit Puderzucker bestäuben.

Robert Léopold, Tödlich verwundeter Brigant und seine Frau in Verzweiflung, 1824

Er war über das Leben in der Stadt informiert, kannte die Pläne aller einflussreichen Persönlichkeiten, roch dank seines unvergleichlichen Instinkts, ob es für ihn und die Seinen etwas zu gewinnen gab. Er kannte Namen sowie Herkunft der Reisenden, die in seiner Wirtschaft logierten. Er wusste mit scheinbarer Freundlichkeit und Zuvorkommenheit seine Gäste auszuquetschen, gab dann das Erfahrene den Briganten weiter, damit diese »das Beste« daraus machten. Der Compare bewegte alles, ohne sich persönlich der Gefahr auszusetzen.

Im Gegensatz zu dem, was sich die Fantasie der Menschen ausmalte, waren die wirklichen Briganten meist sehr jung und schlecht ernährt. Wenn man den Mythos von der Wahrheit trennt, erfährt man, dass sie zuallererst arm waren. Ihre Verbrechen waren der verzweifelte Versuch, sich von ihrer bedrückenden Umgebung zu emanzipieren, sich von den elenden Arbeitsverhältnissen zu befreien, die über Jahrhunderte in Süditalien herrschten, und von einem überkommenen Feudalsystem nach dem Motto: »Dem Bauern nicht das Notwendige, dem Herrn der Überfluss«. Die Armut und das Elend sind aber nicht die einzige Erklärung für das Brigantenwesen in Kalabrien, Basilikata, Kampanien, Apulien und Sizilien. Es gab auch reiche Bauern, die sich dem hingaben, Bauern, denen ihre Freiheit und Unabhängigkeit mehr wert war als jeder Kompromiss gegenüber fremden Mächten. Der Cosentiner Nicola Misasi, Autor zahlreicher Brigantengeschichten und Kenner des Brigantenwesens in Kalabrien, sieht den Ursprung des italienischen Brigantaggio in dem angeborenen Anspruch des Menschen auf Freiheit und Unabhängigkeit.

Einzelne Briganten wie etwa Il Passatore wurden berühmt. So auch Benincafa, der während der napoleonischen Feldzüge gegen die Franzosen kämpfte. 1806 wurde er gefangen genommen und zum Tode verurteilt. Die Vollstreckung des Urteils sah vor, dass ihm vor der Enthauptung beide Hände abgehackt werden sollten. Es wird erzählt, dass er seinem Henker mit einem schon blutenden Stumpf die andere Hand darreichte und ihm dabei ein obszönes Wort ins Gesicht schrie.

Benincafa ist ein typischer Vertreter des politischen Brigantaggio, jener verzweifelten Form politischen Widerstandes, den die Volksfantasie mythologisierte. Anlässe zu Erhebungen und Protesten im Namen von Freiheit und Unabhängigkeit hatten die Süditaliener besonders 1799 gegen Napoleon, während der Revolutionen von 1821, 1844 und 1848. Erst bei der Revolution vor der Einigung Italiens 1860 wurden viele Menschen zu Briganten, die jedoch nicht mehr politisch motiviert waren: ein Gesindel aus Spitzbuben, gemeinen Mördern, feigen Verbrechern, alten bourbonischen Soldaten und Stadtwachen, die nicht für die Freiheit kämpften, sondern nur für sich und ihre eigenen Interessen.

Zu den bekanntesten Briganten des 19. Jahrhunderts zählt Carmine Crocco, Donatelli genannt. Er desertierte aus der bourbonischen Armee und bildete 1852 zusammen mit Ninco Nanco, einem anderen berüchtigten Briganten, eine bewaffnete Bande. Nachdem er gefasst worden war, wurde er zu 19 Jahren Gefängnis verurteilt. Aber es gelang ihm, aus dem Kerker in Brindisi auszubrechen. Er versteckte sich in den Wäldern des Monte Vulture in der Basilikata. Nach mehreren Suchaktionen wurde er schließlich erneut festgenommen und zu einer lebenslangen Strafe verurteilt. In den Jahren der Gefangenschaft diktierte er seine Memoiren, die einzigen, die ein Brigant hinterlassen hat.

Essen und Kunst

Rezepte aus der Toskana

ZUPPA DI FAGIOLI

Bohnensuppe

am Vortag beginnen

300 g getrocknete oder 1 große Dose weiße Bohnen
1 große Zwiebel
2 Knoblauchzehen
2 Stangen Bleichsellerie
1 Stange Lauch
4 Möhren
einige Wirsingblätter
einige Mangoldblätter oder Spinat
500 g Tomaten oder Pelati
1 Bund Petersilie
1 Bund Basilikum
1/2 Glas Olivenöl
300 g altbackenes Weißbrot

Die Bohnen über Nacht in reichlich Wasser einweichen.

Am nächsten Tag Zwiebel und Knoblauch hacken, Sellerie und Lauch grob schneiden. Die geschabten Möhren in große Scheiben, Wirsing und Mangold in grobe Streifen schneiden. Die Tomaten kurz mit kochendem Wasser überbrühen, kalt abschrecken und häuten. Halbieren, entkernen und grob würfeln. Petersilie und Basilikum grob hacken.

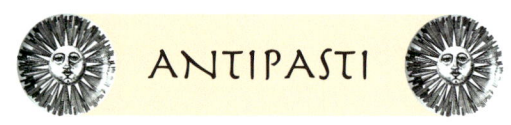

In einem Topf das Öl erhitzen, Zwiebel und Knoblauch glasig dünsten. Sellerie, Lauch, Möhren, Wirsing, Mangold, Tomaten und Kräuter zugeben, gut durchschmoren. Mit reichlich Wasser bedecken, salzen, pfeffern und mindestens zwei Stunden leise köcheln.

Währenddessen die Bohnen mit dem Einweichwasser etwa eineinhalb Stunden kochen. Die Hälfte der Bohnen passieren oder mit dem Mixer pürieren. Das Mus und die ganzen Bohnen zur Suppe geben, eventuell nachwürzen.

Das Brot in feinen Scheiben direkt in die Suppenschüssel schneiden und die heiße, sehr dickflüssige Suppe darübergießen. Kurze Zeit stehen lassen, damit das Brot weich wird.

Die berühmte Ribollita ist die wieder aufgewärmte Bohnensuppe, denn aufgewärmt schmeckt sie noch besser: Die Suppe in eine feuerfeste Form geben, mit dünnen Zwiebelringen bedecken und mit etwas Olivenöl begießen. Im auf 220° vorgeheizten Ofen überbacken, bis die Zwiebeln goldbraun sind.

Gino Severini, Stillleben mit braunem Krug, 1920

rechte Seite: Cristofero Munari, Stillleben mit Musikinstrumenten und Früchten, um 1706

Sie hieß Margherita und war eine durchaus praktische Frau. Ihr ausgeprägter Pragmatismus rührte wahrscheinlich daher, dass sie irgendwann vor dem Ersten Weltkrieg zur Welt gekommen und von Kind an die Miseria gewohnt war. Als kleines Mädchen blieb ihr nicht viel Zeit zu lernen, die Schule musste sie nach ein paar Jahren verlassen, weil sie sich um ihren Magen kümmern musste. Wollte sie sich bei Gesundheit und guter Laune halten, musste sie ihren Beitrag leisten und auf den Äckern vor Arezzo Kartoffeln jäten und Weintrauben ernten. Nonna Margherita hatte in der kurzen Zeit ihrer schulischen Ausbildung von ihrer Lehrerin, Signora Apollonia, einen Bildband geschenkt bekommen, den sie wie einen wertvollen Schatz hütete. Das relativ dünne Buch bekamen ihre Enkel nur ein paar Mal und nicht ohne ihre Aufsicht zu sehen. So auch an einem regnerischen Sonntagnachmittag, als sie bei ihr zu Besuch waren und nicht wussten, wie sie sich ohne Fernseher – sie war ja auch ein wenig altmodisch – die Zeit vertreiben sollten. Der Band enthielt lauter Stillleben. Nonna, die zweifelsohne eine gute Seele war, verstand wenig von Kunst. Wie sollte sie auch? Die allzu kurze Zeit auf der Schulbank hatte ihr zwar das Grundwissen in Lesen und Schreiben vermittelt, doch weder die Leidenschaft noch ein ausgeprägtes Interesse für die zahlreichen Werke der Malerei wecken können.

FRITTATA DI CARCIOFI

Artischockenomelett

4 junge, zarte Artischocken
2 EL Zitronensaft
4 EL Olivenöl
1 EL Mehl
4 Eier
2 EL Milch
2 EL Butter

Die holzigen äußeren Blätter der Artischocken entfernen, von den übrigen Blättern die Spitzen abschneiden. Artischocken achteln, das Heu entfernen, geputzte Artischocken sofort in Zitronenwasser legen, damit sie sich nicht verfärben.

In einer Pfanne das Öl erhitzen. Die Artischocken aus dem Zitronenwasser nehmen, trockentupfen, mit Salz und Pfeffer würzen. Mit dem Mehl bestäuben und im heißen Öl goldgelb backen. Herausnehmen und auf Küchenpapier abtropfen lassen.

Die Eier mit der Milch verquirlen, salzen und pfeffern. In der gesäuberten Pfanne die Butter zerlassen, Artischocken hineingeben und die Eiermischung angießen – oder nacheinander vier Portionen zubereiten. Die Unterseite goldgelb backen, dabei die Pfanne ab und zu rütteln. Das Omelett auf einen Teller gleiten lassen und wenden. Bei schwacher Hitze fertig braten.

Heiß servieren.

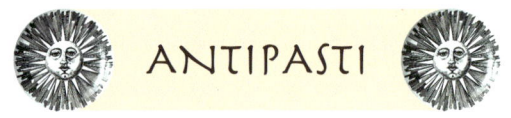

Jacopo Chimenti, gen. Jacopo da Empoli, Stillleben, 1624

Vincenzo Campi, Die Fischhändlerin (Ausschnitt), 1580

Obwohl sie den Band unzählige Male durchgeblättert hatte, war sie nicht in der Lage, einen Caravaggio von einem Willem van Aelst zu unterscheiden. Dafür aber war sie erfindungsreich. Nonna Margherita erzählte ihren Enkeln, dass sie, als sie das Alter erreicht hatte, in dem es sich für eine junge Frau geziemte, kochen zu lernen, das Bilderbuch aus der Schulzeit wieder hervorgeholt und begonnen hätte, anhand der Bilder ihre eigenen Rezepte zu kreieren. Wusste sie an einem Tag nicht, was sie ihrem Mann auftischen sollte, dienten ihr die vergilbten Bilder als Inspiration. Manche ihrer Rezepte gehören nun zum Kochrepertoire der Familie und werden in diesem Sinne auch von Generation zu Generation weiter tradiert. Wie zum Beispiel die Frittata di carciofi, zu der sie angeblich das Bild eines anonymen Malers aus Lucca mit dem Titel *Zwei Blumenvasen mit Früchten und Artischocke* inspiriert hatte. Nonna Margherita hatte also über die Jahre einen sehr persönlichen, sozusagen kulinarischen Zugang zur Kunst gefunden.

Wenn die Enkel heute durch die langen, bebilderten Gänge des Palazzo Pitti schlendern, können sie nicht umhin, an Nonna Margherita und ihren Erfindungsgeist zu denken. Was würde sie wohl zubereiten, wenn sie das Bild *Früchte und Blumen* des Italieners Bartolomeo Ligozzi (1709–1765) sehen würde? Vielleicht Pere giugnoline, Birnen mit mildem Gorgonzola gefüllt? Oder Datteln mit Füllung aus Birnensorbet? Wie würde sie das abgebildete Gemüse, das Fleisch und die Fische verarbeiten?

Ihre Großmutter entwickelte mit Hilfe des Bildbandes von Signora Apollonia zwar keine künstlerische Ader, noch verspürte sie den Wunsch oder das Interesse, zu Pinseln und Farben zu greifen. Dafür aber wurde sie eine exzellente und kreative Köchin, die Mann und Kinder immer zufrieden stellen konnte. Ihre Mutter, die von ihr manchen Kochtipp bekam, spricht oft von ihr als einer Künstlerin. Kann man die Gastronomie für Kunst halten? Dass die gastronomische Welt zum Thema der Kunst geworden ist, steht außer Frage.

Und auch Pellegrino Artusi war ja dieser Meinung. Naturalmente sei Kochen eine Kunst, schrieb der geistige Vater der kulinarischen Kultur Italiens in dem Vorwort zu seinem Kochbuch *Von der Wissenschaft des Kochens und der Kunst des Genießens*. In seinen Augen besaß das Kochen einen weit

höheren Wert als jede andere Kunstform, weil es den zwei Hauptaufgaben diene, ohne die es kein Leben gäbe: der Ernährung und der Erhaltung der Art. Artusi gab der Gastronomie ihre Bedeutung zurück: »Schämen wir uns also nicht, das Beste zu essen, das wir bekommen können, und geben wir der Gastronomie ihren Rang zurück ... Der Mensch lebt nicht vom Brot allein – wie wahr, man will schließlich auch Belag, und die Kunst, es schmackhaft, gesünder zu bereiten, ich sage es und ich verfechte es auch, ist wahre Kunst!«

Nimmt man ihn beim Wort, dann war Nonna Margherita auf ihre Art und Weise eine Künstlerin, sozusagen eine »Kochkünstlerin«. Sicher ist, dass Lebensmittel und Küchen-Ingredienzien schon immer eine besondere Faszination auf Künstler verschiedener Provenienz ausübten. Denken wir an Johann Wolfgang von Goethe, der in seiner *Italienischen Reise* den Lebensmittelmarkt von Santa Lucia in Neapel verewigte. Seine plastische Beschreibung lässt vor dem geistigen Auge des Lesers eine Welt aus Farben, Formen und Gerüchen entstehen und das Wasser im Munde zusammenlaufen. Was Goethe durch Worte zu evozieren wusste, gelang dem italienischen Maler Renato Guttuso (1912–1987) mit Pinselstrichen in seinem Werk *La Vucciria*, einem Bild des Vucciria-Marktes in Palermo. Trotz des Unterschieds des Ortes lässt sich eine gewisse Ähnlichkeit in der Atmosphäre, den Farben und der Vielfalt der feilgebotenen Waren erkennen. Auf der begrenzten Oberfläche seines Bildes, das

TONNO CON CIPOLLA E FAGIOLI

Thunfisch mit Zwiebeln und Bohnen

am Vortag beginnen

150 g getrocknete oder 1 große Dose weiße Bohnen
300 g Thunfisch aus der Dose (wahlweise mit oder ohne Öl)
1 große Zwiebel
Olivenöl

Die Bohnen über Nacht in reichlich Wasser einweichen.

Am nächsten Tag weich kochen. Herausnehmen und abtropfen lassen.

Den Thunfisch zerpflücken, die Zwiebel hacken, beides unter die Bohnen mischen. Mit Öl übergießen, mit Salz und Pfeffer gut würzen.

Es ist schwierig, bei getrockneten Bohnen die genaue Kochzeit anzugeben, deshalb auf die Angaben auf der Verpackung achten. Ältere Bohnen haben eine wesentlich längere Kochzeit als frischere. Wenn das Kochwasser nicht gesalzen wird, verringert sich die Kochzeit. Die Zubereitungszeit im Schnellkochtopf beträgt 20 bis 25 Minuten.

PANZANELLA

Gekühlter Brotsalat

am Vortag beginnen / für 6–8 Portionen

300 g Weißbrot
6–8 EL Rotweinessig
1 Lorbeerblatt
300 g aromatische, reife Fleischtomaten
je 1 kleine gelbe und rote Paprikaschote
2 Frühlingszwiebeln
1 Bund glatte Petersilie
1 Bund Basilikum
eventuell frische Minze
2 EL Kapern
3 Knoblauchzehen
8 EL Olivenöl extra vergine

Das Brot entrinden, in Scheiben schneiden und über Nacht trocknen lassen.

Am nächsten Tag 125 ml Wasser mit dem Rotweinessig und dem Lorbeerblatt kurz aufkochen. Abkühlen lassen und den Sud über die Brotscheiben gießen, 30 Minuten durchziehen lassen.

Die Tomaten kurz mit kochendem Wasser überbrühen, kalt abschrecken und häuten. Halbieren, entkernen und in schmale Streifen schneiden. Die Paprika halbieren und entkernen, das weiße Fruchtfleisch entfernen, die Schoten sehr fein würfeln. Die Frühlingszwiebeln in feine Ringe schneiden. Petersilie und Basilikum fein hacken, die Minzeblätter in Streifen schneiden, einige Blättchen zur Seite legen.

Das Brot ausdrücken und in kleine Stückchen zupfen, das Lorbeerblatt entfernen. Mit Tomaten, Paprika, Zwiebeln und Kapern mischen.

Den zerdrückten Knoblauch mit dem Öl verquirlen, Kräuter, Salz und Pfeffer unterrühren. Die Sauce über den Salat träufeln und gründlich untermischen. Im Kühlschrank eine Stunde kalt stellen.

Vor dem Servieren mit Salz, Pfeffer und Essig abschmecken. Mit den restlichen Kräuterblättchen bestreuen.

heute in der Universität von Palermo hängt, entwickelt Guttuso alles, was der berühmteste Freimarkt Siziliens zu bieten hat. Die aufmerksamen Pinselstriche, die sogar noch kleinste Details wie die Rillen der Calamari-Panzer, die Fettteilchen im Mortadellalaib und die feinhaarigen Blätter der Fenchelknollen festhalten, lassen den Markt auch für diejenigen lebendig werden, die nie dort waren. Im Vordergrund sticht der Stand des Fischhändlers hervor, beladen mit allem, was die Gewässer des Mittelmeers zu bieten haben: Thunfische, Meeresfrüchte, Calamari, Langusten. Stolz hält der Händler einen Schwertfisch in der Hand. Dessen weit geöffnete Augen haben nur wenig von ihrer ursprünglichen Lebendigkeit eingebüßt. Fast glaubt man, sie würden über das Viertel Schwein grinsen, das am gegenüberliegenden Metzgerstand neben einem enthäuteten Kaninchen hängt, ungeachtet dessen, dass alle drei das gleiche Schicksal teilen: Sie werden verzehrt werden. Rechts im Vordergrund ruhen Eier, Selleriestauden, Fenchelknollen, Paprikaschoten und Kartoffeln in der Auslage. Durch den schmalen Gang zwischen den Ständen schlängeln sich die Käufer. Unter ihnen fällt besonders eine junge Dame mit schwarzem Haar und eng anliegendem Kleid auf, die dem Zuschauer den Rücken zukehrt. In der rechten Hand hält sie eine prallvolle Tüte, während sie einen Stand passiert, an dem Oliven für jeden Geschmack ausliegen: grüne und schwarze, frische und eingelegte. Ihr Gang suggeriert Ruhe und Entspanntheit. Ist sie auf dem Heimweg? Oder steuert sie den Stand mit Salumi e formaggi an? Dort studiert eine Hausfrau die Auslage: Mortadella, Salami, Wurstketten, Parmesanlaibe, Caciotte, Loch- und Mozzarellakäse. Vielleicht überlegt diese, ob sie sich heute für den Mozzarella di bufala oder lieber für den Caciocavallo entscheiden soll. Und was wäre ein Markt ohne die prächtigen Farben der Früchte, die jederzeit zu schmackhaften Nachtischen verarbeitet oder aber ohne großen Aufwand einfach so serviert werden können? Wie auf einem wirklichen Markt fehlen auch sie nicht auf Guttusos Bild. Direkt von den die Küste säumenden Bäumen auf den Auslagentisch kamen die saftigen Orangen, die prallen Zitronen, die glatt polierten Äpfel, die süßen Nektarinen, die Birnen, Pampelmusen und Melonen. Die Liste könnte beliebig fortgesetzt werden, so detailliert führt Guttuso dieses Bild aus, in dem die Lebendigkeit des Alltags von Palermo zu spüren ist.

Frank William Brangwyn, Die Händler – Der venezianische Markt, 1920

CRESPELLE RIPIENE AGLI ASPARAGI E ZUCCHINE

Pfannkuchen mit Spargel und Zucchini

2 Eier
100 g Mehl
1/4 l Milch
1 Bund glatte Petersilie
4 EL Parmesan
Muskatnuss
3 EL Olivenöl
30 g Butter

für die Füllung:
150 g Lauch
1 Stange Bleichsellerie
300 g Zucchini
300 g Spargelspitzen
30 g Butter

für die Sauce:
200 g feste reife Tomaten oder Pelati
1 Schalotte
1 Bund Basilikum
20 g Butter
200 g Rahm

Die Eier in eine Schüssel geben. Unter ständigem Rühren nach und nach das Mehl zugeben. Die Milch zugießen und rühren, bis ein glatter Teig entsteht. Mindestens 30 Minuten ruhen lassen.

Die Petersilie fein hacken und mit 2 EL frisch geriebenem Parmesan, einer Messerspitze frisch geriebenem Muskat, Salz und grob gemahlenem Pfeffer beifügen. Eine beschichtete Pfanne mit Öl auspinseln, erhitzen und Teig für eine Crespella hineingeben – die Pfanne dabei schwenken, so dass der Teig sich verteilt. Sobald der Teig gestockt ist, die Crespella wenden und kurz von der anderen Seite backen. Jede Crespella mit etwas geriebenem Käse bestreuen.

Für die Füllung Lauch, Sellerie und Zucchini in 5 cm lange Streifen schneiden. Die Spargelspitzen waschen und trockentupfen.

In einer Kasserolle die Butter zerlassen. Lauch- und Selleriestreifen sowie einige EL Wasser zugeben und das Gemüse andünsten. Nach etwa 4 Minuten Zucchinistreifen und Spargelspitzen hinzufügen. Salzen und pfeffern. Das Gemüse zugedeckt bei mittlerer Hitze weitere 10 Minuten kochen.

Die Crespelle auf einer Arbeitsfläche ausbreiten. In die Mitte jeder Crespella etwas Gemüse geben. Die Pfannkuchen zusammenklappen und in eine gebutterte feuerfeste Form legen. Die restliche Butter zerlassen und die Crespelle damit bestreichen. Im auf 180° vorgeheizten Ofen etwa 15 Minuten backen.

Für die Sauce die Tomaten kurz mit kochendem Wasser überbrühen, kalt abschrecken und häuten. Halbieren, entkernen und in schmale Streifen schneiden. Die Schalotte fein hacken, die Hälfte des Basilikums in Streifen schneiden.

In einer Kasserolle die Butter erwärmen und die Schalotte glasig dünsten. Den Rahm hinzufügen, salzen, pfeffern und alles einige Minuten köcheln. Kurz vor Ende der Kochzeit Tomaten- und Basilikumstreifen sowie Basilikumblätter zugeben.

Die Crespelle heiß servieren und die Sauce getrennt dazu reichen.

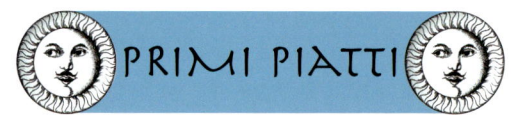

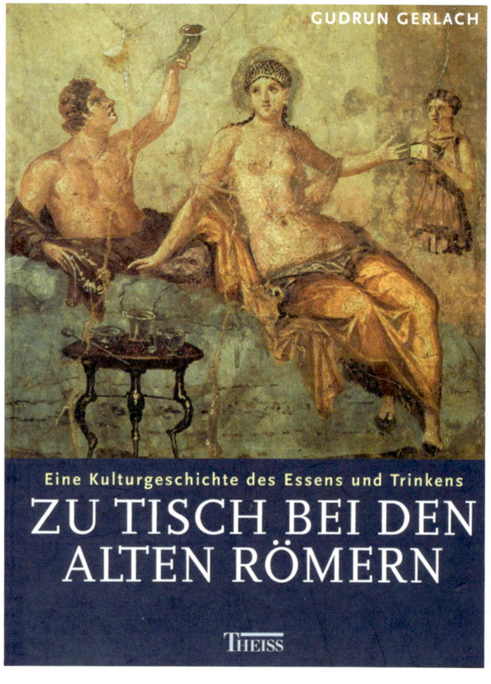

GUDRUN GERLACH
Eine Kulturgeschichte des Essens und Trinkens
ZU TISCH BEI DEN ALTEN RÖMERN
THEISS

Anhand archäologischer Funde stellt Gudrun Gerlach antike Rezepte und Speisefolgen vor (Theiss).

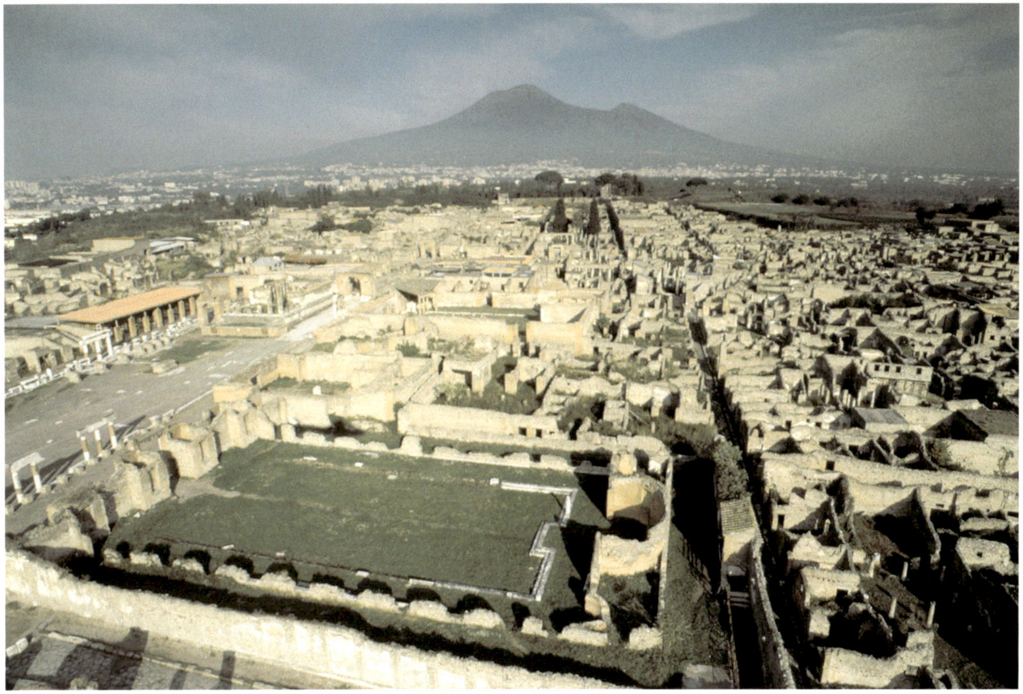

Vogelflugperspektive der Ausgrabungen in Pompeji mit dem Vesuv im Hintergrund

Schon immer galt das Interesse der bildenden Künste dem Essbaren. Bereits zu Beginn der Menschheitsgeschichte stößt man auf Tierdarstellungen. Die stilisierten Hirsche und Bisons, die an den Wänden der Höhlen zu finden sind, bildeten ab, was für den Magen unserer Vorfahren bestimmt war. Etwas raffinierter und künstlerisch weiter entwickelt fallen die römischen Wandmalereien und Mosaiken in Pompeji, Herkulaneum und aus den Provinzen aus, in denen sich die Römer niederließen. Sie zeugen von deren Lebenslust und dem Wissen, wie man sich regelrecht den Bauch voll schlagen kann. Eine Szene auf einem Mosaik im Bardo-Museum in Tunis stellt ein solches Bankett dar: Die Gäste halten sich hinter den Tischen auf ihren Triklinien auf, während Musikanten Crotala (Kastagnetten) und Syrinx (eine Hirtenflöte) spielen und ein Diener die Speisen aufträgt. Wie es sich stilvoll in Antiochia leben ließ, kann man einem Bodenmosaik aus dem 3. Jahrhundert entnehmen, das den Speiseraum einer Villa zierte. Hier nimmt das römische Bankett geradezu mythische Formen an. Herakles und Dionysos zechen und unterhalten sich fröhlich, während eine Mänade für sie tanzt und Zimbel spielt. Auch die weniger raffinierten Exzesse der römischen Gelage werden künstlerisch durch Fresken und Mosaiken dokumentiert. Ein Wandgemälde aus Pompeji zeigt ein Festgelage zu später Stunde, in der sich die Sklaven fürsorglich um die Gäste kümmern müssen. Ein Sklave begleitet einen Gast, der anscheinend zu viel getrunken hat, hinaus; ein anderer zieht einem Gast die Schuhe aus, während ein dritter ihm Wein in einem Becher reicht. Auch die übrigen Gäste wirken etwas benommen vom maßlosen Essen und Trinken.

Das Bildmaterial Pompejis, Herkulaneums und anderer Orte, an denen die Römer Spuren ihrer Kultur hinterließen, gibt uns die Möglichkeit, deren Lebensmittel und Essgewohnheiten näher kennen zu lernen.

SFORMATO DI RISO ALLA TOSCANA

Toskanischer Reisauflauf

300 g Wurst
100 g Hühnerklein
5 Tomaten
1 Zwiebel
Butter
2 EL Olivenöl
1/2 Glas Weißwein
400 g Reis
Fleischbrühe
Parmesan

Die Wurst häuten und zerkleinern, das Hühnerklein säubern, waschen und grob hacken. Die Tomaten kurz mit kochendem Wasser überbrühen, kalt abschrecken und häuten. Halbieren, entkernen und grob würfeln. Die Zwiebel fein hacken.

In einem großen Topf etwas Butter und das Öl erhitzen und die Zwiebel glasig werden lassen. Die Wurst und das Hühnerklein zugeben, gründlich umrühren und den Wein angießen. Sobald der Wein verdampft ist, die Tomatenwürfel beifügen und leicht köcheln. Dann den Reis einstreuen und unter ständigem Umrühren kurz andünsten.

Nun die kochend heiße Brühe zugießen und den Reis gar kochen, dabei immer neue Brühe zugeben, wenn die vorherige aufgesaugt ist. Leicht salzen und reichlich pfeffern.

Den Reis vom Herd nehmen, drei gute Hand voll frisch geriebenen Parmesan untermengen und die Masse in eine gebutterte Napfkuchenform geben. Die Mischung leicht andrücken und die Form 5 Minuten in den Ofen stellen.

Aus dem Ofen nehmen und auf einen Servierteller stürzen.

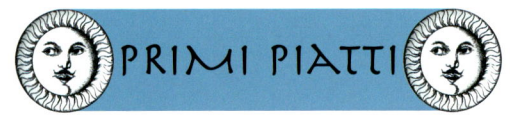

Mosaik aus Tor Marancia bei Rom

Wandmalerei mit Rebhuhn und Granatäpfeln

Einen besonderen Platz in der Kunstgeschichte nimmt ein Mosaik aus den vatikanischen Museen ein, das den griechischen Titel *Oikos asáratos (Ungefegter Speiseraum)* trägt. Es handelt sich mit großer Wahrscheinlichkeit um die römische Kopie einer griechischen Vorlage. Auf ihm ist ein Fußboden zu sehen, wie man ihn sich nach einem Gastmahl vorzustellen hat: Überall liegen Knochen, Geflügelbeine, Krebsscheren, Obstkerne, Schneckengehäuse.

Dass die wohlhabenden Römer gut und viel aßen, ist beinahe zum Allgemeinplatz geworden. Gudrun Gerlach stellt in ihrem Buch *Zu Tisch bei den alten Römern* gar die gewagte These auf, dass dem Eroberungsinstinkt der Römer die Lebensmittelbeschaffung als Antrieb zugrunde lag. Und schließlich ist die römische der Ursprung der italienischen Küche.

Wenn von römischer Esskultur die Rede ist, nivelliert man oft das soziale Gefälle zwischen Arm und Reich. Aber zu dieser Zeit waren die Unterschiede zwischen den gesellschaftlichen Schichten gewaltig, und das konnte man auf Anhieb am Essen erkennen. Was allgemein als römische Küche oder Prasserei gilt, fand sich im Haus eines Patriziers, nicht dem eines Plebejers.

Aber wer hätte heute noch Appetit auf gekochten Flamingo, Kranich oder Papagei? Doch »de gustibus non disputandum est« (über Geschmack lässt sich nicht streiten), und falls jemand trotzdem auf den Geschmack von gefüllter Haselmaus oder Sauzitzen kommt, kann er sich an den Rezepten

PAGLIA E FIENO

Weiße und grüne Bandnudeln (Stroh und Heu)

für 4–6 Portionen

100 g frischer Blattspinat
400 g Mehl
4 Eier
1 EL Olivenöl

für die Sauce:
1 1/2 EL Butter
1 Knoblauchzehe
200 g Rahm
150 ml milde Fleischbrühe
300 g frische Pilze (Champignons, Austernpilze, Pfifferlinge, Steinpilze)
1/2 Zitrone (Saft)
1/2 Bund glatte Petersilie
100 g milder roher Schinken
1/2 Bund Basilikum
50 g Parmesan

Den Spinat putzen, waschen und in einem Topf mit Salzwasser etwa 2 Minuten blanchieren. In ein Sieb abgießen, in kaltes Wasser tauchen und gut abtropfen lassen. Fest auspressen und im Mixer pürieren.

Für die beiden Nudelteige das Mehl auf die Arbeitsfläche häufen, eine Mulde hineindrücken. Die Eier, das Öl und 1/2 TL Salz in die Mitte geben, nach und nach mit dem Mehl verrühren und zu einem glatten, elastischen Teig kneten. Ein Drittel der Teigmenge abnehmen und mit dem pürierten Spinat verkneten. Die Teigportionen mit einem Küchentuch bedeckt 20 Minuten ruhen lassen. Dann beide Teigsorten auf bemehlter Fläche dünn auswallen und antrocknen lassen.

Für die Sauce in einem breiten Topf 1/2 EL Butter zerlassen und den zerdrückten Knoblauch sanft andünsten. Den Rahm und die Brühe angießen, bei stärkerer Hitze cremig einköcheln.

Die Nudelblätter locker aufrollen, mit einem scharfen Messer in 1/2 cm schmale Streifen schneiden und auf ein bemehltes Tuch legen. In einem großen Topf 4 l Salzwasser zum Kochen bringen, weiße und grüne Bandnudeln in 7 bis 8 Minuten bissfest garen. Gut abtropfen lassen, in einer vorgewärmten Schüssel locker mischen.

Währenddessen die Pilze putzen, Stielenden abschneiden, die Pilze in dünne Scheibchen schneiden und sofort mit 1 EL Zitronensaft beträufeln. Die Petersilie fein hacken, den Schinken in schmale Streifen schneiden.

In einer Pfanne 1 EL Butter zerlassen. Die Pilze portionsweise einrühren und anbraten. Die Petersilie und die Schinkenstreifen unter die Pilze mischen und bei schwacher Hitze mitbraten. Vorsichtig salzen und pfeffern.

Die Rahmsauce mit Salz, Pfeffer und Zitronensaft abschmecken und über die fertigen Nudeln gießen. Mit der Pilz-Schinken-Mischung bedecken und mit Basilikumblättchen bestreuen, grob pfeffern und frisch geriebenen Parmesan dazu servieren.

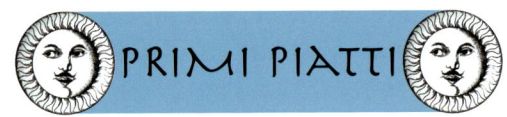

Pompejianisches Wandgemälde mit Drosseln, Eiern, Geschirrhandtuch und Metallkrug

des römischen Meisters Apicius in dessen Kochbuch *De Re Coquinaria*, dem ersten und ältesten Kochbuch, das aus dem 3. oder 4. Jahrhundert stammt, orientieren. Vielleicht sind nicht alle Rezepte unbedingt zum Nachkochen geeignet. Überdies unterscheidet es sich von einem modernen Kochbuch auch dadurch, dass es weder Mengen- noch Kochzeitangaben enthält. Beispielhaft sei hier das Rezept für Schweineleber zitiert: »Die Leber eines mit Feigen gefütterten Schweins wird in einer Weinsauce mit Pfeffer, Thymian, Lorbeer, Brühe, ein wenig Wein und Öl zubereitet.«

Der römische Dichter und Philosoph Seneca berichtet in seiner Schrift *De consolatione*, dass Apicius sich mit Gift das Leben nahm, nachdem er bereits 100 Millionen Sesterzen in der Küche verschwendet und ausgerechnet hatte, dass ihm »nur« noch zehn Millionen Sesterzen zum Leben geblieben waren.

Oikos asáratos (Ungefegter Speiseraum), Bodenmosaik mit Speiseabfällen

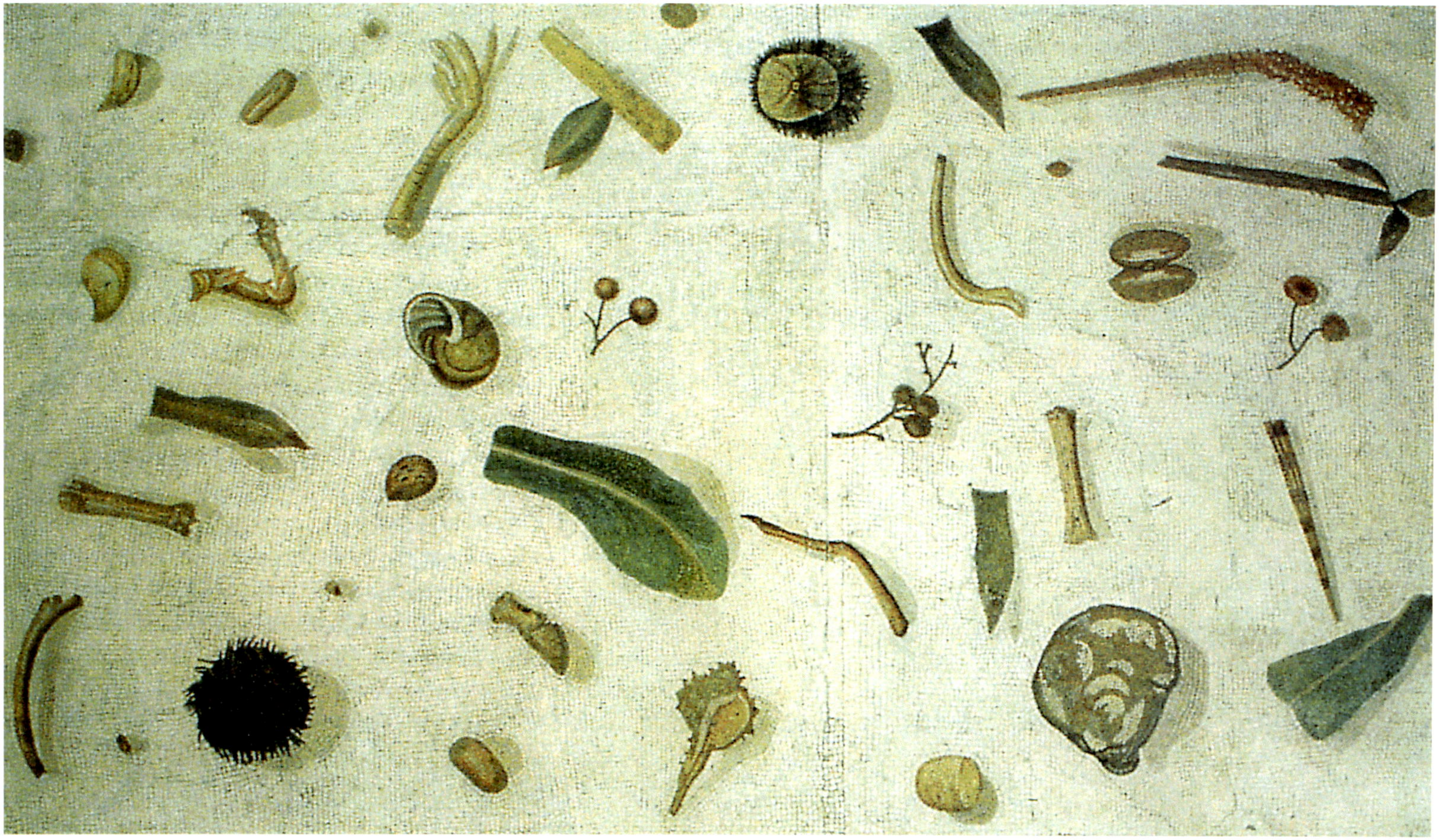

CACCIUCCO ALLA LIVORNESE

Fischsuppe nach Art von Livorno

für 6–8 Personen

1 kg gemischter für Suppen geeigneter Fisch (Petersfisch, Knurrhahn, Drachenkopf, Seeschwalbenfisch, Seebarben, Seehecht und andere)
12 Scampi
500 g Sepien
500 g Kraken von Klippen
700 g Glatthai
500 g Miesmuscheln
1 Zwiebel
1 Stange Bleichsellerie
1 Möhre
500 g Tomaten
100 ml Olivenöl extra vergine
3 Knoblauchzehen
Salbeiblätter
scharfer roter Chili
1 Glas Rotwein
altbackenes Brot

Alle Fische säubern, die Scampi waschen, Sepien und Kraken säubern, den Glatthai häuten und in Scheiben schneiden. In einem hohen Topf die Miesmuscheln kochen, bis sie sich öffnen, und die sich bildende Flüssigkeit aufbewahren.

Die Zwiebel, den Sellerie und die geschabte Möhre grob hacken. Die Tomaten kurz mit kochendem Wasser überbrühen, kalt abschrecken und häuten. Halbieren, entkernen und grob würfeln.

In einem großen Topf 50 ml Öl erhitzen und Zwiebel, Sellerie, Möhre sowie die Fische andünsten. Wenn die Gemüsemischung Farbe annimmt, wenig Tomate, etwas heißes Wasser und Salz zugeben, die Brühe etwa 30 Minuten kochen.

Währenddessen in einem zweiten Topf das restliche Öl erhitzen, Knoblauch, Salbei und Chili Farbe annehmen lassen. Die in große Stücke geschnittenen Kraken zugeben und bei schwacher Hitze etwa 20 Minuten kochen. Die in Stücke geschnittenen Sepien beifügen und weiterkochen, dabei den Wein zugeben und zuletzt die Tomaten.

Die fertige Fischbrühe – sie sollte nicht dünnflüssig, sondern konzentriert sein – durch ein Sieb passieren und zu den Sepien und den Kraken geben, alles mindestens 15 bis 20 Minuten kochen. Miesmuscheln, Scampi und Glatthaischeiben zugeben und alles weitere 10 Minuten kochen.

Das Brot in Scheiben schneiden, rösten und mit einer halbierten Knoblauchzehe abreiben. Den Cacciucco auf den Brotscheiben servieren.

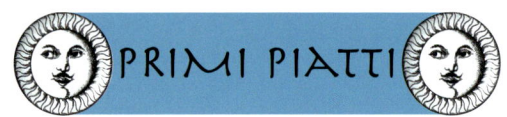

Michelangelo Merisi, gen. Caravaggio, Knabe mit Fruchtkorb, 1593–94

Knabe mit Fruchtkorb

Auch Caravaggio bildete indirekt die Gepflogenheiten der reichen und wohl situierten Bürger ab, für die er malte, und was über deren Tische ging. Die Bilder Michelangelo Merisis (1571–1606), nach seinem Geburtsort bei Bergamo kurz Caravaggio genannt, brachen durch die naturnahe Sachlichkeit, mit der er seine Modelle abbildete, mit dem Manierismus und wurden zum Vorbild für die in der gesamten Barockmalerei verbreiteten Halbfigurenbilder mit stillllebenartigem Beiwerk und die Stillleben selber. Caravaggio unterschied sich deutlich in seinem malerischen Talent von seinen zeitgenössischen Künstlerkollegen. Auch ging er anders vor, indem er immer »live« arbeitete. Er hatte seine Modelle und Gegenstände direkt vor Augen und malte seine Sujets so wirklichkeitsnah nach, dass die Grenze zwischen Darstellung und Dargestelltem zu verschwinden schien. Revolutionär für seine Zeit war auch seine durch Neugier getriebene Art, Modelle und Situationen zu wählen. Er selektierte nicht wie jene Künstler, die sich nur um die schönsten und angenehmsten Aspekte der Wirklichkeit scherten. Die ikonografischen Hierarchien, die sich etabliert hatten, interessierten ihn nicht. Deswegen wählte er für seine Darstellungen Heiliger und biblischer Szenen Menschen aus der Unterschicht als Vorlage. Weibliche wie auch männliche Prostituierte dienten ihm als Modelle. Und mit derselben Neugier näherte er sich auch den Lebensmitteln, Früchten und Gegenständen, von denen seine Modelle umgeben waren.

Zahlreiche seiner Bilder weisen, wenn nicht auf sein Interesse am Essen, so doch auf die Gaben hin, die bei den Mahlzeiten seiner gut situierten Auftraggeber gereicht

ARISTA ALLA FIORENTINA

Schweinebraten nach Florentiner Art

5 Rosmarinzweige
3 Salbeiblätter
2 Knoblauchzehen
1 Prise Fenchelsamen
1 kg magerer Schweinshals oder Kotelettstück ohne Knochen (Karree)
2 EL Olivenöl

Die Nadeln eines Rosmarinzweigs und die Salbeiblätter fein hacken und mit Knoblauch und Fenchelsamen im Mörser zerstoßen, Salz und Pfeffer zugeben.

In das Fleisch mit einer Spicknadel oder einem schmalen Messer drei bis vier Löcher bohren. Die Öffnungen mit der Gewürzmischung füllen. Das Fleisch zu einem Rollbraten schnüren. Die restlichen Rosmarinzweige verteilt unter die Schnur schieben und das Fleisch mit Öl bestreichen. Am Spieß im Ofen bei 180° oder auf dem Grill etwa zwei Stunden braten – oder in einer Kasserolle, dann aber öfter wenden.

Am besten stellt man ein Blech zum Auffangen des Fleischsaftes unter den Spieß oder den Grill, auf dem gleichzeitig Kartoffeln oder Beilagen garen können.

Die Arista kann auch kalt aufgetischt werden.

Die Arista war das traditionelle Essen der ökumenischen Konzile. Als es 1430 griechischen Bischöfen serviert wurde, fanden sie diese Spezialität »áristos«, das heißt ausgezeichnet. Daraus entstand der Name.

TRIGLIE ALLA LIVORNESE

Meerbarben mit Tomaten

500 g reife Tomaten oder gewürfelte Pelati
2 Stangen Bleichsellerie
5 EL Olivenöl
3 Knoblauchzehen
8 kleine Meerbarben
2–3 EL Mehl
1/2 Bund glatte Petersilie

Die Tomaten kurz mit kochendem Wasser überbrühen, kalt abschrecken und häuten. Halbieren, entkernen und grob würfeln. Den Sellerie in feine Scheibchen schneiden.

In einem breiten Topf 2 EL Öl erhitzen, Knoblauch und Sellerie andünsten. Tomatenwürfel hineingeben, salzen und pfeffern, etwa 15 Minuten köcheln. Eventuell einige EL Wasser angießen.

Die Meerbarben gründlich waschen, trockentupfen und leicht mit dem Mehl bestäuben. In einer Pfanne 3 EL Öl erhitzen und die Fische von beiden Seiten jeweils 1 Minute anbraten.

Die Tomatensauce durch ein Sieb streichen und zurück in den Topf geben. Die Meerbarben aus der Pfanne nehmen, in die Sauce legen und etwa 5 Minuten gar ziehen lassen.

Abschmecken und mit Petersilienblättchen garnieren.

Meerbarben, auch Schnepfen des Meeres genannt, besitzen keine Gallenblase. Deshalb kann man, gerade bei kleineren Tieren, auf das Ausnehmen der Fische verzichten.

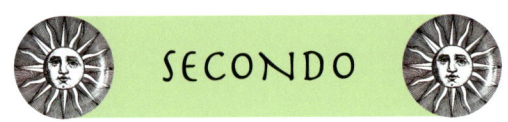

Michelangelo Merisi, gen. Caravaggio, Bacchus, 1596–97

wurden. Sein Bild *Ragazzo con canestro di frutta (Knabe mit Fruchtkorb)* ist dafür ein Beispiel. Der Junge gilt manchen Kritikern als ein Selbstporträt des Künstlers, seine Schönheit konkurriert mit der des Korbes voller Früchte, der isoliert betrachtet ein eigenes Stillleben hergeben würde: Weintrauben, Pflaumen, Feigen, Birnen, Äpfel und Johannisbeeren in einer Komposition mit Blättern verschiedenster Bäume. Wenn der porträtierte Knabe nicht Caravaggio selbst, sondern einen Straßenjungen darstellt, für die der Künstler – wie man sagt – eine Schwäche hatte, dann hat der sicherlich den üppigen Korb für sich beansprucht. Eine ähnliche Komposition weist *Bacco (Bacchus)* auf. Das Model liegt auf einem Triklinium, ist wie ein alter Römer mit einem weißen Tuch behangen und hält eine Schale Wein in der Hand. Vor ihm auf dem Tisch stehen ein Krug mit Rotwein und eine Schale Obst: weiße und schwarze Weintrauben, Birnen, Äpfel, ein Granatapfel, Feigen und Kastanien. Alles sieht frisch aus, lädt zum Anbeißen ein, bis auf einen kleinen gelben Apfel, der von der Farbe her dem Verfaulen nah scheint – eine Anspielung auf das Memento mori des Barock? Schönheit und alles Irdische sind zum Sterben bestimmt? Wenn dem auch so ist, den jungen Bacchus bringt das nicht aus der Ruhe. Mit einer Krone aus Weintrauben und Weinblättern scheint er sich bereits auf den nächsten Schluck Wein zu freuen. *Canestra di frutta* (*Obstkorb*, 1597–98) ist das einzige Stillleben im eigentlichen Sinne, das Caravaggio gemalt hat. Trotz der

INVOLTINI ALLA FIORENTINA

Rindsrouladen nach Florentiner Art

200 g Blattspinat
2 Möhren
1 Stange Bleichsellerie
2 Zwiebeln
1 El Butter
8 Scheiben Rindfleisch
4 Scheiben Mozzarella
4 Salbeiblätter
2 EL Olivenöl
1 TL Tomatenmark
1 Knoblauchzehe
1/3 l Marsala
3 EL Fleischbrühe

Den Spinat waschen, die geschabten Möhren und den Sellerie würfeln, die Zwiebeln hacken.

Butter zerlassen und die Zwiebeln andünsten. Den Spinat zugeben, mit Salz und Pfeffer würzen, einige Minuten weiterdünsten.

Währenddessen die Rouladen klopfen und mit je einer 1/2 Scheibe Mozzarella und einem Salbeiblatt belegen, den Spinat darauf verteilen, das Fleisch zu Rouladen rollen und fixieren.

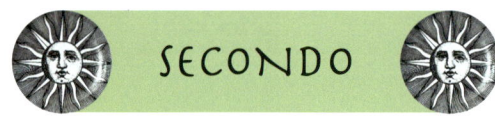

Öl erhitzen und die Rouladen gut anbraten. Möhren, Sellerie, Tomatenmark und Knoblauch zugeben, kurz dünsten. Mit einem Teil des Marsalas ablöschen, einige Minuten einkochen, dabei nach und nach die Brühe zugießen und alles zugedeckt 15 Minuten schmoren.

Die Rouladen herausnehmen, den Rest Marsala zugießen und die Sauce einkochen.

Umberto Boccioni, Stillleben mit Wassermelone, 1914

Singularität, die dieses Bild im Lebenswerk des Künstlers einnimmt, und seiner Einzigartigkeit des malerischen Ausdrucks wird der Obstkorb, den er für seinen Auftraggeber Kardinal Federico Borromeo malte, allgemein als Prototyp aller Stilllebendarstellungen betrachtet.

Sein Talent wurde bereits zu seinen Lebzeiten von Künstlern und Kritikern anerkannt. Zahlreiche Maler strömten nach Rom, um Caravaggios Arbeit zu bewundern und seinen Stil nachzuahmen. Römische Maler luden ihn ein – er besaß kein eigenes Atelier –, um sich inspirieren zu lassen. Da in der Ewigen Stadt eine große Anzahl von Künstlern aus allen Ecken Europas lebte, die dem Einfluss und Genius von Caravaggio ausgesetzt waren, wurde dessen Art zu malen – auch Caravaggismus genannt – zu einem europäischen Phänomen. Kein Wunder also, dass Bilder in seinem Stile auch in Holland, Frankreich, Spanien oder Deutschland zu finden sind. Sein Werk und die von ihm entwickelte Hell-Dunkel-Malerei (chiaroscuro) war von unüberschätzbarem Einfluss insbesondere auf die niederländische Malerei und beeinflusste etwa Rubens, Rembrandt und Velázquez.

Die niederländische Malerei wartete ebenso wie die italienische mit einer großen Anzahl Stillleben auf. Das wundert kaum jemanden, denn die gut gefüllten Tafeln der reichen Bürger des europäischen Nordens konnten den Tafeln der italienischen Geistlichen wohl Konkurrenz machen. Kaufleute und Geschäftsmänner konnten sich nicht nur die feinsten Leckerbissen leisten, sondern auch die Maler, die diese für sie auf der Leinwand verewigten. Ihnen war klar, dass die Üppigkeit ihrer Tafeln und Küchen ihren Reichtum widerspiegelte, und die Bilder, die diese reichlich gedeckten Speisetische festhielten, repräsentierten ihren Status und das, was sie durch Arbeit und Mühe erreicht hatten.

Dies wusste auch die mächtige Familie der Medici aus Florenz zu nutzen. Ein Beweis ist die aus 400 Gemälden bestehende Stilllebensammlung, die die Großherzöge und Fürsten der Familie zwischen dem Ende des 16. Jahrhunderts, als sich das Genre allmählich etablierte, und der Mitte des 18. Jahrhunderts, als die Dynastie dieser Mäzene sich ihrem Ende zuneigte, zusammentrugen. Die Sammlung dokumentiert die verschiedenen Entwicklungsphasen des Genres. Obwohl die Werke von versierten Malern stammen, waren nicht alle Künstler zu ihren Lebzeiten gleich anerkannt. Von Bedeutung war in der Hauptsache, dass sie dem Geschmack der Medici entsprachen. Da ist zum Beispiel ein Temperabild der Florentiner Malerin Giovanna Garzoni (1600–1670) mit Pflaumen, frisch gepflückten Kirschen, Mandeln und Saubohnen. Sie liegen auf einfachen Tellern und versinnbildlichen ländliche Schlichtheit. Die holländischen Bilder wirken im Vergleich zu denen der eher unbekannten Garzoni weit eleganter und üppiger, wie die Tafel von Willem van Aelst mit Hammelkopf, den

Giorgio Morandi, Stillleben mit rundem Tisch, 1929

BISTECCHINE ALLA CACCIATORA

Schweinekoteletts Jägerinnen-Art

4 Schweinekoteletts
Fenchelsamen
Mehl
1 Zwiebel
3 EL Olivenöl
hausgemachte Tomatensauce
1 Glas Rotwein

Die Koteletts mit Fenchelsamen würzen und in Mehl wenden. Die Zwiebel fein hacken.

Das Öl erhitzen und die Zwiebel andünsten, salzen und pfeffern. Das Fleisch zugeben und kurz anbraten, wenden und eine großzügige Portion Tomatensauce und den Rotwein darübergießen. Bei stärkerer Hitze etwas eindicken lassen.

Heiß servieren.

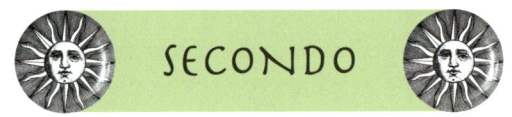

Giuseppe Arcimboldo, Der Sommer, 1580

aufgehängten Innereien des Tieres, Artischocken und Zitronen. Eine Atmosphäre von Reichtum und Überfluss herrscht auch auf dem Bild eines anonymen Malers der niederländischen Schule mit dem Titel *Zwei Frauen in der Küche*. Die Üppigkeit des Geflügels, der Fische, des Fleisches und des Gemüses spiegelt den Überfluss einer Gesellschaft, die Wohlstand und Reichtum erlangt hat. Eine ähnliche Stimmung findet man auch in Bildern von Aertsen und Beuckelaer am Ende des Cinquecento oder bei Malern aus der Lombardei. Zahlreiche Bilder der Sammlung der Medici zeigen die Küche als die Werkstatt, in der Natur- zu Kulturgütern werden: Szenen, die gegen Ende des 18. Jahrhunderts der flämische Maler Houbraken und die Italiener Domenico Valentino und Cristoforo Munari festgehalten haben. Aus den Tüten quillen die kostspieligsten und frischesten Zutaten, die man sich wünschen kann. Gerade gepflücktes Gemüse aus dem Garten, Austern, Kohlköpfe, bastumwickelte Weinflaschen, essbare Disteln, Schinken, Eier, Landbrot, alles beleuchtet vom warmen Feuerschein des Kamins.

Selbst wenn das Stillleben in der Historie eine wichtigere Rolle spielte als im vergangenen Jahrhundert, hat das nicht zu bedeuten, dass dieses Genre völlig ausgestorben ist: Das Stillleben hat viele Revolutionen überlebt, und auch in der Moderne haben sich Maler mit diesem Genre beschäftigt. Sogar die Futuristen, die schon per Manifest der Geschwindigkeit verschriebenen Künstler, fanden Interesse an dieser Gattung. Sie übertrugen ihre Prinzipien von Energie und Bewegung auch auf das Stillleben. Wie für andere Kunstbereiche auch, plädierten sie für einen Bruch mit der klassischen, akademischen Tradition und den realistischen Tendenzen der italienischen Kunst. Nur so könnte die Kunst den progressiven Schub zum Ausdruck bringen, den die Technologie und der Fortschritt dem Gang der Geschichte verpasst hätten. Bewegung musste in die Kunst und auf die Leinwand. Die Auseinandersetzung mit dem Stillleben stellte in dem Zusammenhang eine interessante Herausforderung dar. Der futuristische Maler Umberto Boccioni (1882–1916 oder 1917) lässt sein *Natura morta con cocomero (Stillleben mit Wassermelone)*, das im Sprengel Museum Hannover ausgestellt ist, buchstäblich explodieren. Keine Spur von Realismus, seine Darstellung geht in eine dynamische Komposition aus Linien und Farben über, die den Eindruck von Bewegung schaffen. Die Wassermelone in der Mitte der Leinwand wird durch eine zentrifugale Kraft zerstört, so dass die Fruchtteile sich über die gesamte Leinwand verteilen. Die Fläche, auf der die Frucht ruht, wurde segmentiert und in Bewegung gesetzt. Am Ende entsteht daraus ein Kaleidoskop.

Revolutionär ist auch eine dem Futurismus zugrunde liegende Theorie des italienischen Malers Carlo Carrá (1881–1966). Er argumentiert, dass das beste Motiv für einen Künstler das Stillleben sei. In *Rumori e odori (Geräusche und Gerüche)* entwickelt er Techniken, die besagen, wie der Künstler vorzugehen hat, um Realität abzubilden. Nicht nur die visuelle Wahrnehmung müssten auf die Leinwand gelangen, sondern auch die Reize, die über andere menschliche Sinne aufgenommen werden. Geräusche und Gerüche müssten neben Bewegung und Dynamik mit in ein Werk einbezogen werden.

»Ich habe das Glück gehabt, ein ereignisloses Leben zu führen«, sagte Giorgio Morandi einmal. Und so wie er gelebt hat, so hat er auch gemalt: anspruchslos, unspektakulär, den Blick auf das Einfache, das Alltägliche gerichtet. Nur ein einziges Mal verließ er sein Heimatland Italien, um sich eine Ausstellung in Winterthur in der Schweiz anzuschauen. Ansonsten blieb er am liebsten in seiner Heimatstadt Bologna, wo er 1890 zur Welt kam und 1964 starb. Flaschen, Vasen, Dosen, Kannen – Giorgio Morandi schätzte die einfachen Dinge. Er malte, zeichnete und tuschte zeit seines Lebens Stillleben. Immer wieder malte er so simple Gegenstände wie alte Blechbüchsen, leere Flaschen, Küchenschüsseln und Schalen. Er kreierte daraus Bilder, in denen die alltäglichen Dinge zeitlos und fast sakral erscheinen. Heute gilt Morandi als einer der großen Einzelgänger in der Kunstgeschichte des 20. Jahrhunderts.

SECONDO

TRIPPA ALLA FIORENTINA

Kutteln nach Florentiner Art

1 kg Kutteln
300 g Tomaten
1 Zwiebel
1 Stange Bleichsellerie
1 Möhre
6 EL Olivenöl
1/2 Glas Rotwein
Parmesan

Die Kutteln in feine Streifen schneiden. Die Tomaten kurz mit kochendem Wasser überbrühen, kalt abschrecken und häuten. Halbieren, entkernen und grob würfeln. Die Zwiebel, den Sellerie und die geschabte Möhre fein hacken.

Das Öl erhitzen, Zwiebel, Sellerie und Möhre andünsten. Die Kutteln hinzufügen und Geschmack annehmen lassen.

Den Rotwein angießen und verdampfen lassen. Die Tomaten zugeben, mit Salz und Pfeffer abschmecken. Alles bei schwacher Hitze weitere 40 Minuten köcheln.

Dampfend heiß servieren und den frisch geriebenen Parmesan getrennt dazu reichen.

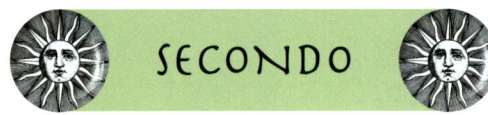

Gedeckte Tafel mit Fornasetti-Design

Während die Maler Lebensmittel zum Sujet der Kunst erhoben, brachte der Industriedesigner Piero Fornasetti (1913–1988) die Kunst buchstäblich auf den Teller. Sie findet sich bei ihm auf Tassen, Gläsern, Tellern und allen möglichen anderen Utensilien. Die Kultur wird mit den Spaghetti konsumiert. Fornasetti bedruckte Porzellan und Geschirr mit kuriosen Kunstmotiven. Gegenstände, ursprünglich für den Genuss von Lebensmitteln gedacht, werden Träger von Kunst und Kultur.

Piero Fornasetti arbeitete ab den vierziger Jahren auch mit dem Architekten Gio Ponti (1891–1979) zusammen. Trotz des großen Altersunterschieds – Ponti war 20 Jahre älter – konnte Fornasetti den Designer mit seinen Erfindungen beeindrucken.

Kein Mangiare ohne Belle arti, schien Fornasettis Motto zu sein. Die langweilige Spießigkeit und praktische Funktionalität des durchschnittlichen italienischen Haushalts missfielen dem Designer. Seine Lieblingsmotive aus Kunst und Architektur machten aus einem gewöhnlichen Teller Meisterstücke edlen Kunsthandwerks: Das Auge isst mit. Also versorgte er das Auge des Gourmets mit den passenden Szenarien. Es gibt von ihm Teekannen, Tassen und Untertassen, die mit klassizistischen Bauwerken dekoriert sind. Eine Teekanne wird dank seines schöpferischen Genies zur Miniatur eines dreistöckigen Gebäudes mit Säulen, Bogenfenstern und einem klassizistischen Hängedach; eine Zuckerdose schmückt er mit korinthischen und dorischen Säulen; den Grund seiner Suppenschüsseln schmücken die Kuppeln berühmter Kirchen.

Fornasettis Quellen reichten bis in die Renaissance. Der Maler Giuseppe Arcimboldo (1527–1593), ebenso wie Fornasetti aus Mailand, wurde zu Lebzeiten berühmt durch seine allegorischen Bilder, zumeist Köpfe, die aus Obst und Gemüse, Fischen oder Büchern zusammengesetzt waren. Seine Bilder inspirierten eine Tellerreihe,

1995 bringt die Firma Rosenthal eine exklusive Edition mit Fornasetti-Motiven auf den Markt.

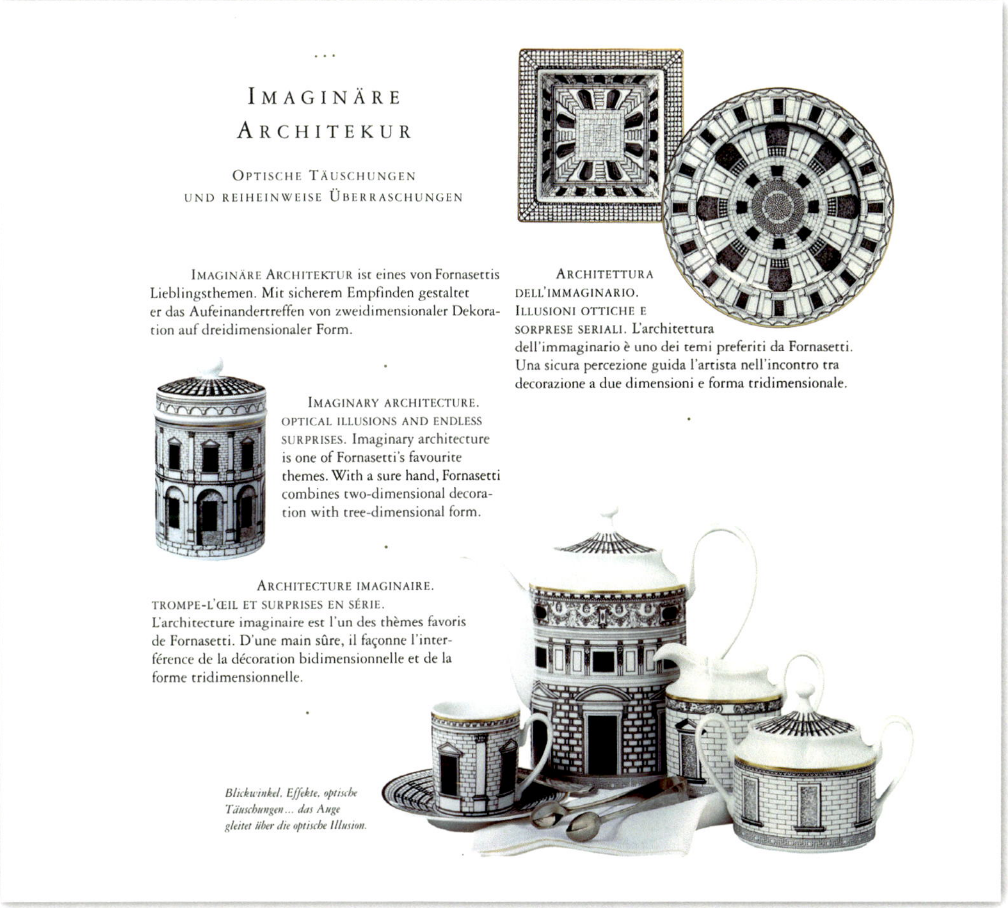
...

IMAGINÄRE
ARCHITEKUR

OPTISCHE TÄUSCHUNGEN
UND REIHEINWEISE ÜBERRASCHUNGEN

IMAGINÄRE ARCHITEKTUR ist eines von Fornasettis Lieblingsthemen. Mit sicherem Empfinden gestaltet er das Aufeinandertreffen von zweidimensionaler Dekoration auf dreidimensionaler Form.

ARCHITETTURA DELL'IMMAGINARIO. ILLUSIONI OTTICHE E SORPRESE SERIALI. L'architettura dell'immaginario è uno dei temi preferiti da Fornasetti. Una sicura percezione guida l'artista nell'incontro tra decorazione a due dimensioni e forma tridimensionale.

IMAGINARY ARCHITECTURE. OPTICAL ILLUSIONS AND ENDLESS SURPRISES. Imaginary architecture is one of Fornasetti's favourite themes. With a sure hand, Fornasetti combines two-dimensional decoration with tree-dimensional form.

ARCHITECTURE IMAGINAIRE. TROMPE-L'ŒIL ET SURPRISES EN SÉRIE. L'architecture imaginaire est l'un des thèmes favoris de Fornasetti. D'une main sûre, il façonne l'interférence de la décoration bidimensionnelle et de la forme tridimensionnelle.

Blickwinkel. Effekte. optische Täuschungen... das Auge gleitet über die optische Illusion.

RICCIARELLI

Mandelkekse

für 20 Stück

300 g gemahlene Mandeln
350 g Zucker
1 TL Vanillezucker
1 unbehandelte Zitrone (abgeriebene Schale)
2 Eiweiß
1 EL Honig
nach Belieben: Oblaten
Puderzucker

Die Mandeln und den Zucker gut vermischen. Vanillezucker und Zitronenschale dazugeben. Das Eiweiß steif schlagen, mit dem Honig unterheben und gut vermischen. Den Teig ausrollen, mit einer Form Kekse ausstechen und auf die Oblaten legen – oder esslöffelgroße Portionen in eine ovale Form kneten oder rollen.

Ein Backblech mit Puderzucker bestäuben und die Kekse darauf verteilen. Die Kekse ebenfalls mit Puderzucker bestäuben und im Ofen bei 190° 15 bis 20 Minuten backen – sie sollten nicht braun werden, sondern außen etwas kross, innen aber schön weich und klebrig sein.

PANFORTE

Toskanischer Weihnachtskuchen

für 8 Personen

100 g Haselnüsse
100 g ungeschälte Mandeln
150 g Orangeat
50 g Zitronat
3 EL Kakaopulver
50 g Mehl
1 TL gemahlener Zimt
1 Messerspitze Gewürznelkenpulver
1 Messerspitze gemahlener Ingwer
1 Prise frisch geriebene Muskatnuss
1 Messerspitze gemahlener Koriander
100 g Zucker
100 g Honig
1 EL Puderzucker

Den Ofen auf 200° vorheizen, die Haselnüsse auf ein Backblech geben und auf mittlerer Schiene 5 bis 8 Minuten anrösten. Dann in einem Küchentuch kräftig aneinander reiben, damit sich die braunen Häute ablösen. Den Ofen auf 150° herunterschalten.

Die Mandeln überbrühen und häuten. Haselnüsse und Mandeln grob hacken, Orangeat und Zitronat fein würfeln und alles mit Kakaopulver, Mehl, der Hälfte des Zimts und den anderen Gewürzen mischen.

Den Zucker mit dem Honig verrühren und unter Rühren langsam erhitzen, bis sich der Zucker aufgelöst hat. Die Nussmischung hineingeben und alles gut vermengen.

Pergamentpapier in der Größe der Springform zurechtschneiden und gut einfetten. Die Springform damit auslegen, die Masse einfüllen und glatt streichen. Im Ofen auf mittlerer Schiene etwa 30 Minuten backen.

Den Kuchen aus der Form nehmen, das Papier entfernen, auskühlen lassen.

Vor dem Servieren den Puderzucker und den restlichen Zimt vermischen und darüberstreuen.

Panforte schmeckt am besten, wenn er etwas durchgezogen ist: daher lieber einige Tage im Voraus backen.

Panforte, das berühmte süße Souvenir aus der Toskana, wird in Siena schon seit Jahrhunderten nach traditionellen Rezepten gebacken. Er geht nicht wie andere Kuchen beim Backen auf, sondern bleibt flach und ist nur wenige Zentimeter hoch. Da er recht gehaltvoll ist, wird er nur in schmalen Stücken serviert.

rechte Seite:
Teller-Variationen mit einer schönen Unbekannten

Piero Fornasettis Hommage an Arcimboldo

deren Porzellanfläche mit Gemüsekreationen geschmückt war, die in der Summe ein menschliches Gesicht ergaben. Kräuterzweige dienten der Darstellung von Haaren, Radieschen, Esskastanien oder Knoblauchknollen bildeten die Augen, während Bohnen, Möhren und Gurken um den Platz als Nase konkurrierten. Eine Tomate ergab einen staunenden, eine Peperoni einen entspannten Mund, eine Erbsenschote dagegen ein dezentes Lächeln. Zu Ehren des exzentrischen Maestro nannte er seine Kreation *Arcimboldesca*.

Zu einem ähnlichen Geschirrservice, auf dem Birnen, Paprika und Auberginen mit Mund, Nase und Augen versehen sind, inspirierte Fornasetti der französische Illustrator Jean Grandville (1803–1847), der sich als Zeichner, Buchillustrator und Karikaturist einen Namen gemacht hatte. Vor allem seine skurrilen, zeitkritischen Zeichnungen, in denen er Menschen als Tiere darstellte, verhalfen ihm zu Ruhm. Fornasetti optierte für die vegetarische Welt, obwohl man sich fragen könnte, ob er das Gemüse personifiziert oder eher die Menschen zu Teste di cavolo (Kohlköpfen, sprich Dummköpfen) degradiert.

Die Palette seiner künstlerischen Motive ist vielfältig: Sie reicht von Fischen und Meerestieren über Musikinstrumente, Spielkarten, Masken – insbesondere die des Harlekins liegt ihm am Herzen – und dem Gesicht der enigmatischen Frau, von der man nur Mund, Augen, Nase und Augenbrauen kennt, bis zu Sonne und Mond.

FICHI CARAMELLATI

Karamellisierte Feigen

40 g Zucker
8 reife Feigen
1/2 Glas Marsala
Vanilleeis

In einer kleinen Kasserolle den Zucker mit 1 EL Wasser bei mittlerer Hitze auflösen. Sobald er zu karamellisieren beginnt und Farbe annimmt, den Marsala zugießen und die Kasserolle vom Herd nehmen. Wenn nach 1 Minute der Wein teilweise gedämpft ist, die Feigen hineintauchen und drehen, so dass sie mit Karamell bedeckt sind.

Mit Vanilleeis servieren.

DATTERI RIPIENI AL SORBETTO DI PERE

Datteln mit Birnensorbet

40 g geschälte Mandeln
80 g geschälte Pistazien
Orangenblütenwasser
Muskatnuss
1/2 TL gemahlener Zimt
30 g Puderzucker
8 frische Datteln
Zucker
3 unbehandelte Klementinen mit Blatt
500 g Birnensorbet
100 ml Wodka
Gewürznelkenpulver

Die Mandeln goldbraun rösten. Die Pistazien mit kochendem Wasser übergießen und 2 Minuten darin belassen. Herausnehmen, abtropfen lassen und enthäuten.

In einem Mixer Mandeln, Pistazien, einige Tropfen Orangenblütenwasser, eine Prise frisch geriebenen Muskat, Zimt und Puderzucker zu einer glatten Paste verarbeiten.

Die Datteln schälen, der Länge nach aufschneiden, entkernen und mit einer Kugel Mandel-Pistazien-Paste füllen, zudrücken und durch den Zucker ziehen.

Die Klementinen mit der Schale waschen, in dünne Scheiben schneiden und eine große Glasschale damit auslegen. Das Birnensorbet in die Mitte der Schale geben, mit Wodka beträufeln, mit Nelken bestreuen und mit Klementinenblättern zieren.

Das Sorbet zusammen mit den gefüllten Datteln servieren.

Alessandro Mendinis Flaschenverschluss »Anna Stop 1«

Wie einst Piero Fornasetti, so revolutioniert in den siebziger Jahren ein weiterer Mailänder Designer die Wohnungen der Italiener: Alessandro Mendini (geb. 1931). Geht man von seinen Projekten aus, könnte man schnell auf die Idee kommen, dass neben anderen Dingen vor allem »la buona cucina« sein Werk als Architekt und Gestalter beeinflusst hat. Wer bei Design und Architektur bisher keinen direkten Bezug zum Essen gefunden hat, muss vielleicht seine Meinung ändern. Kerstin Schweighöfer schreckt anlässlich der Eröffnung des Groningen Museums in den Niederlanden nicht vor gastronomischer Metaphorik zurück, um einen Eindruck dieser Architektur zu vermitteln, und schreibt: »Wer gerne mit den Augen nascht – hier kann er so richtig reinhauen«, denn die Kunstinsel erinnert die einen »an quietschrosa Bonbonstangen mit Zuckerguss und Zuckerwatte« und die anderen »an einen Eisbecher mit Himbeersauce, gekrönt von einem Waffelröllchen«. Das »Waffelröllchen« hat Mendini beigesteuert. Dabei handelt es sich um einen 30 Meter hohen Depotturm mit Eingangsfoyer, flankiert von zwei Quadern, deren Farben an zwei Speiseeissorten erinnern, die womöglich Mendinis Lieblingsgeschmacksrichtungen sind: Erdbeere und Pistazie. Die Gebäude, in denen die Sammlungen untergebracht sind, werden als »üppig und schrill wie eine prachtvolle Bonbonniere« beschrieben. Die alten Meister hängen auf Himbeerrosa, während die Pop-Art Andy Warhols auf Vanillegelb und Resedagrün zur Geltung kommt. Die Kritik

Das Groningen Museum präsentiert sich wie ein Eis: erdbeerfarben mit Waffelturm.

der Fachwelt, die keinen Gefallen an dem Bau finden konnte, hat von »Dessert-Architektur« gesprochen. Ein Etikett, das entgegen der allgemeinen Erwartung den Museumsdirektor nicht stört, im Gegenteil: Er fühlt sich geehrt und kontert schlagfertig: »Ein Museum ist wie der Nachtisch bei einem guten Diner.«

Der Welt der Cucina, dem Reich der Schmäuse, hat Mendini einen Großteil seiner Designerarbeit gewidmet. Er hat unzählige Haushaltsgeräte kreiert, die entweder das Kochen unterstützen oder das Essensritual verschönern. Es macht eben einen Unterschied, eine gute Flasche Chianti mit einem gewöhnlichen Korkenzieher oder mit einem im Mendini-Design zu entkorken! Wem sind die sympathischen Anna-Figuren nicht geläufig, die Flaschenöffner und Verschlüsse zieren, die Mendini für die Firma Alessi kreiert hat? Und mit einem Mendini-Toaster Tramezzini zu toasten garantiert zwar kein besseres Resultat, dafür aber ziehen Freude und Farbe in die Küche ein. Amore per il dettaglio! So werden noch banale Handlungen in »una festa« verwandelt. Essen gehört zu den Inszenierungsspielen. Una bella cena erfordert Zeit und Geschmack. Nicht anders als bei der Auswahl der Garderobe für einen Besuch in der Oper.

ROCCO UND SEINE BRÜDER
JEVER

PIZZA PASTA UND GELATO IM EXIL

ITALIENISCHE KÜCHE WELTWEIT

BRUSCHETTA

für 3 Portionen

300 g Fleischtomaten
20 g Lauchzwiebel
Oregano
1 Bund Basilikum
250 g Ciabatta
1 EL Knoblauch
Olivenöl

Die Tomaten kurz mit kochendem Wasser überbrühen, kalt abschrecken und häuten. Halbieren, entkernen und fein würfeln. Die Lauchzwiebel in feine Ringe schneiden und unter die Tomatenwürfel mischen. Mit Oregano, Basilikum, Pfeffer und Salz würzen.

Die Ciabatta in Scheiben schneiden und im Toaster oder Grill hellbraun rösten. Mit einer halbierten Knoblauchzehe abreiben und mit wenig Öl bestreichen. Die Tomatenmischung dünn auf die Ciabattascheiben streichen und möglichst warm servieren.

Bruschetta ist zwar eine Vorspeise, eignet sich aber auch gut als Snack zu einem Glas Rotwein.

CAPRESE

4 mittelgroße Tomaten
3 Mozzarelle
4 EL Olivenöl
8 frische Basilikumblätter

Die Tomaten und den Mozzarella in Scheiben schneiden und abwechselnd auf einen Servierteller legen. Pfeffern, salzen und mit Öl begießen. Mit Basilikumblättern garnieren.

MELONE E PROSCIUTTO

Honigmelone und Prosciutto di parma

1 kleine Galliamelone
8–10 Scheiben Parmaschinken

Die Melone waschen und in acht gleich große Schiffchen schneiden. Die Schiffchen mit einem Messer über der Schale einschneiden, so dass sie sich leicht von ihr ablösen, und je zwei auf einen Teller stellen. Mit einer Scheibe Parmaschinken belegen und servieren.

So rätselhaft Giovanni Trapattonis Reden auch sein mögen, seine Körpersprache ist jedenfalls eindeutig.

»Ein Trainer ist nicht ein Idiot! Ein Trainer sehen, was passieren in Platz. In diese Spiel es waren zwei, drei oder vier Spieler, die waren schwach wie eine Flasche leer! Haben Sie gesehen Mittwoch, welche Mannschaft hat gespielt Mittwoch? Hat gespielt Mehmet, oder gespielt Basler, oder gespielt Trapattoni? Diese Spieler beklagen mehr als spielen! Wissen Sie, warum die Italien-Mannschaften kaufen nicht diese Spieler? Weil wir haben gesehen viele Male solche Spiel. Haben gesagt, sind nicht Spieler für die italienische Meisters. Strunz! Strunz ist zwei Jahre hier, hat gespielt zehn Spiele, ist immer verletzt. Was erlauben Strunz? Letzte Jahre Meister geworden mit Hamann eh ... Ich bin müde jetzt Vater diese Spieler, eh, verteidige immer diese Spieler!! Ich habe immer die Schulde über diese Spieler. Einer ist Mario, einer, ein anderer ist Mehmet! Strunz dagegen, egal, hat nur gespielt 25 Prozent diese Spiel!«

Es muss die deutschen Agentur- und Zeitungsjournalisten viel Zeit und Geduld gekostet haben, diesen feurigen, ausdrucksstarken Wortschwall einigermaßen zu deuten. Ob es ihnen immer gelungen ist, sei dahingestellt. Was wir wissen, ist, dass das Sprichwort »Wer schreit, hat Unrecht« bei Giovanni Trapattoni keine Gültigkeit hat. Was aus ihm heraussprudelte, mag schwer verständlich gewesen sein, doch sicherlich für alle nachvollziehbar, die mit seinen Motiven vertraut waren. Kann man ohne Zögern mit Michael Ringel sagen, dass »die Italiener endgültig zu Lehrmeistern der Deutschen herangereift« sind?

Und dass er noch nicht fertig »hatte«, uns alle zu überraschen, zeigte Giovanni Trapattoni nicht nur mit seinem leicht verzögerten Abschluss, der wie das Tüpfchelchen auf dem i war, sondern ein paar Jahre

TRAMEZZINI CON PROSCIUTTO E RUCOLA

Tramezzini mit Schinken und Rucola

8 Scheiben Tramezzini- oder Toastbrot
2 Lauchzwiebeln
1 Gewürzgurke
1 hart gekochtes Ei
80 g Mayonnaise
2 TL Pesto
1 Bund Rucola
2 Tomaten
100 g roher, dünn geschnittener Schinken

Die Rinde des Toastbrots abschneiden. Die Lauchzwiebeln mit dem Grün klein schneiden, die Gurke sehr fein würfeln, das Ei hacken. Mayonnaise und Pesto verrühren, Lauchzwiebeln, Ei und Gurke untermischen, mit Salz und Pfeffer abschmecken.

Die groben Stiele des Rucola entfernen, die Tomaten in dünne Scheiben schneiden. Die Brotscheiben mit der Paste bestreichen, mit Rucola, Schinken und Tomaten belegen. Je zwei Scheiben aufeinander legen, an den Rändern etwas andrücken und diagonal durchschneiden.

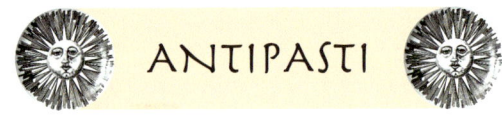

Erwartungsfreude bei der Ankunft in Deutschland

Das Zentrum der Katholischen Mission organisiert Freizeitaktivitäten für die Neuankömmlinge.

später, als er mit viel Selbstironie sein Sprachtalent für die Molkerei Müller zur Verfügung stellte und für deren Crema di Joghurt warb. Die Erfahrung scheint ihm gefallen zu haben, denn danach begann er in seiner Heimat Werbung für deutsche Waschmaschinen zu machen. Dort wird er »Il tedesco« genannt, wegen seines Aussehens, seiner Haltung und seiner beruflichen Erfahrung in Bayern.

Mit Giovanni Trapattoni bei Bayern München und Nevio Scala bei Borussia Dortmund sind in den neunziger Jahren erstmals italienische Trainer in der Bundesliga verpflichtet worden. Eine ähnliche Bewegung kannte man unter Fußballern nur in die andere Richtung. In den achtziger Jahren erlebte man parallel zu der Migrationswelle von Arbeitnehmern aus dem Süden nach Deutschland eine Migration deutscher Fußballer nach Italien. Der Grund war derselbe: die einen hier, die anderen dort wurden schlicht und einfach besser bezahlt.

Was das Äußere anging, guckten die Deutschen den Italienern wenig ab. Sie ließen sich weder die Haare wachsen, noch übernahmen sie das melodramatische Gestikulieren.

Dies im Profibereich. Was aber tat sich gleichzeitig im Amateurbereich in Deutschland? Die Erfolge der italienischen Nationalmannschaft und die angeborene Liebe für den Fußball wirkten sich auch auf die Entstehung zahlreicher Einwandererverein eine aus: SV Italia 1965 München, F. C. Italia Enkheim 1977, AC Italia Groß-Gerau 1982, S. G. Italia-Rhein-Main-Wiesbaden, FC Italia Dortmund 03 oder Club Italia 1980 Berlin. Auch brachten italienische Fußballvereine den Deutschen schnell eine gewisse italienische Ausdrucksweise nah. Stronzo, Porca miseria, Vaffanculo oder Figlio di puttana bedürfen keiner Übersetzung mehr. Selbst wer Fußballplätze meidet, konnte nicht verhindern, dass solche Ausdrücke irgendwann aus einer Küche an sein Ohr drangen, wenn beispielsweise der Koch von einer beschämenden Niederlage des Lazio Rom erfuhr und sich dermaßen ärgerte, dass er dabei die ganze Bolognese auf die *Gazzetta dello Sport* verschüttete. »Vaffanculo!«, die schönen rosafarbigen Seiten waren dahin.

Die Gattin des italienischen Konsuls in Berlin tritt am 18. April 1964 ein Freundschaftsspiel zwischen Senatsangestellten und dem soeben gegründeten italienischen Sportverein Gioventu Italiana Berlin an.

SPAGHETTI ALLA BOLOGNESE

Spaghetti mit Hackfleischsauce

1 Zwiebel
1 Möhre
2 Fleischtomaten
100 g Knollensellerie
50 g Butter
1 EL Tomatenmark
300 g Hackfleisch vom Rind
125 ml Fleischbrühe
1 Gewürznelke
1 Lorbeerblatt
125 ml Rotwein
400 g Spaghetti
100 g Parmesan

Die Zwiebel schälen und würfeln, die Möhre schaben und würfeln. Die Tomaten kurz mit kochendem Wasser überbrühen, kalt abschrecken und häuten. Halbieren, entkernen und würfeln. Den Sellerie schälen, waschen und ebenfalls würfeln.

In einem Topf die Butter zerlassen und das klein geschnittene Gemüse unter Rühren 5 Minuten anbraten. Das Tomatenmark unterrühren, das Hackfleisch hinzufügen und mit einer Gabel untermischen. Die Brühe, die Nelke und das Lorbeerblatt hinzufügen, alles zugedeckt bei sehr schwacher Hitze 5 Minuten köcheln.

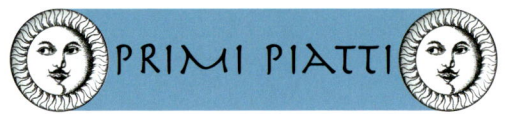

Manchmal, wenn der Arbeitsplatz bereits sicher ist und eine Wohnung zur Verfügung steht, reist gleich die ganze Familie mit nach Deutschland.

Das Lorbeerblatt entfernen, den Rotwein unter die Sauce mischen und diese mit Salz und Pfeffer abschmecken. Noch eine Weile köcheln.

Die Spaghetti in Salzwasser al dente kochen. Die Sauce darübergießen und gut unterrühren. Mit frisch geriebenem Parmesan bestreuen.

Für 60 Mark einen Italiener

Die ältere Generation Italiener kann sich noch erinnern: auf den Bahnsteigen von Cosenza und Campobasso, mit einem Fahrschein dritter Klasse für die Züge Richtung Brenner in der Hand, alte Koffer, die eine Schnur zusammenhielt, Brot und Käse und anderer Proviant, angespannte Gesichtszüge wie von jemandem, der sich auf einen Kampf vorbereitet. Es waren italienische Auswanderer, die dem armen Süditalien den Rücken kehrten, um eine Stelle in den Fabriken, auf den Baustellen oder in den Bergwerken Deutschlands und anderer nordeuropäischer Staaten anzutreten. Die jüngere Generation hat sie in Filmen wie *Pane e cioccolato* (1973), in dem Nino Manfredi die Rolle eines in die Schweiz Auswandernden namens Franco Busati spielt, kennen gelernt. Das Unglück verfolgt ihn. Er gibt sich als Schweizer aus, wird dabei entdeckt und abgeschoben. 1960 widmete die *Münchner Illustrierte* den italienischen Gastarbeitern eine Reportage unter dem Titel »Für 60 Mark einen Italiener«. Auf dem Titelblatt sieht man eine Gruppe von ihnen, lachend, hoffnungsvoll singend und Gitarre spielend auf einem Bahnhof. Darunter kann man lesen: »Jeden Morgen um acht steigen am Münchner Hauptbahnhof 300 bis 350 italienische Arbeiter aus dem Schnellzug Rom–München. Sie gehören zu dem Hunderttausendmann-Heer jener Italiener, die für sechs Monate – und manchmal auch für länger – ihre Heimat verlassen, um in Deutschland ihr Glück zu versuchen.«

Fünf Jahre früher, am 20. Dezember 1955, hatten die Regierungen Italiens und der Bundesrepublik Deutschland einen Vertrag über die »Anwerbung und Vermittlung von Arbeitskräften« unterzeichnet. Besonders die Menschen in Süditalien, Sizilien und Sardinien litten nach dem Zweiten Weltkrieg unter katastrophalen Lebensbedingungen: hohe Arbeitslosigkeit, niedrige Löhne, Armut und Hunger.

Den meisten Arbeitsmigranten fällt der Abschied von der Heimat nicht leicht.

SPAGHETTI ALLA CARBONARA

für 2 Personen

300 g Spaghetti
150 g Speck
4 Eier
50 g Parmesan

Die Spaghetti in Salzwasser al dente kochen. Abseihen, zurück in den Topf geben und warm halten.

Währenddessen den Speck (ohne Schwarte) in dünne Streifen schneiden und bei mittlerer Hitze knusprig braten. Eier, frisch geriebenen Parmesan und Pfeffer verrühren, dann den Speck zugeben.

Den Topf zurück auf den Herd stellen, die Sauce über die Pasta gießen und bei schwacher Hitze etwa 1 Minute etwas eindicken.

PASTA AL PESTO

Pasta mit Pesto

2 Bund Basilikum
1/2 Bund Petersilie
2 Knoblauchzehen
70 g ungeröstete Pinienkerne
100 g Parmesan
1/4 l Olivenöl
400 g Pasta

Basilikum, Petersilie, Knoblauch und Pinienkerne im Mixer pürieren. Den frisch geriebenen Käse hinzufügen und alles nochmals kurz mixen. Dabei nach und nach das Öl beifügen, so dass eine homogene Paste entsteht. Mit Pfeffer abschmecken.

Die Pasta in Salzwasser al dente kochen. Die Sauce darübergießen und gut unterrühren.

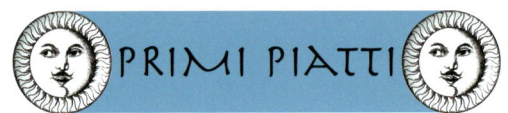

Angehörige sind zum Verabschieden mit zum Bahnhof gekommen.

In der kleinen sizilianischen Stadt Delia zwischen Caltanissetta und Agrigent war die Mehrheit der Arbeitnehmer in den Schwefelbergwerken tätig. Diese gerieten zwischen den fünfziger und siebziger Jahren in eine Krise und waren nicht mehr wettbewerbsfähig. Die Arbeiter verloren daher ihre Stellen. Die Bauern hatten es nicht einfacher im Kampf gegen das trockene Klima und die Dürre. So machten sich Arbeiter und Bauern auf die Suche nach Arbeit im Norden. Einmal in der Fremde, wussten sie nicht, was schlimmer war: die Sehnsucht nach der verlassenen Heimat oder die Wut und die Enttäuschung, weil die Heimat keine Chance bot. Das Wirtschaftsförderungsprogramm für den Mezzogiorno (den Süden des Landes) würde sich erst mit den Jahren bewähren. Ministerpräsident Alcide De Gasperi war sich dessen bewusst und forderte Italiener ohne Arbeit und Perspektive auf, eine Fremdsprache zu erlernen und ins Ausland zu gehen. Zugleich musste Deutschland wieder aufgebaut werden, hier waren viele junge Leute und wertvolle Arbeitskräfte im Krieg gefallen. Die Unternehmer versprachen sich von diesem Vertrag billige Arbeitskräfte aus dem Ausland. Vor der Vertragsunterzeichnung brachte das die Gewerkschaften auf, die erfolglos durchzusetzen versuchten, dass zuerst alle Deutschen eine Arbeit bekommen sollten. Sie erreichten aber »nur« die tarifliche und arbeitsrechtliche Gleichstellung der »Gastarbeiter«.

Es war nicht das erste Mal, dass Italiener in Massen das Land verließen. Einpacken und Auswandern, das hatte in Italien eine lange Tradition. Man denke an die Millionen, die zuvor ihr Glück in den Vereinigten Staaten von Amerika gesucht hatten. Der letzten Erhebung zufolge (2000) sind mehr als 15,7 Millionen Amerikaner italienischer Abstammung. Die meisten von ihnen leben im Nordosten der USA, insbesondere in den Staaten Rhode Island, wo sie 19 % der Bevölkerung ausmachen, Connecticut (18,6 %), New Jersey (17,8 %) und New York (14,4 %).

Darunter waren hauptsächlich unverheiratete junge Menschen, die ihre geringe oder gar nicht qualifizierte Arbeitskraft auf dem amerikanischen Markt anboten. Sie waren vor der Armut auf dem Land geflohen und bereit, viele Stunden für wenig Geld zu arbeiten, und sie machten bald den Iren Konkurrenz, mit denen es daher zu Konflikten kam.

In der Folgezeit des Ersten Weltkriegs stieg die Zahl der italienischen Immigranten. Sie hatten hart zu kämpfen, vor allem gegen die herrschenden Vorurteile, die Gangster wie Al Capone oder Lucky Luciano unter der einheimischen Bevölkerung zementierten. Wenig half die Statistik, die seinerzeit das amerikanische Justizministerium vorgestellt hatte und die zeigte, dass weniger als 0,0025 % der italienischen Einwanderer ins organisierte Verbrechen involviert waren. Die Vorurteile gegen Italiener

FETTUCCINE AI PINOLI

Fettuccine mit Pinienkernen

300 g Truthahnbrust
16 Kirschtomaten
2 EL Olivenöl
2 Hand voll Pinienkerne
400 g Fettuccine

Die Truthahnbrust in Stücke schneiden, die Kirschtomaten vierteln.

In einer Pfanne das Öl erhitzen und die Pinienkerne anrösten – darauf achten, dass sie nicht zu viel Farbe bekommen. Die Truthahnbrust zugeben und anbraten. Die Kirschtomaten hinzufügen und alles 10 Minuten köcheln.

Die Fettuccine in Salzwasser al dente kochen. Abtropfen lassen, in die Pfanne geben und in der Sauce schwenken. Mit Salz und frisch gemahlenem Pfeffer abschmecken.

CAVATIELLI CATENATI

Klößchen mit Speck und Eiern

400 g Hartweizengrieß
100 g Speck
5 Eier
Olivenöl

Den Grieß auf eine Arbeitsfläche sieben und eine Prise Salz zugeben. Nach und nach etwas lauwarmes Wasser zugeben und mit dem Grieß langsam zu einem weichen, elastischen Teig verarbeiten – der Teig ist fertig, wenn er nicht mehr an den Händen klebt. Ruhen lassen.

Mit dem Handballen kleine Teigmengen hin und her rollen, so dass etwa bleistiftdicke Schnüre entstehen. Diese in etwa 2 cm lange Stücke schneiden. Die einzelnen Klößchen mit dem Daumen in der Mitte leicht einkerben, in kochendem Salzwasser bissfest kochen und abgießen.

Den Speck würfeln, die Eier gründlich verquirlen. In einer Pfanne Olivenöl leicht erhitzen und den Speck braten. Die Klößchen untermischen. Die Eimasse zugeben, mit Salz und Pfeffer würzen. Zuletzt alles noch einmal gründlich vermischen und sofort auf vorgewärmten Tellern servieren.

Nicola Sacco und Bartolomeo Vanzetti

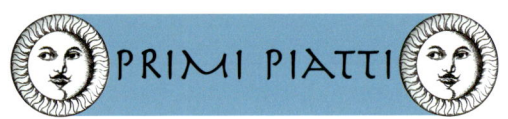

wuchsen, als im Jahre 1921 Nicola Sacco und Bartolomeo Vanzetti, zwei italienische Einwanderer und Anarchisten, wegen eines Raubmords an dem Lohnbuchhalter Palmenter und dem Wächter Berardelli zum Tode verurteilt wurden.

In den 1930er Jahren waren die italienischen Auswanderer politisch motiviert. Wie viele Deutsche vor den Nazis die Flucht ergriffen, so setzten sich Italiener, die dem Faschismus und seinem Führer Benito Mussolini ablehnend gegenüberstanden, nach New York ab. Unter ihnen befand sich der berühmte Dirigent Arturo Toscanini, der an der Metropolitan Opera manchen Erfolg feiern sollte.

Heute bemüht sich die italo-amerikanische Bevölkerungsgruppe stark um ein besseres Image. Sie will endlich die Klischees brechen, die etwa die Filme von Martin Scorsese oder *Der Pate* von Francis Ford Coppola verbreitet haben. In diesem Sinne versuchte im Sommer 2004 eine Gruppe von Aktivisten unter dem Namen »Bündnis der Söhne Italiens in Amerika«, den italienischen Staat davon abzubringen, den Einwanderersohn und Schauspieler Robert De Niro durch die Verleihung der Ehrenbürgerschaft auszuzeichnen. Sie empfanden es als unzulässig, dass ein Schauspieler, der »das Ansehen der Italiener durch seine ständigen Rollen als Krimineller in den Schmutz zog«, die Ehrenbürgerschaft erhalten sollte.

Die ersten Italiener, die nach Deutschland kamen, waren römische Soldaten. Im 13. Jahrhundert folgten lombardische Geldwechsler, Bankiers und Münzmeister in die Städte und an die Höfe der Gebiete des heutigen Deutschlands. Im 17. und 18. Jahrhundert kamen Kaufleute, »Pomeranzenkrämer« – so wurden die Südfrüchtehändler genannt –, Spediteure von Seiden- und Galanteriewaren, Hausierer für Gipsfiguren, Thermo- und Barometer unter anderes mehr. Im 19. Jahrhundert waren es Handwerker, Ingenieure, Fach- und Industriearbeiter, die in den kalten Norden zogen. 1937 sandte die faschistische Regierung den Verbündeten, die für einen neuen Krieg rüsteten, Arbeitskräfte. Ein paar Jahre später hatten sich die Allianzen verändert. Im September 1943 schickte das nationalsozialistische Deutschland seine Soldaten, um das bis dahin verbündete Land zu besetzen. 600.000 italienische Soldaten wurden nach Deutschland deportiert und mussten dort in der Industrie, in der Landwirtschaft und in Bombenräumtrupps arbeiten. Zwischen 1943 und 1945 deportierte die Organisation Todt zahlreiche italienische Zivilisten zum Arbeitseinsatz nach Deutschland.

Die Deutschen beäugten »ihre« Italiener oft mit Misstrauen, Distanz, fürchteten sich vor diesen seltsamen Gesellen aus dem Süden, dunkelhaarig und -äugig, die als verführerische Don Giovannis galten. Eine laufende Gefahr für deutsche Frauen! Nicht selten kam es zu Konflikten zwischen der einheimischen Bevölkerung und den Zugezogenen. »Spaghettifresser« war noch eines der harmlosesten Schimpfwörter – und wohl nicht zufällig kulinarisch gewählt.

Heutzutage ist die italienische nach der türkischen Gemeinschaft in Deutschland die zahlenmäßig größte ausländische Gruppe, und ihre Lebensbedingungen haben sich stark verändert. Der Integrationsprozess kann nach 50 Jahren als vollzogen und erfolgreich gelten. Die Kinder zweiter und dritter Generation sprechen Deutsch besser als die Muttersprache ihrer Eltern, so wie Amilcare im gleichnamigen Gedicht von Pasquale Marino. Amilcare ist der vierjährige Sohn eines italienischen Einwanderers, der im Kindergarten wegen der Herkunft seiner Eltern ausgeschlossen wird. Nur versteht er das nicht, weil er dieselbe Sprache wie sie spricht und sich nicht als »anders« wahrnimmt. In perfektem Deutsch und nicht ohne einen vorwurfsvollen Ton fragt er den Vater, der ihn abholt: »Ist es wahr, Papa, / dass ich ein Italiener bin? / Ein Spaghetti? / So wie du …?«

An jeder Ecke findet sich ein italienisches Restaurant. Es könnte der Eindruck entstehen, dass die Gastronomie weitgehend in italienischen Händen läge. Durch ihre zahlreichen Ristoranti und Pizzerie, ihre Arbeit, ihren Lebensstil haben die Italiener dazu beigetragen, die deutsche Gesellschaft zu verändern und zu bereichern. Und das wird von dieser auch so empfunden, wie man an Essgewohnheiten, Wohnungseinrichtung und der Art, sich zu kleiden, durchaus bemerken kann.

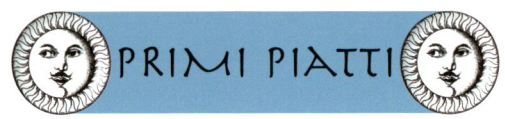

PIZZA ALLA NAPOLETANA

Pizza aus Neapel

für 4 Pizzen zu je 100 g oder für 1 große Pizza

20 g Bierhefe
400 g Mehl

für den Belag von einer Pizza zu etwa 100 g:
70 g Tomaten
50 g Mozzarella
1 Sardelle
1 TL Oregano
2 EL Olivenöl

Die Hefe in 1 Glas lauwarmem Wasser auflösen. 2 bis 3 EL Mehl zugeben und einen glatten Vorteig rühren. In eine leicht eingemehlte Schüssel geben, mit einem Tuch abdecken und an einem warmen Ort 30 Minuten gehen lassen.

Das übrige Mehl auf eine Arbeitsfläche häufen. Den Vorteig in die Mitte geben, 1/2 TL Salz zugeben und durchkneten. Dabei nach und nach etwas warmes Wasser zugeben. 10 Minuten kneten, bis der Teig geschmeidig ist. Im Ganzen oder bereits in vier Portionen aufgeteilt gut abgedeckt an einem warmen Ort etwa zwei Stunden gehen lassen.

Für den Belag die Tomaten kurz mit kochendem Wasser überbrühen, kalt abschrecken und häuten. Halbieren, entkernen und würfeln.

Den Mozzarella würfeln, die Sardelle entgräten und zerkleinern. Den Teig mit Tomaten, Mozzarella und Sardellenstückchen belegen. Mit einer Prise Salz, Oregano und eventuell einer Prise Pfeffer würzen, das Olivenöl darüberträufeln.

Die Pizza im Holzofen 4 bis 5 Minuten backen, mit einem Brotschieber dabei immer wieder verrücken. Im Gas- oder Elektroherd bei etwa 280° auf mittlerer Schiene 15 bis 20 Minuten backen.

Eine große Pizza braucht etwas länger, da das Blech einen Teil der Hitze absorbiert.

PIZZA MARGHERITA

Pizza mit Tomaten, Mozzarella und Basilikum

für den Belag:
4 EL passierte Tomaten
50 g Mozzarella
3 Basilikumblätter oder 1 Prise getrocknetes Oregano
Olivenöl

Den Teig wie oben beschrieben zubereiten.

Mit Tomaten, gewürfeltem Mozzarella und Basilikum belegen. Mit einer Prise Salz würzen, das Olivenöl darüberträufeln.

Die Pizza wie oben beschrieben backen.

Pasta

Es gibt mindestens fünf Dinge, die die Deutschen den italienischen Einwanderern verdanken, fünf gute Gründe, die den Italienern die Sympathie ihrer Gastgeber eingebracht haben. Allen voran selbstverständlich die Pasta. Wie würde das Leben ohne Pasta aussehen? Molto triste! Eigentlich kann und will man es sich gar nicht vorstellen …

Ob wir die Nudeln einem »Erfinder« aus dem Reich der Mitte verdanken, ist eine umstrittene Angelegenheit. Wer aber der Pasta in Deutschland zur Popularität verholfen hat, ist eindeutig. Die italienischen Gastarbeiter wollten auf Nummer sicher gehen, als sie nach Deutschland kamen … Deutschland war Terra incognita, und keiner konnte dafür bürgen, dass man in der Fremde Fettuccine und Rigatoni problemlos bekommen konnte. Um kein Risiko einzugehen, packte Santino Masotano, der an eine Stelle im Ruhrgebiet vermittelt worden war, Spaghetti und Makkaroni samt Spaghettikochtopf in den Koffer. Er hatte Angst, dass es in Deutschland keine ausreichend großen Töpfe geben könne. Jeder wusste, dass die Pasta-Vorräte nicht ewig halten, also ging das ganze Zubehör vom Nudelholz bis zu den Teigschneideapparaturen mit auf die Reise. Das geht aus einer Ausstellung des Westfälischen Industriemuseums über italienische Zuwanderung und deutsche Italiensehnsucht hervor, die 2003 in Bochum gezeigt wurde. Dass es Mitte der fünfziger Jahre bereits Nudeln in Deutschland gab, ist eine belegbare Tatsache. Die Deutschen hatten schon die Bekanntschaft mit dem italienischen Nationalgericht gemacht und das eine oder andere Rezept nachgekocht. Aber neu war die Qualität der Pasta aus Italien, die sich ganz deutlich von der deutschen unterschied. Katinka und Herrmann Mostar brachten es in *Was gleich nach der Liebe kommt – Katherlieschens Kochbuch* auf den Punkt: »Beim Einkaufen haben Sie die Wahl zwischen deutschen und italienischen Spaghetti; der Preis ist neuerdings so ziemlich gleich, die Spaghetti aber nicht: Die italienischen sind aus Hartgrieß ohne Eigehalt hergestellt, während die deutschen einen hohen Eigehalt ausdrücklich angeben; dermaßen ist ihre Farbe von schönerem Gelb, doch ist die Gefahr weit größer, dass sie breiig werden.«

Da italienische Fabrik- und Bauarbeiter weder Zeit noch Lust hatten, selbst Pasta zu fabrizieren, ließen sie sich etwas einfallen, um nicht darauf verzichten zu müssen. Der erste Lieferservice wurde gegründet. Marianno Bresciani, ehemaliger Mitarbeiter im Internationalen Sozialdienst der Caritas, erzählt von einem italienischstämmigen Hausmeister aus Bonn, »der fuhr mit einem VW-Käfer zu einem Großhändler und danach von Wohnheim zu Wohnheim, das Auto voll gestopft mit Spaghettipäckchen.« Mit der Zeit organisierten sich die Gastarbeiter besser, und bald eröffneten die ersten italienischen Lebensmittelläden. Pasta und alles, was der Italiener zu Tisch begehrte, war endlich leichter zu bekommen. Auch die Deutschen fingen an, »beim Italiener« einzukaufen, und die Pasta begann ihren unaufhaltsamen Aufstieg auf deutschem Terrain. Ihre Popularität machte die deutsche Lebensmittelindustrie experimentierfreudig, die in Kürze mit Pasta-Fertigprodukten eine Geld bringende Marktlücke schloss. So bereichern seit Anfang der sechziger Jahre Dosenravioli und Miracoli die Regale deutscher Supermärkte.

Die »Spaghettifresser« brachten ihre neuen Nachbarn nicht nur auf den Geschmack ihres Nationalgerichts, sondern auch darauf, wie man sie zu kochen hatte. »Al dente« war mehr als nur ein neues Lehnwort. »Al dente« vertrieb allmählich die labberig weichen Nudeln aus den deutschen Küchen. Seitdem die Deutschen gelernt haben, ihre Nudeln wie Italiener zu kochen, liegen sie mit ihrem durchschnittlichen Pastaverbrauch von sechs Kilo pro Kopf mit den Franzosen an zwölfter Stelle im internationalen Vergleich. Es erübrigt sich fast, zu erwähnen, dass Italien mit 28 Kilo pro Person unangefochten führt. Italiener berufen sich stolz auf alles, was belegt, dass die Pasta, so wie sie auf unsere Teller kommt, eine italienische Erfindung

PIZZA QUATTRO STAGIONI

Pizza Vier Jahreszeiten

für den Belag:
Butter
50 g Champignons
1 Tomate
50 g Mozzarella
50 g gekochter Schinken
2–3 kleine, in Essig eingelegte Artischocken
7–8 schwarze Oliven
Olivenöl

Den Teig wie beschrieben zubereiten.

Butter zerlassen und die Pilze 15 Minuten anbraten. Die Tomate kurz mit kochendem Wasser überbrühen, kalt abschrecken und häuten.

Tomatenstücke und gewürfelter Mozzarella auf dem Teig gleichmäßig verteilen. Je ein Viertel der Pizza mit Champignons, Schinken, Artischocken und Oliven belegen. Mit einer Prise Salz würzen, das Olivenöl darüberträufeln.

Die Pizza wie beschrieben backen.

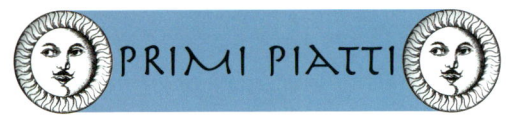

Vom Laufburschen im Lebensmittelladen zum obersten Mafioso – Robert de Niros Paraderolle

rechte Seite: Italienische Gastarbeiter 1970 bei einem Grillfest in Berlin-Marienfelde

PIZZA AL PROSCIUTTO

Pizza mit Schinken

für den Belag:
4 EL passierte Tomaten
50 g Mozzarella
50 g nicht zu magerer gekochter Schinken
Olivenöl

Den Teig wie beschrieben zubereiten.

Mit Tomaten, gewürfeltem Mozzarella und Schinken belegen. Mit einer Prise Salz würzen, das Olivenöl darüberträufeln.

Die Pizza wie beschrieben backen.

PIZZA ROMANA

Pizza mit Tomaten, Mozzarella und Sardellen

für den Belag:
2 eingesalzene Sardellen
4 EL passierte Tomaten
50 g Mozzarella
1 Prise getrockneter Oregano
Olivenöl

Den Teig wie beschrieben zubereiten.

Die Sardellen waschen und entgräten. Den Teig mit Tomaten, gewürfeltem Mozzarella und Sardellen belegen. Mit einer Prise Salz und Oregano würzen, das Olivenöl darüberträufeln. Die Pizza wie beschrieben backen.

ist. Der Verband der industriellen Pastaproduktion Italiens U.N.I.P.I. bestreitet, dass Marco Polo die Nudel von seiner 26-jährigen Erkundungstour durch Asien nach Venedig gebracht habe. In seinem Reisebericht *Il Milione. Die Wunder der Welt* erwähnt er nur, dass auch die Chinesen Weizen zu Maccheroni verarbeiten. Allem Anschein nach war ihm die Bezeichnung schon geläufig. 1279 wurde in Genua ein Dokument verfasst, in dem das Wort »maccheroni« auftaucht. Es handelt sich um ein Erbschaftsinventar des genuesischen Notars Ugolino Scarpa für den Soldaten Ponzio Bastone, der seinen Erben unter anderem »una bariscela plena de macaroni« (einen Korb voller Makkaroni) vermachte, der möglicherweise dank des Schiffshandels mit Sizilien nach Ligurien gelangte. Daraus geht hervor, dass die Pasta in Italien bereits weit vor Marco Polos Rückkehr aus China im Jahr 1295 bekannt war. Das Pasta-Museum in Rom verweist auf etruskische Funde zum Beweis dafür, dass bereits die Uritaliener die Nudeln für sich entdeckt hatten. Es handelt sich dabei um Darstellungen von Rundhölzern und Teigrädchen aus Orvieto und Cerveteri.

In Neapel und Ligurien begann die industrielle Pastaproduktion. Die Pastifici verwendeten für den Teig einen besonders kleberhaltigen Hartweizen, den sie aus dem Schwarzmeergebiet importierten. Als Lenin das staatliche Weizenmonopol einführte, der Weizenanbau zurückging und es zu Hungersnöten in der Sowjetunion kam, wurde der Export dieses Hartweizens eingestellt. Pasta musste mit Hartweizen aus anderen Ländern und eigenem Anbau hergestellt werden. Dabei blieb es auch, als sich die sowjetische Landwirtschaftsproduktion wieder erholte. Seitdem hat sich in der traditionellen Rezeptur nicht viel getan, und in dieser Form fand die Pasta Eingang in die deutschen Küchen.

Gott sei Dank missglückten die Versuche des futuristischen Schriftstellers Filippo Tommaso Marinetti, der dem Faschismus nahe stand, Pasta asciutta abzuschaffen. Er vertrat in seinem *Manifest der futuristischen Küche* von 1930 die Meinung, dass »in dem zu erwartenden künftigen Weltkrieg das agilste und sprungbereiteste Volk siegen werde«, zu dem seiner Ansicht nach die Italiener nicht zählten, weil sie sich falsch ernährten. Italienische Männer hätten etwas anderes essen müssen als Pasta, bei der sie »den typischen ironischen und sentimentalen Skeptizismus entwickeln, der oft ihren Enthusiasmus beschneidet«. Die Italiener gingen nicht auf Marinettis Forderung ein, der sich deswegen gezwungen sah, ein *Manifest der italienischen Küche* zu veröffentlichen, in dem er erneut vor dem »pazifistischen« Charakter der Pasta warnte. Die Italiener hielten nichts von seinen Thesen und stellten ihre Ernährung nicht um. Vielleicht hatten sie den Fehler begangen, das eine oder andere Rezept aus Marinettis futuristischer Küche nachzukochen, zum Beispiel »Exaltiertes Schwein«: eine rohe, gepellte Salami in heißem Espresso, gemischt mit Eau de Cologne.

SECONDO

COTOLETTE ALLA MILANESE

Mailänder Koteletts

4 große Kalbskoteletts mit Knochen
2 kleine Eier
200 g geriebene Weißbrotkrümel
150 g Butter
1 Zitrone

Die Koteletts dem Knochen entlang mit einem Messer leicht lösen, damit sie sich beim Braten nicht zusammenziehen. Fett und Haut am Rand wegschneiden. Das Fleisch mit dem Fleischklopfer (zwischen zwei Klarsichtfolien) flach schlagen.

Die Eier mit wenig Salz und Pfeffer verquirlen, die Weißbrotkrümel auf einem Papier ausbreiten. Die Koteletts von beiden Seiten durch das Ei ziehen, auf die Brotkrümel legen und die Panade mit der Handfläche gut andrücken.

In einer großen Pfanne Butter erhitzen und die Koteletts von beiden Seiten 4 bis 5 Minuten anbraten. Zugedeckt weitere 10 Minuten schmoren.

Mit Zitronenvierteln servieren.

ORATA AL SALE

Dorade mit Meersalzkruste

1 fangfrische, küchenfertige Dorade (etwa 1,5 kg)
1 Rosmarinzweig
1 Schalotte
1 kleine Knoblauchzehe
2 Eiweiß
4 Beutel grobes Meersalz
1 Bund mediterrane Kräuter
4 EL Olivenöl
2 EL Zitronensaft

Den Ofen auf 200° vorheizen. Die ungeschuppte Dorade kalt abbrausen und trockentupfen. Mit dem Rosmarin, der geviertelten Schalotte und dem Knoblauch füllen. Den Bauch gut zuklappen. Die Eiweiß steif schlagen und in einer Schüssel mit Meersalz und 100 ml kaltem Wasser gut vermengen. Das Blech mit Backpapier auslegen und etwa 1 cm hoch mit Meersalz in Form der Fischgröße ausstreichen, einige Kräuter darauflegen. Die Dorade daraufsetzen, mit den restlichen Kräutern belegen und mit dem übrigen Meersalz ganz bedecken, dabei das Salz mit feuchten Händen andrücken. Den Fisch etwa 40 Minuten garen.

Aus dem Ofen nehmen, die Salzkruste vorsichtig aufschlagen und abheben. Die Dorade auf vorgewärmte Teller verteilen, mit Öl und Zitronensaft beträufeln.

Dazu können als Beilage gedämpfte Möhren, Gemüse oder ein gemischter Salat gereicht werden.

Lesenswertes über Italiener in Deutschland findet man in Claudia Martinis Buch (Dietrich Reimer).

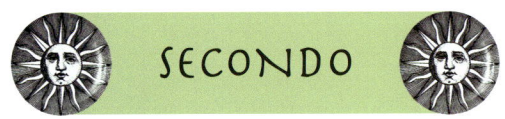

PIZZA

Die Pizza ist der zweite Beitrag der italienischen Einwanderer zur Bereicherung des Esstischs der Deutschen. Ihr weltweiter Erfolg liegt wahrscheinlich in ihrer einfachen Zubereitung begründet. Aus Mehl, Wasser, Hefe, Salz und etwas Olivenöl wird der Pizzateig gemacht. Zählt man noch ein wenig Zeit und Geduld hinzu, sind schon alle Voraussetzungen erfüllt. Dem Belag sind keine Grenzen gesetzt, obwohl die Associazione Verace Pizza Napoletana (AVPN), der Verein der wahren neapolitanischen Pizza, auf nur wenigen Zutaten besteht. Je weniger, desto besser: Tomaten, Mozzarella und Basilikum allein ergeben ein exzellentes Ergebnis. Dies kommt aber bei manchen Deutschen nicht gut an, die eine Vorliebe für eher seltsame Mischungen haben.

1957 war ein besonderes Jahr in der Geschichte der Pizza: Die italo-amerikanischen Celentano-Brüder brachten die tiefgefrorene Fertigpizza auf den Markt. Der ursprüngliche und »natürliche« Werdegang einer Pizza wurde auf den Kopf gestellt. Anstatt den Teig samt Zutaten in den Ofen zu schieben, wurde der Fladen in Plastikhüllen eingeschweißt, eingefroren und landete in der Tiefkühltruhe. In Pappkartons eingepackt fristen Millionen von Pizza Alfredo und Dr. Oetker Pizza ihre frostigen Tage in der Tiefkühlabteilung der deutschen Supermärkte. Dabei hat die Lebensmittelindustrie ein ganz neues Produkt erfunden, das mit der Traditionspizza nur die Zielscheibenform teilt. Die Handarbeit versierter Pizzaioli wurde durch Maschinen ersetzt, Emulgatoren, Stabilisatoren, Farbstoffe und Aromen erweiterten das Spektrum der ursprünglichen Zutaten, und beim Belag wurden die kostenbewussten Industriellen knauserig: Gouda und Formfleisch statt Mozzarella und Schinken.

Mancher Gastronom, getrieben von Ehrgeiz und Experimentierfreude, beteiligte sich an der Revolution der Pizza in Deutschland und schoss nicht selten über das Ziel hinaus. Nicht nur, dass sie blechkuchenhohe und matschige Pizzen hervorbrachten, sie machten von Ingredienzien Gebrauch, die zur Pizza passen wie der Teufel zum Weihwasser. Die Pfui-Ergebnisse heißen Pizza Hawaii, Pizza Bolognese, Pizza Barbecue Chicken, Pizza Chicken Curry und sogar Pizza Leberkäse. Dr. Oetker will demnächst sogar der Nestlé-Tochter Buitoni in Italien Konkurrenz machen und deren Marktanteile übernehmen. Schließlich hat die tiefgefrorene Pizza auch ihren Weg nach Italien gefunden.

Aber jetzt haben sich die echten Pizzaioli empört und lauthals gegen die Mutationen gewandt. Sie gründeten die Associazione Verace Pizza Napoletana und bemühen sich um ein offizielles italienisches Gütesiegel für die Pizza Napoletana. Der Präsident Antonio Pace erklärte im *Voyage*-Jahrbuch: »Wir möchten gerne allen anderen zeigen, wie man die echte neapolitanische Pizza macht. Es kommt darauf an, dass man sie überall machen kann, und das auf bestmögliche Weise.« Er verabscheue den krampfhaften Versuch, etwas Neues kreieren zu wollen, »es gehört zum Schlimmsten, was überhaupt passieren kann, nicht nur bei der Pizza, sondern in der Küche überhaupt«. Pace und seine Mitstreiter geben genau vor, welche Mehl- und Olivenölsorte der Pizzabäcker zu nehmen und wie er damit umzugehen hat, wie lange der Teig gehen soll, welche Eigenschaften der Ofen haben muss. Sie legen sogar Durchmesser (maximal 35 cm) und Dicke (0,3 cm in der Mitte, 1 bis 2 cm am Rand) fest. Was das Belegen angeht: wenige, einfache und erstklassige Zutaten. Auf eine Margherita gehören lediglich Tomaten, Kuhmilchmozzarella und Basilikum. Die Margherita extra wird stattdessen mit Büffelmozzarella veredelt. Die Pizza Marinara wird weder mit Wurst noch mit Schinken belegt: Sie besteht einzig und allein aus Tomaten, Oregano, Olivenöl und Knoblauch.

SECONDO

BISTECCA FIORENTINA

Steak Florentiner Art

am Vortag beginnen / für 2 Personen

1 dickes T-Bone-Steak (800–1000 g)
100 g Rucola
2 Fleischtomaten
1 unbehandelte Zitrone

für die Marinade:
6 EL Olivenöl
3 Knoblauchzehen
2 Rosmarinzweige
1/2 TL Oregano

Für die Marinade Öl, grob gemahlenen Pfeffer, zerdrückten Knoblauch, Rosmarin und Oregano verrühren. Das Steak waschen, trockentupfen und über Nacht marinieren.

Am nächsten Tag den Ofengrill vorheizen. Das Fleisch auf einen Rost über der Fettpfanne legen und von jeder Seite 5 Minuten grillen. Den Grill ausschalten. Das Fleisch auf einen Teller legen und auf dem Boden des geöffneten Ofens 10 Minuten nachziehen lassen.

Den Rucola putzen, die Tomaten in Scheiben schneiden.

Zum Servieren das Steak quer zum Knochen in etwa 2 cm dicke Scheiben schneiden. Auf einem Bett von Rucola und Tomatenscheiben anrichten, salzen und pfeffern. Zitronenachtel dazu reichen.

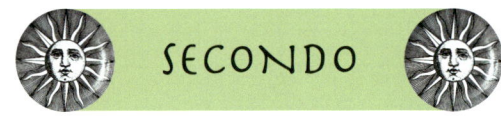

Knoblauch

Und da wir schon beim Knoblauch sind, können wir ihn gleich als dritten Beitrag der transalpinen Einwanderer zur Veränderung des deutschen Lebensstils erwähnen. Kaum zu glauben, aber es waren italienische und aus dem Mittelmeerraum stammende Gastarbeiter, die den Knoblauch in den deutschen Küchen wieder salonfähig machten. Es stimmt zwar, dass Knoblauchpolenta zu den Lieblingsgerichten von Friedrich dem Großen gehörte. Aber die Knolle war völlig aus den deutschen Küchen verschwunden, als die ersten Gastarbeiter in den fünfziger Jahren im kalten germanischen Norden ankamen. Wegen seiner Geruchswirkung war er verpönt, die Leute rümpften die Nase. Ganz anders ging man in Italien damit um. Am Anfang war es nicht so leicht für die neu angekommenen Italiener, die darauf nicht verzichten wollten. Sie standen vor der Aufgabe, den Geruch überdecken zu müssen. Heute sind fast alle Deutschen große Knoblauchfans und machen von der Knolle ausgiebig Gebrauch: Sie rösten sie, legen sie ein, geben sie zu Fleischgerichten und hören genau hin, was die Mediziner alles Wundersames zu sagen haben: Knoblauch senkt den Blutdruck, beugt Arteriosklerose vor und wirkt gegen Fußpilz. Ganz zu schweigen davon, dass sein Enzym Alliinase zusammen mit dem Knoblauchwirkstoff Allicin erfolgreich gegen Krebs (bei Mäusen) eingesetzt wurde. Inzwischen hat niemand mehr etwas gegen den Knoblauchgeruch einzuwenden, und Wolfram Siebeck lehnte sich in der Wochenzeitung *Die Zeit* gegen den geruchlosen Knoblauch auf: »Die Vampire jubeln, die Genießer aber tragen Trauer. Was ist das für ein Knoblauch, der zwar scharf ist wie immer, dem aber das unvergleichliche, einmalige, süßliche Aroma fehlt, diese den Atem vergoldende und Vampire abschreckende Sanftheit, welche wir aus keinem Salat, keinem Gratin und keiner Suppe mehr herausschmecken?«

Franco Biondi hat neben Erzählungen, die sich mit der Einsamkeit, der Ausbeutung und Entfremdung der Gastarbeiter befassen, ein Spottgedicht auf die Knoblauchmode der siebziger Jahre verfasst. Es heißt *Treffsichere Begegnung* (1979): »Weißt du es ist schwer sich zu begegnen / im Lichtteller der Stadt / im Wirbel der Sonderangebote / haben wir uns verloren / also bin ich in eine Knoblauchdolde eingewandert / vielleicht treffen wir uns / noch / auf dem Regal irgendeines Kaufhauses / und können uns endlich küssen / beim Auskosten eines südländischen Gerichts / wenn es nicht zu spät ist / oder zu früh um uns zu suchen: / dein Zug ist stehen geblieben / und ich bin abgefahren: / gerade gleite ich an Schluchten entlang / zum Knoblauchherz hin / wo ich mir ein Zuhause einrichten werde.«

linke Seite oben: Am 25. Mai 1974 demonstrieren italienische Eltern vor dem Kultusministerium in Wiesbaden für zweisprachigen Unterricht an deutschen Schulen.

unten: Blick in ein Saarbrücker Klassenzimmmer während des Italienisch-Unterrichts

SECONDO

CINGHIALE ALLA MAREMMANA

Wildschwein nach Maremmenart

am Vortag beginnen

1 kg Wildschweinfleisch
500 g Tomaten
2 Rosmarinzweige
5 Salbeiblätter
25 cl Olivenöl
Rotwein

für die Marinade:
2 Möhren
2 Zwiebeln
2 Stangen Bleichsellerie
2 Knoblauchzehen
1 Kräuterbund (Rosmarin, Salbei, Lorbeer, Thymian)
1/2 l Rotwein

Für die Marinade alle Gemüse und Kräuter sehr fein hacken und mit dem Rotwein mischen.

Das Wildschweinfleisch in mittelgroße Stücke schneiden, in die Marinade legen und über Nacht zugedeckt kühl stellen.

Am nächsten Tag das Fleisch, Möhren, Zwiebeln, Sellerie und Knoblauch aus der Marinade nehmen und kurz abwaschen – die Marinade wird wegen ihres sauren Geruchs nicht weiterverwendet. Die Tomaten kurz mit kochendem Wasser überbrühen, kalt abschrecken und häuten. Halbieren, entkernen und grob würfeln. Rosmarin und Salbei klein hacken.

In einer Pfanne das Öl erhitzen, Gemüse und Kräuter anschmoren. Das Fleisch kurz anbraten und mit Rotwein ablöschen. Die Tomaten hinzugeben, salzen und pfeffern. Bei schwacher Hitze etwa zwei Stunden zugedeckt schmoren.

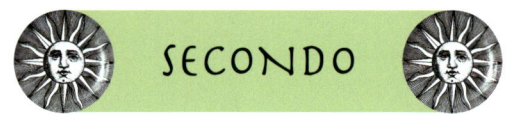

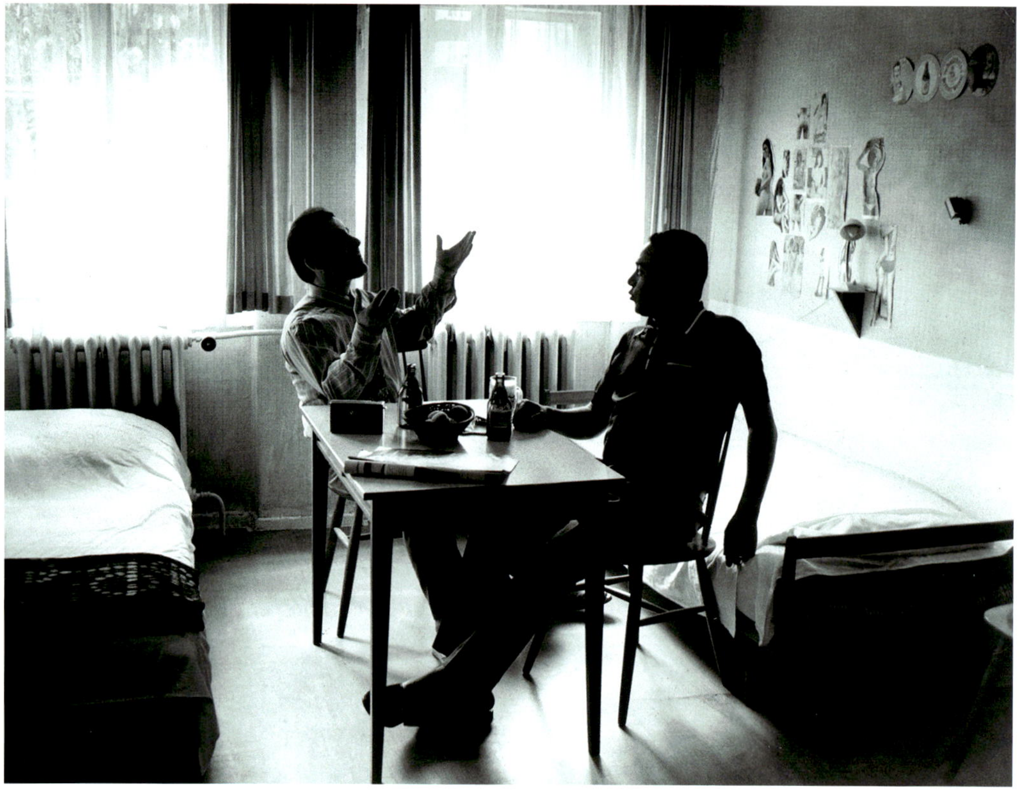

Zweibettzimmer in einem Männerwohnheim, 1971

Fiasco

Ein weiteres Requisit kennzeichnete mehr als andere die italienischen Gastarbeiter bei ihrer Ankunft in Deutschland: der Fiasco, die bastumwickelte Bauchflasche mit toskanischem Chianti. Sicherlich zählte der damalige Chianti gemeinsam mit dem Valpolicella und dem Lambrusco in der Zweieinhalbliterflasche nicht gerade zu den Gourmetweinen. Es kursieren böse Geschichten über die Weinexporteure jener Zeit. Der Chianti war ursprünglich ein einfacher Wein, ein Vino da tavola, den die Bauern für den eigenen Verbrauch anbauten. Anders ging es in Frankreich zu, wo die Weinproduktion in den Händen des Adels lag, der die europäischen Höfe versorgte. Der einst einfache Tafelwein hat sich mit der Zeit qualitativ verbessert und ist international wettbewerbsfähig geworden. Heute gibt es hervorragende Chianti-Weine in schmalen, eleganten Weinflaschen, die weltweit vertrieben werden. Die bauchigen Fiaschi sind Geschichte. Höchstens noch zu dekorativen Zwecken findet man sie in einer Pizzeria, die ihrem Interieur einen melancholischen Hauch hinzufügen will – oder seit Jahrzehnten nicht mehr umdekoriert wurde. »Zu den beliebtesten Italienimporten der sechziger und siebziger Jahre zählte ein mit Stroh umhüllter, flaschenähnlicher toskanischer Kerzenständer. Sein Inhalt gilt heute als nebensächlich«, schreibt Carola Rönneburg.

Lange vor den fünfziger Jahren des letzten Jahrhunderts waren italienische Weine in Deutschland bekannt. Giovanni Battista Davide Raffo war der erste Importeur für italienischen Wein in Berlin. 1871 eröffnete er eine Weinhandlung und betrieb eine Kellerei, in der er seinen Vermouth Raffo herstellte. Die Unternehmer Botto und Trabucchi verkauften italienischen Wein in ihrer Gesellschaft für automatischen Getränkevertrieb, einem System von Weinautomaten in Berlin. Giuseppe De Botazzi schreibt in *Italiani in Germania* (1895): »Botto und Trabucchi eröffneten im Januar 1895 Unter den Linden 51 ein Etablissement, in dem sie Getränkeautomaten für Wein und Likör aufstellten. Die Beliebtheit, derer sich unsere Weine in Deutschland und insbesondere in Berlin erfreuen, hat die beiden Händler dazu ermutigt, ein spezielles System der Weinprobe zu entwickeln, mit dem Ziel, dem Berliner Publikum die Weinsorten unserer besten Produzenten vorzustellen ... Für nur 10 Pfennig bieten sie einen Tafelwein, für zwanzig Pfennig einen feineren oder einen Likör bester Qualität an ... So werden die automatischen Bestellungen des Publikums, das, wie man vermuten kann, überaus zahlreich in der Bar erscheinen wird, unseren Produzenten gewiss nicht zum Nachteil gereichen. Der Einrichtung dieser Bar sollen andere folgen, sobald die erforderlichen Apparate bereitstehen.«

Die bastumwickelte Chianti-Flasche, das beliebteste Mitbringsel über Jahrzehnte

PANNA COTTA

2 Blatt weiße Gelatine
1 Vanilleschote
500 g Sahne
60 g Zucker

Die Gelatine in wenig kaltem Wasser einweichen. Die Vanilleschote aufschneiden und mit der Messerspitze das Mark herauskratzen.

Die Sahne mit der Vanilleschote, dem Vanillemark und dem Zucker aufkochen und 15 Minuten köcheln.

Den Topf vom Herd nehmen, die Vanilleschote entfernen und die ausgedrückte Gelatine einrühren. Die heiße Masse entweder in Dessertschälchen geben oder in kalt ausgespülte Förmchen, damit man sie später stürzen kann.

Dazu schmecken am besten Fruchtsaucen, die man natürlich auch selbst zubereiten kann, indem man Obst mit etwas heißem Wasser püriert und nach Geschmack Zucker zufügt.

CASTAGNACCIO

Kuchen aus Kastanienmehl

für 8 Personen

500 g Kastanienmehl
80 g Rosinen
50 g Zucker
Olivenöl extra vergine
90 g Pinienkerne
Paniermehl
frischer Rosmarin

Das Kastanienmehl sollte so frisch wie möglich sein – erkennbar an einem guten Geruch, der keinesfalls muffig sein darf.

Die Rosinen in lauwarmem Wasser einweichen. Das Kastanienmehl vorsichtig mit dem Zucker mischen und Wasser zugeben, bis eine dickflüssige Masse entsteht. 1/2 Glas Öl sowie eine Prise Salz zugeben und schlagen, damit sich keine Klümpchen bilden. Die Rosinen und die Pinienkerne zugeben.

Den Ofen auf 220° vorheizen. Eine feuerfeste Form mit Öl einfetten und mit Paniermehl ausstreuen. Die Masse in die Form füllen, mit Rosmarinzweigen belegen, mit 1 EL Öl übergießen, mit Pinienkernen bestreuen. Die Form in den Ofen stellen und den Fladenkuchen bei 200° eine knappe Stunde backen – er muss gut durch sein, aber darf nicht verbrennen. Lauwarm servieren.

Dazu passen Quark und Käse, aber auch Akazien- oder Kastanienhonig.

Dieses Rezept stammt ursprünglich aus der Toskana, ist aber mittlerweile in ganz Italien verbreitet.

Früh erkennt WMF einen Trend und liefert bereits 1957 eine Kaffeemaschine zur Zubereitung von Espresso.

Italiener sind darüber hinaus dafür verantwortlich, dass sich deutsche Kaffeesitten gewandelt haben. Es wäre an den Haaren herbeigezogen, zu behaupten, dass Italiener die Deutschen mit Kaffee in Kontakt gebracht haben. Bereits um 1670 wurde arabischer Kaffee in Deutschland bekannt und entwickelte sich schnell zu einem beliebten Getränk der Oberschicht. Mit den portugiesischen, holländischen und französischen Plantagen in den Kolonien wurde Kaffee allmählich zum Massenprodukt und eroberte auch andere Schichten der Gesellschaft.

Was die Italiener an der deutschen Kaffeekultur geändert haben, ist die Art, wie man ihn kocht und trinkt. Nimmt ein Italiener seinen Caffé auswärts zu sich, dann trinkt er ihn im Stehen an der Bar und zieht sofort weiter. Deutsche Kaffeetanten und -onkel dagegen lassen sich viel Zeit und genießen ihre Kaffeepause gemütlich und in aller Ruhe. Doch die Sitten ändern sich langsam auch in der Bundesrepublik, wo immer zahlreicher kleine Segafredo-Kaffeestände auf Bahnhöfen und in Einkaufszentren eröffnet werden: für den »kleinen Schwarzen« zwischendurch, den die Deutschen mittlerweile ihrem gewöhnlichen Filterkaffee vorzuziehen scheinen. Das wundert keinen, denn es liegen Welten zwischen Espresso und Filterkaffee. Mit der Einführung des Espresso hat eine ganze Reihe von Utensilien Einzug in den deutschen Haushalt gehalten. Die allererste Neuerung war die Caffettiera, das schlichte Espressokännchen aus Aluminium. Sie wird langsam durch vollautomatische Kaffeemaschinen ersetzt, die mit nur einem Knopfdruck zu betätigen sind. Jeder Zweite hat schon so ein Prachtstück bei sich stehen, um sich cremigen Kaffee machen zu können, der genauso gut oder sogar besser schmeckt als an der Bar. Nur mit den besten Kaffeemaschinen entsteht die Crema, »eine Schicht aus ätherischen Ölen, die sich aromaschützend über den Kaffee legt. Der Espresso sei das Herz, die Crema die Seele des Kaffees, behauptet der Espressoapostel«, schreibt Carola Rönneburg.

Und wer Caffé latte, Cappuccino, Espresso macchiato oder – der große Renner zurzeit – Latte macchiato liebt, kann getrost den kleinen Topf vergessen, in dem man früher aufwändig die Milch schaumig schlug. Der Wasserdampf aus der Vollautomatik garantiert fest und schön geschäumte Milch.

Der italienische Schlagerwettbewerb »Cantagiro« lockt 1965 Tausende Italiener in die Frankfurter Festhalle.

DOLCI

CREMA BAVARESE

Bayerische Creme

für 6 Portionen

3 Blatt Gelatine
1/2 l Milch
1 Gläschen Vanilleextrakt
3 TL Pulverkaffee
6 Eigelb
200 g Zucker
250 g Schlagsahne
Butter

Die Gelatine in wenig kaltem Wasser einweichen.

In einem Topf die Milch erwärmen, Vanille und Kaffee hinzufügen. Die Eigelbe mit dem Zucker schaumig schlagen und in die Milch einrühren. Weiter erhitzen bis zur Gartemperatur des Eigelbs, die bei etwa 60° liegt. Die Gelatineblätter aus dem Wasser nehmen und abtropfen lassen.

Den Topf vom Herd nehmen, die Gelatine hinzufügen und gut rühren. Die Schlagsahne steif schlagen und unter die abgekühlte Creme ziehen. Eine Form einbuttern, die Creme einfüllen und mindestens fünf Stunden in den Kühlschrank stellen.

Crailsheim

Halberstadt

Eiscafé

Wer noch nicht in den Genuss der modernen Technologie zu Hause gekommen ist, dem seien herzlich die Eiscafés empfohlen, die seit den fünfziger Jahren wie Pilze aus dem Boden geschossen sind. Wer Espresso oder Cappuccino alternativ zu Filterkaffee genießen möchte, ist dort jederzeit gut aufgehoben. Sie sind ein weiterer Beitrag aus Bella Italia zum Wohlgefühl und Lebensstil der Deutschen. Einst waren es italienische Saisonarbeiter aus Venetien, die Eis verkauften, weshalb noch heute viele der Eisdielen Eiscafé Venezia heißen. Später gesellten sich auch Einheimische dazu, die in die Geheimnisse des Handwerks eingeweiht worden waren. Gelato wurde in den ersten Phasen seiner Verbreitung mit kleinen Wagen transportiert und mit dem Portionierer aus Kühlbottichen geschöpft. Doch die Stadtoberen waren damit ganz und gar nicht zufrieden. Sie sorgten sich um das körperliche und seelische Wohl ihrer kleineren Mitbürger und machten die Eltern darauf aufmerksam, dass nicht nur der Eisverzehr schädlich für die Gesundheit ihrer Kinder, sondern auch die Gespräche um den Eiswagen herum nicht erbauend seien. Bei Erdbeer- und Zitronenaroma turtelten die jungen Leute, manch ein Techtelmechtel begann dort, und dies in einer Zeit, als andernorts auf die Geschlechtertrennung noch streng geachtet wurde. So argumentierte zumindest die Braunschweiger Stadtobrigkeit, die mit Hilfe eines Gesetzes die ambulanten Gelatai veranlasste, sich in geschlossenen Räumen niederzulassen. Eisverkäufer durften nun nicht mehr auf der Straße verkaufen, dafür aber ein Eiscafé eröffnen. Wir verdanken es also dem niedersächsischen Gesetzgeber, wenn wir heute im Sitzen unser Eis konsumieren dürfen – selbst im Winter bei Minustemperaturen, wenn uns unbedingt danach ist.

In den fünfziger Jahren waren Eisdielen und Eiscafés »in«, vor allem unter den jüngeren Leuten, die dort eine echte Alternative zu den rustikalen Bierschenken fanden. Eine Jukebox sorgte für die richtige Stimmung, und zum Klang der aktuellen Schlager träumte die Nachkriegsjugend von Italien, das der eine oder andere in elterlicher Begleitung bereits gesehen hatte. Um das Fernweh nach der Heimat des Gelato zu verringern, drückte die Firma Langnese der deutschen Jugend ein Stück Italien in die Hand: 1959 erfand sie das Capri-Eis.

Die Eisherstellung mag sich im Vergleich zu einst geändert haben, die Rezepturen sind komplizierter geworden, chemisch hergestellte Aromen und Spezialmischungen werden den frischen Zutaten hinzugefügt, wenn sie diese nicht ganz ersetzen. Aber eines ist beim Alten geblieben: In Deutschland sind die meisten Eisverkäufer Saisonarbeiter, die in den warmen Monaten genug Geld verdienen müssen, um auch im Winter überleben zu können. Viele kehren in die Heimat zurück, zum Beispiel die Gelatieri der Dolomitentäler Val di Zoldo und Cadore, die seit Menschengedenken Eismacher sind. Dort verbringen sie den Winter.

Während aus dem Süden Italiener nach Deutschland zum Arbeiten kamen, stieg Familie Müller in den VW und fuhr dorthin in Urlaub. Der Austausch, der bewusst und unterbewusst auf deutschem Boden stattfand, wurde durch den Italienaufenthalt vieler Deutscher ergänzt. 1955 verbrachten über 2,5 Millionen Deutsche ihren Urlaub dort. Zehn Jahre später hatte sich die Zahl verdoppelt. Der Verleger Klaus Wagenbach, leidenschaftlicher Italienfan, entsinnt sich im Berliner *Tagesspiegel*: »Wir hatten die halbe Welt mit Krieg überzogen, die waren froh, dass sie uns 'ne Weile nicht sehen mussten.« Die Italiener reagierten wohl anders, »weil sie unendlich gastfreundlich sind, und weil sie Mitfaschisten waren – die konnten so weit das Maul auch nicht aufreißen«. So machten sich die Italienurlauber auf die Reise. Anfang der sechziger Jahre fuhren die meisten mit dem Auto, die übrigen mit dem Zug.

1963 lancierte die deutsche Bundesbahn eine Werbekampagne für ihre Autoreisezüge, die die Vorteile der Bahnfahrt und die der Reise mit dem Pkw vereinen sollten. Das Plakat warb mit einem Wortspiel:

DOLCI

GELO DI ANGURIA

Wassermelonen-Eis

für 6–8 Portionen

1 große oder mehrere kleine Wassermelonen (2,25–3 kg)
4–6 EL Zucker
2 EL Maisstärke
1/4 TL Vanilleextrakt
2 EL gewürfelte kandierte Früchte
2 EL grob gehackte süße Schokolade

Das rote Fruchtfleisch der Melone herausschneiden und durch ein Sieb streichen, um die Kerne zu entfernen – es sollte sich etwa 1 l Flüssigkeit ergeben.

In einem großen, tiefen Topf das Fruchtfleisch mit Zucker und Maisstärke auf mittlere Hitze bringen, die Mischung ständig rühren, bis sie fast den Siedepunkt erreicht und ein cremiges Aussehen annimmt. Den Topf vom Herd nehmen und die Mischung auf Zimmertemperatur abkühlen lassen.

Vanilleextrakt, kandierte Früchte und Schokolade unterrühren. Die Mischung in eine große Form oder acht kleine Förmchen füllen. Im Tiefkühlfach drei Stunden oder länger kalt und fest, aber nicht hart werden lassen.

Herne

»Dolce fahr niente im Autoreisezug«.

Ab und zu entschied sich ein junger Mann, eine Vespa zu erwerben, die in den fünfziger Jahren für viele Deutsche italienisches Lebensgefühl symbolisierte. Damit fuhr er über den Brenner nach Hause, wo der Roller von nun an immer beliebter wurde und mehr und mehr Anhänger fand. Auf diese Zeit geht der noch heute bestehende Vespa-Veteranen-Club Deutschlands zurück. Ohne Italienurlaub kein Vespa-Roller auf deutschen Bundesstraßen.

Nicht alles Italienische wurde also von Gastarbeitern in Deutschland eingeführt. Manches nahmen auch die Deutschen vom Urlaub mit nach Hause. Und nicht nur Fernweh, Muschelkästchen, Ziergondeln und Lebensmittel packten sie ein, sondern auch Modeaccessoires, Kleidung, Lederwaren und jede Menge Lehnwörter aus dem italienischen Wortschatz, die Eingang in die deutsche Sprache fanden.

Es bedarf keines Fremdwörterbuches mehr, um Wörter wie »signorina«, »ciao« oder »tombola« zu verstehen. Und jede deutsche Frau kennt die Bedeutung ihrer Lieblingszeitschriften *Amica*, *Bella* und *Allegra*. Die Lebensmittelindustrie bediente sich ebenfalls dieses Trends und beauftragte Werbeagenturen, sich pseudoitalienische Namen für ihre Produkte auszudenken. Das beste Beispiel lieferte die Firma Ferrero, die 1951 ihre Nussnougatcreme »Supercrema« in »Nutella« umbenannte. Seitdem gehört sie in jeden Haushalt, weil Nutella mehr als nur ein Brotaufstrich ist. Sie ist ein Lebensgefühl, ein Trost an Tagen deprimierenden Wetters, ein Elixier gegen Frust und Liebeskummer, ein Wundermittel gegen alles Negative. Ein paar Löffel, und alle bösen Gedanken sind vertrieben. So wird Sehnsucht im Mund gestillt.

Modellbahn-Bausatz »Eiscafé Venezia«

REGISTER

ALLE
REZEPTE
AUF EINEN BLICK

Alle Rezepte sind, soweit nicht anders angegeben, für vier Personen berechnet.

ANTIPASTI

VORSPEISEN

PRIMI PIATTI

ERSTER GANG

SECONDO

ZWEITER GANG

DOLCI

SÜSS-SPEISEN

DIE DARSTELLER

KURZBIOGRAFIEN

IN ALPHABETISCHER REIHENFOLGE

Willem van Aelst (um 1626/27–nach 1683), holländischer Stilllebenmaler, lebte von 1645–1649 in Frankreich, bis 1656 in Italien. Dort war er für Ferdinand II. De Medici tätig.

Fabrizio de André (1940–1999), italienischer Sänger und Songschreiber, als Violinist spielte er in mehreren Jazzbands.

Giulio Andreotti (1919), mehrmaliger italienischer Ministerpräsident in den siebziger, achtziger und neunziger Jahren, der Kontakte zur Mafia unterhielt, 1993 erste Prozesse wegen Andreottis angeblicher Mafiabegünstigungen, wurde 2002 zu 24 Jahren Haft verurteilt. Das Urteil wird ein Jahr später wegen Verjährung aufgehoben.

Gabriele D'Annunzio (1863–1938), Schriftsteller des Fin de Siècle und spätromantischer Vertreter des Symbolismus, seit 1897 Parlamentsabgeordneter der Konservativen und dem Faschismus nahe stehend.

Michelangelo Antonioni (1912), Filmregisseur und -kritiker, Maler und Prosaautor, drehte Kurzfilme im neorealistischen Stil, Zusammenarbeit mit Roberto Rossellini und Luchino Visconti, 1995 Oscar für sein Lebenswerk.

Marcus Gavius Apicius, römischer Feinschmecker und Kochbuchherausgeber. Das »Apicius Kochbuch« stellte noch im Mittelalter die beliebteste Rezeptsammlung in der Europa damals bekannten Welt dar.

Giuseppe Arcimboldo (1527–1593), Maler des Manierismus. Er malte skurrile Umkehrbilder, Allegorien und Porträts, wie die Bilderfolge »Die vier Jahreszeiten«. Arcimboldo wirkte in Wien und Prag, bevor er 1587 nach Mailand zurückkehrte.

Pellegrino Artusi (1820–1911), Schriftsteller und Verfasser des Buchs »Von der Wissenschaft des Kochens und der Kunst des Genießens« (1891).

Bacchus (auch Dionysos), Gott des Weines und der Fruchtbarkeit.

Rosa Balistreri (1927–1990), sizilianische Volkssängerin, die 1966 ihre Karriere begann und an der Show »Ci ragiono e canto« von Dario Fo teilnahm. Bekannt ist ihr Lied »Quanno moru«.

Al Bano und **Romina Power**, italienisches Gesangsduo, das mit den Songs »Felicitá« (1982) und »Sempre, sempre« (1986) erste Erfolge hatte.

Ingrid Bergman (1915–1982), schwedische Schauspielerin, seit 1939 Rollen in amerikanischen Produktionen, v. a. in Hitchcocks Filmen, 1950–1955 Auftritte in italienischen Filmen des Regisseurs Roberto Rossellini, mit dem sie zeitweilig verheiratet war.

Silvio Berlusconi (1936), amtierender Ministerpräsident und Regierungschef Italiens, umstritten aufgrund seiner Dominanz in der italienischen Medienlandschaft durch die Gruppe »Mediaset« und im Bausektor, auch bekannt dafür, Gesetze auf seine Person zuschneiden zu lassen, um sich vor Strafverfolgung zu schützen.

Franco Biondi (1947), Psychologe und Schriftsteller. Er kam 1965 für zehn Jahre als »Gastarbeiter« in die Bundesrepublik. 1976–1982 Psychologiestudium in Frankfurt. 1980 gründete er die Literaturgruppe »südwind gastarbeiterdeutsch« und war Mitinitiator des Literatur- und Kunstvereins »PoLiKunst«, 1987 Adelbert-von-Chamisso-Preis.

Umberto Boccioni (1882–1916), italienischer Maler, Bildhauer und Kunstschriftsteller, gilt als Hauptvertreter des italienischen Futurismus. Seit 1907 war er in Mailand tätig, wo er mit Filippo T. Marinetti 1910 das »Futuristische Manifest« unterzeichnete.

Andrea Bocelli (1958), promovierter Jurist und Sänger (Tenor), bekannt ist seine Interpretation von »Con te partiró« (1996) im Duett mit Sarah Brightman und dem London Symphony Orchestra, erblindete mit zwölf Jahren vollständig.

Federico Borromeo (1564–1631), Mailänder Erzbischof und Kardinal, wichtiger Auftraggeber des flämischen Malers Jan Brueghel d. Ä., Begründer der Biblioteca Ambrosiana.

Paolo Borsellino (1940–1992), italienischer Richter und »Mafia-Jäger«. 1980 wurden die ersten Mafiosi dank den von ihm und Emanuele Basile durchgeführten Untersuchungen verhaftet. Im gleichen Jahr wurde der Antimafia-Pool gegründet, in dem die Richter Falcone, Borsellino und Barrile sowie die Kommissare Ninni Cassarà und Beppe Montana arbeiteten. Er wird 1992 von der Mafia ermordet.

Giuseppe De Botazzi, Autor von »Italiani in Germania« (1895) in Zusammenarbeit mit Gino Chiellino und Alberto Faussore.

Botto und Trabucchi, Weinhändler, die 1895 in Berlin eine Weinfiliale eröffneten, in der sie Getränkeautomaten für Wein und Likör präsentierten.

Marlon Brando Jr. (1924–2004), amerikanischer Schauspieler, 1947 erste Hauptrolle als Kowalski in Tennessee Williams' »Endstation Sehnsucht«, 1954 Oscar für »Die Faust im Nacken«. 1973 lehnt Brando einen Oscar für die Figur des Don Vito Corleone in dem Mafiaepos »Der Pate« ab.

Fred Buscaglione (1921–1960), Sänger des italienischen Gassenhauers »Che bambola« (1956) und Schauspieler in »Die Hartgesottenen« (1957). 1960 verunglückte er bei einem Autounfall tödlich.

Alphonse Gabriel (Al) Capone (1899–1947), legendärer Chicagoer Gangsterboss während der Prohibition in den zwanziger und dreißiger Jahren, 1931 Verurteilung zu elf Jahren Gefängnis wegen Steuerhinterziehung.

Eduardo di Capua (1865–1917), italienischer Sänger und Songschreiber, gemeinsam mit dem Dichter Giovanni Capurro schrieb er »O' sole mio«. Dieses Lied wurde u. a. interpretiert von Enrico Caruso, Plácido Domingo und Paul McCartney.

Michelangelo Merisi Caravaggio (1573–1610), Barockmaler und Manierist, der mit dramatischen Hell-Dunkel-Kontrasten arbeitete. 1597 entstanden in der Contarelli-Kapelle in San Luigi dei Francecsci »Die Berufung des heiligen Matthäus« und das Altarbild »Inspiration des heiligen Matthäus«.

Claudia Cardinale (1939), italienische Schauspielerin, wirkte in mehreren Produktionen von Federico Fellini und Luchino Visconti mit, u. a. in »Der Leopard« (1963). Sie war zeitweise mit dem italienischen Regisseur Pasquale Squitieri verheiratet.

Carlo Carrá (1881–1966), Designer, Maler, Zeichner, Grafiker, Kunsttheoretiker, 1899 Dekorateur der Weltausstellung in Paris. Er war mit Umberto Boccioni und Filippo T. Marinetti befreundet und schloss sich 1908 der futuristischen Gruppe an.

Enrico Caruso (1873–1921), Opernsänger, seine berühmtesten Rollen waren der Canio aus Leoncavallos »I pagliacci« und der Radames aus »Aida«. Caruso war bereits mit Mitte 20 ein Star und sang in Mailand, Neapel, London und vor allem New York. Ihn verband eine enge künstlerische Freundschaft mit Paolo Tosti und Giacomo Puccini, die viele ihrer Werke für ihn schrieben.

Adriano Celentano (1938), Schlager- und Rocksänger, Schauspieler, Regisseur und Produzent, erfolgreich mit seiner Interpretation von »La coppia più bella del mondo« und »Azzurro« von Paolo Conte.

Celentano-Brüder, 1957 brachten die italo-amerikanischen Celentano-Brüder die erste tiefgefrorene Fertigpizza auf den Markt.

Gino Cervi (1901–1974), Filmschauspieler, im deutschsprachigen Raum wurde er als der kommunistische Bürgermeister Peppone in den Don-Camillo-Filmen nach den Büchern von Giovanni Guareschi bekannt.

Ricardo Cocciante (1946), Komponist und Sänger, mit Vangelis nahm Cocciante 1978 sein »Concerto per Margherita« auf. Das Titellied wurde einer seiner größten internationalen Erfolge, sein Lied »Se stiamo insieme« gewann den 1. Preis beim San Remo Festival.

Fernand Joseph Désiré Contandin (1903–1971), Schauspieler und Sänger, der unter seinem Künstlernamen **Fernandel** in mehreren Don-Camillo-Filmen mitwirkte.

Paolo Conte (1937), Chansonsänger, Jazzmusiker, Komponist und Maler. Der Durchbruch als Komponist und Autor gelang ihm, als Adriano Celentano von ihm geschriebene Lieder interpretierte, darunter »La coppia più bella del mondo« und »Azzurro«.

Francis Ford Coppola (1939), Filmregisseur, Produzent und Drehbuchautor, besonders erfolgreich waren seine Filme »Der Pate«, dessen Fortsetzungen und das Vietnam-Epos »Apocalypse Now«.

Luciano De Crescenzo (1928), Ingenieur und Schriftsteller. Sein aktuelles Buch »Und sie bewegt sich doch« (2004) handelt von den großen Denkern des 15. und 16. Jahrhunderts.

Michael Dipdin (1947), schottischer Kriminalautor, 1978 erster Erfolg mit »Die letzte Sherlock Holmes Geschichte«, in den achtziger Jahren unterrichtete Dipdin Englisch an der Universität von Perugia. Hier ersann er die Figur des Aurelio Zen mit seinem ersten Fall »Entführung auf italienisch« (1988).

Umberto Eco (1932), Schriftsteller, Medienwissenschaftler und Professor für Semiotik an der Universität Bologna, Begründer der Theorie der Kultursemiotik, zu seinen literarischen Arbeiten zählen die Romane »Der Name der Rose« (1980), »Das Foucaultsche Pendel« (1988) und »Baudolino« (2000).

Kerstin Anita Marianne Ekberg (1931), schwedische Filmschauspielerin und Sexsymbol, sie spielte Anfang der sechziger Jahre in zwei Produktionen von Federico Fellini mit, in »La dolce vita – Das süße Leben« neben Marcello Mastroianni und in »Boccaccio 70«. 1986 erneute Zusammenarbeit in Fellinis »Intervista«.

Giovanni Falcone (1939–1992), italienischer Richter und neben Paolo Borsellino Symbolfigur des Kampfes gegen die organisierte Kriminalität im Süden Italiens. Anfang der 1980er Jahre baute er in Palermo eine Sonderkommission zur Bekämpfung der Cosa Nostra auf, seit 1987 leitete er als Untersuchungsrichter Massenprozesse gegen Mitglieder der Mafia, von denen zahlreiche zu Haftstrafen verurteilt wurden. 1992 wurde er zusammen mit seiner Ehefrau und drei Leibwächtern durch eine Bombe getötet.

Federico Fellini (1920–1993), Filmproduzent und Regisseur, Vertreter des neorealistischen Films, 1951 Filmdebüt »Lo sceicco bianco«, mehrere Filmdrehbücher für Roberto Rossellini und Pietro Germi, Zusammenarbeit mit Giulietta Masina, seit 1943 seine Ehefrau, Marcello Mastroianni und Anita Ekberg, 1993 Oscar für sein Lebenswerk.

Eduardo De Filippo (1900–1984), Schauspieler, Drehbuchautor und Produzent, in den fünfziger Jahren arbeitete er bei mehreren Filmprojekten, meist leichte Komödien, mit Vittorio De Sica zusammen.

Dario Fo (1926), Dramatiker, Schauspieler und Regisseur, 1970 gründete Fo das Theaterkollektiv »La Comune«, das sich zu einem massenwirksamen Volkstheater entwickelte. Immer wieder wurde Fo in Prozesse verwickelt, mehrmals sogar auf offener Bühne verhaftet. Bedeutende Stücke sind »Bezahlt wird nicht!« (1974) und »Zufälliger Tod eines Anarchisten« (1970), 1997 Literaturnobelpreis.

Piero Fornasetti (1913–1988), Mailänder Designer, war mit dem Architekten Gio Ponti befreundet.

Friedrich I., genannt Barbarossa (1122–1190), aus dem Haus der Staufer, seit 1152 römisch-deutscher König, ab 1155 Kaiser des Heiligen Römischen Reiches.

Giuseppe Garibaldi (1807–1882), Freiheitskämpfer und einer der populärsten italienischen Protagonisten des Risorgimento, der italienischen Einigungsbewegung zwischen 1820 und 1870.

Giovanna Garzoni (1600–1670), Miniaturmalerin, die zunächst mehrere Bildnisse für den Florentiner Hof malte, bevor sie 1630 in Neapel für den Herzog von Alcala arbeitete. später lebte sie in Rom und war Mitglied der Akademie S. Luca.

Vittorio Gassman (1922–2000), Schauspieler und Regisseur, Zusammenarbeit mit der Theatergruppe um Luchino Visconti. Der Durchbruch als Schauspieler gelang Gassmann 1948 in »Bitterer Reis«.

Pietro Germi (1914–1974), Regisseur und Schauspieler, zu seinen erfolgreichsten Filmen zählen »Serafino« (1968) und »Alfredo, Alfredo« (1972), 1961 Oscar für das beste Drehbuch für »Divorzio all'italiana«.

Benjamino Gigli (1890–1975), Tenor, studierte an der Accademia di S. Celilia in Rom bei Antonio Cotogni und Enrico Rosati, trat an den großen italienischen Bühnen auf und entwickelte sich zum Tenor vom Range Enrico Carusos.

Johann Wolfgang von Goethe (1749–1832), Dichter, Naturwissenschaftler, Kunsttheoretiker und Staatsmann, 1786–1788 Italienreise, 1816/17 »Italienische Reise«, 1788–1790 »Römische Elegien«.

Carlo Goldini (1707–1793), Komödiendichter und Librettist, 1734 Assistent am Opernhaus von Venedig, 1743–1748 Advokat in der Toskana, seit 1748 Stücke für das Theater Sant' Angelo in Venedig, 1761–1791 Ruf an das Italienische Theater in Paris.

John Gotti (1940–2002), Gangsterboss, der nach Al Capone bekannteste Angehörige des organisierten Verbrechens in den USA. Er gehörte dem Gambino-Clan an, 1992 wurde Gotti zu lebenslanger Haft verurteilt.

Jean Grandville (1803–1847), französischer Buchillustrator, Karikaturist und Zeichner. Nach der Julirevolution wurde Grandville zusammen mit Alexandre-Gabriel Decamps und Honoré Daumier die Seele der satirischen Zeitschriften »La Caricature« und »Le Charivari«.

Giovanni Guareschi (1908–1968), Journalist, Karikaturist und Schriftsteller, bekannt wurde er durch seine Geschichten über Don Camillo und Peppone.

Renato Guttuso (1911–1987), Maler, der in Palermo, Rom und Mailand wirkte, schloss sich 1940 der italienischen kommunistischen Partei an.

Giuseppe Tomasi di Lampedusa (1896–1957), Schriftsteller, sein einziger Roman »Der Leopard« (postum 1958) wurde 1963 von Luchino Visconti erfolgreich verfilmt mit Burt Lancaster und Alain Delon in den Hauptrollen.

Burt Lancaster (1913–1994), Sohn einer Artistenfamilie, Schauspieler, Regisseur und Produzent, verkörperte Wildwesthelden, aber auch ernste Charaktere, 1960 Oscar für seine Darstellung eines Handlungsreisenden in »Elmar Gantry«.

Mario Lanza (1921–1959), amerikanischer Tenor, der in den fünfziger Jahren der wohl bekannteste Opernsänger der Welt war, zusätzlich bekannt durch seine Rollen in Hollywoodfilmen. Sein populärstes Werk war die Verfilmung des Lebens seines großen Idols Enrico Caruso unter der Regie von Richard Thorpe.

Bartolomeo Ligozzi (1620–1695), Maler von Stillleben, Neffe von Giacomo Ligozzi (um 1547–1626).

Gina Lollobrigida (1927), Schauspielerin und Sängerin, 1946 Studium der Bildhauerei und Malerei in Rom, seit den fünfziger Jahren erste Erfolge in »Fanfan, der Husar« und »Die Schönen der Nacht«, seit 1972 Fotografin und Mitarbeiterin der UNESCO.

Pietro Longhi (1702–1785), venezianischer Goldschmied und Rokokomaler, der sich vor allem der Genremalerei widmete.

Sophia Loren (1934), Filmschauspielerin, seit 1957 verheiratet mit dem Filmproduzenten Carlo Ponti, in den fünfziger und sechziger Jahren Zusammenarbeit mit Vittorio De Sica (»L'oro di Napoli«), häufige Filmpartnerin Marcello Mastroiannis.

Charles Luciano (1896–1962), besser bekannt als Lucky Luciano, legendärer US-amerikanischer Mafioso.

Nino Manfredi (1921–2004), italienischer Schauspieler und Drehbuchautor, 1961 brillierte er in Luigi Comencinis »A cavallo della tigre« neben Mario Adorf und Gian Maria Volonté. In den folgenden Jahren wurde er zu einem der bekanntesten Komödienstars des italienischen Kinos.

Alessandro Francesco Tommaso Manzoni (1785–1873), Schriftsteller der italienischen Romantik, bedeutend sein Roman »I promessi sposi« von 1822.

Filippo Tommaso Marinetti (1876–1944), zentrale Figur des italienischen Futurismus. 1909 veröffentlichte er das »Futuristische Manifest«. 1919 wurde er Mitglied der faschistischen Partei; fünf Jahre später pries er den Faschismus in seinem Buch »Futurismo e Fascismo« (1924). Unter Benito Mussolini avancierte Marinetti zum Kultusminister.

Marcello Mastroianni (1924–1996), Filmschauspieler, der ernste und komische Charaktere darstellte, wie in »Das süße Leben« (1960) und »Das große Fressen« (1973).

Anna Maria Mazzini (1940; genannt **Mina**), italienische Schlagersängerin, die mit dem Hit »Heißer Sand« (1962) auch in Deutschland bekannt wurde. In Italien erscheint von ihr jedes Jahr ein neues Album.

Die **Familie De Medici** war im Florenz des 15. und 16. Jahrhunderts ein bedeutender Förderer der Kunst und der Architektur. Die Medici waren u. a. Mäzene von Donatello, Filippo Lippi, Michelangelo, Sandro Botticelli und Leonardo da Vinci.

Alessandro Mendini (1931), italienischer Designer und Theoretiker. Er entwarf zahlreiche Alltagsgegenstände, z. B. für die Firmen Alessi und Swatch.

Giorgio Morandi (1890–1964), italienischer Maler, 1930 Professor für die Technik der Radierung an der Akademie von Bologna, 1956 erste Museumsausstellung in Winterthur.

Elsa Morante (1918–1985), Schriftstellerin, seit 1941 mit dem Schriftsteller Alberto Moravia verheiratet, befreundet mit Natalia Ginzburg und Pier Paolo Pasolini. Sie verfasste mehrere Romane, darunter »L' isola d'Arturo« und »La Storia«.

Alberto Moravia (1907–1990), Schriftsteller, 1929 erster existenzialistischer Debütroman »Die Gleichgültigen«, ab 1930 Auslandskorrespondent für italienische Tageszeitungen, 1943 Flucht mit seiner Frau Elsa Morante in die Berge von Ciociaria. Seine Arbeiten der Nachkriegszeit stehen ganz im Zeichen des Neorealismus.

Nanni Moretti (1953), Drehbuchautor, Filmregisseur und Schauspieler, der u. a. mit den Regisseuren Paolo und Vittorio Taviani drehte. Bekannt wurde Moretti durch »Ecce Bombo« (1978), 1993 internationaler Erfolg mit »Caro diario«.

Cristoforo Munari (1667–1720), Stilllebenmaler der Barockzeit.

Giuseppe Musso, sizilianischer Räuberhauptmann im 19. Jahrhundert, bekannt als Gran Diavolo.

Nebukadnezar II., König von Babylon 604–562 v. Chr., ist auch unter dem italienischen Namen Nabucco bekannt, der einer Oper von Giuseppe Verdi den Namen gab.

Robert De Niro (1943), Filmschauspieler, Produzent und Regisseur, 1974 Oscar für die beste Nebenrolle in »Der Pate« (Teil II), er drehte u. a. mit Francis F. Coppola, Bernardo Bertolucci, Sergio Leone.

Antonio Pace, neapolitanischer Pizzabäcker, der das Logo der »wahren Pizza«, Qualitätspizza aus kontrollierter Herstellung, in Italien eingeführt hat.

Alfredo James Pacino (1940), US-amerikanischer Schauspieler, Regisseur und Produzent, bekannte Pacino-Filme sind u. a. »Der Pate« (Teil I-III).

Luciano Pavarotti (1935), international anerkannter Heldentenor mit Engagements in der ganzen Welt, 1989 ehrte ihn die Hamburgische Staatsoper mit der Ernennung zum Kammersänger. 1990 gründete er gemeinsam mit José Carreras und Plácido Domingo das Gesangstrio »Die drei Tenöre«.

Rita Pavone (1945), Schlagersängerin, die mit Stücken wie »La partita di pallone«, »Lui« und »Questo nostro amore« die italienischen Charts stürmte. Anfang der siebziger Jahre bekam sie in Italien eine eigene Fernsehshow und unternahm Tourneen durch Japan und Südamerika.

Carlo Petrini (1949), Organisator und Initiator von Veranstaltungen, internationaler Präsident und Gründer der »Slow Food Bewegung« (1989).

Marco Polo (1254–1324), venezianischer Händler, der durch die Berichte über seine China-Reise bekannt wurde.

Gio Ponti (1891–1979), italienischer Architekt, Designer und Herausgeber. Nach dem Studium in Mailand erhielt Ponti an der Politecnico di Milano eine Professur. Zwischen 1933 und 1945 entwarf er eine Vielzahl von Gebäuden wie beispielsweise die mathematische Fakultät der Universität Rom.

Giacomo Antonio Domenico Puccini (1858–1924), Komponist von insgesamt zwölf Opern, 1896 Premiere der Oper »La Bohème« im Teatro Regio in Turin, 1910 »La Fanciulla del West« in der Metropolitan Opera in New York.

Mario Puzo (1920–1999), Journalist und Krimischriftsteller, berühmt wurde er mit dem Mafia-Familienepos »Der Pate« (1969).

Giovanni Battista Davide Raffo, Importeur italienischer Weine, 1871 eröffnete er seine Filiale in Berlin.

Righeira, italienische Musikformation, die 1981 von Stefano Rota und Stefano Righi in Turin gegründet wurde. Ihre Musik steht dem Italo-Disco- oder Euro-Disco-Stil nahe. 1983/84 gelangen dem Duo mit »Vamos a la playa« und »No tengo dinero« zwei große Chart-Erfolge.

Placido Rizzotto, sizilianischer Sekretär der Handelsgewerkschaft von Corleone und Bauernführer, der 1948 von der Mafia umgebracht wurde. 2000 verfilmt Pasquale Scimeca Rizzottos Schicksal.

Léopold Robert (1794–1835), Schweizer Genremaler, Schüler von Jean-Louis David, lebte seit 1818 in Italien, wo er vor allem Szenen aus dem Volksleben malte.

Salvator Rosa (1615–1673), Maler, Radierer, Dichter und Musiker des italienischen Seicento, 1640 erhielt Rosa einen Ruf an den Hof von Florenz, wo seine Schlachten- und Landschaftsmalerei ihren Höhepunkt erreichte.

Francesco Rosi (1922), italienischer Filmregisseur und Drehbuchautor, Assistent bei Luchino Visconti und Michelangelo Antonioni, seit 1958 eigene politische und sozialkritische Filme.

Roberto Rossellini (1906–1977), Filmregisseur und Wegbereiter des Neorealismus, 1945 gelang Rossellini mit dem Film »Rom, offene Stadt« der internationale Durchbruch.

Gioacchino Antonio Rossini (1792–1868), Komponist an Opernhäusern in Neapel, Wien, Paris und Bologna. Erfolge feierte er vor allem mit der Oper »Der Barbier von Sevilla« (1816).

Nicola Sacco (1891–1927), Arbeiter, und **Bartholomeo Vanzetti** (1888–1927), Konditor und Fischhändler. 1908 verließen sie Italien und wanderten in die Vereinigten Staaten aus, wo sie sich der Arbeiterbewegung anschlossen. 1920 wurden sie wegen angeblichen Raubmords verhaftet und 1927 auf dem elektrischen Stuhl hingerichtet.

Francesco Sbano, Fotograf und Produzent, in Zusammenarbeit mit Maximilian Dax und Peter Cedera sammelte Sbano Mafialieder der kalabresischen »'Ndrangheta«. Große Themen sind der Verrat, das Schweigen und die Rache.

Nevio Scala (1947), italienischer Fußballtrainer, seit 2003 ist er Trainer von Spartak Moskau. Davor trainierte er u. a. Borussia Dortmund und den AC Parma (1990–1996).

Karl Friedrich Schinkel (1781–1841), Architekt und Maler, 1803–1804 erste Italienreise, es entstehen Zeichnungen nach der Natur, Tagebücher und Briefe, 1804 Plan eines Werkes über die italienische Architektur, 1824 zweite Italienreise.

Ettore Scola (1931), Regisseur und Drehbuchautor, 1964 Debüt mit dem Episodenfilm »Frivole Spiele«, 1969 »Eifersucht auf Italienisch« (1969), häufige Zusammenarbeit mit Marcello Mastroianni und Massimo Troisi.

Lucius Annaeus Seneca (4 v. Chr. – 65 n. Chr.), römischer Philosoph, Dramatiker und Staatsmann.

Vittorio De Sica (1902–1974), Schauspieler, Drehbuchautor und Regisseur des neorealistischen Films, bekannte Produktionen in Zusammenarbeit mit Cesare Zavattini sind der »Schuhputzer«, »Fahrraddiebe« und das »Wunder von Mailand«.

Mimmo Siclari (1954), Musiker und Produzent, konzipierte eine Sammlung von Mafialiedern (Malavita). Die Lieder, darunter »Omertà, Onuri e Sangu«, erschienen 2000 und 2002 auf CD.

Paolo (1931) und **Vittorio Taviani** (1929), Filmregisseure, die gemeinsam zwölf Projekte realisierten, 1977 Goldene Palme in Cannes für »Padre Padrone«, 1981 »Die Nacht von San Lorenzo«.

Giovanni Domenico Tiepolo (1727–1804), Maler und Grafiker des Barock, 1780–1783 Präsident der Accademia di pittura in Venedig. Sein Hauptwerk sind die Fresken in der Familienvilla Zianigo (1791) in Venedig.

Arturo Toscanini (1867–1957), Dirigent, 1898 Anstellung an der Mailänder Scala, 1908 Wechsel an die Metropolitan Opera in New York, 1937 verließ Toscanini Europa und leitete von da an das NBC Symphony Orchestra. Bekannt sind seine Interpretationen von Werken von Ludwig van Beethoven und Giuseppe Verdi.

Giovanni Trapattoni (1939), italienischer Fußballtrainer und ehemaliger Fußballspieler, seit 2005 ist er Trainer beim VfB Stuttgart.

Massimo Troisi (1953–1994), Filmschauspieler, Produzent und Schriftsteller, bekannt wurde er durch den Film »Il Postino« (1994).

Giuseppe Fortunino Francesco Verdi (1813–1901), Komponist und Reformator der italienischen Oper, Höhepunkte seines Schaffens waren u.a. die Opern »Rigoletto« (1851), »Il Trovatore« (1853) und »Nabucco« (1862).

Giovanni Carmelo Verga (1840–1922), Schriftsteller und wichtigster Vertreter des italienischen Verismus und Naturalismus.

Bianca Maria Visconti (1425–1468), Herzogin von Mailand, seit 1441 verheiratet mit Francesco I. Sforza.

Familie Visconti, die Visconti gehören zu den großen Adelsfamilien Italiens, die lange Zeit Mailand und die Lombardei regierten, als Mäzene förderten sie die Wissenschaften, einzelne Dichter und bildende Künstler wie Decembrio, Filelfo und Barziza.

Luchino Visconti (1906–1976), Schriftsteller, Theater- und Filmregisseur, Assistent von Jean Renoir und Anhänger des sozialkritischen Neorealismus.

Lina Wertmüller (1926), Filmregisseurin und Drehbuchautorin, 1962 Regieassistentin von Federico Fellini bei den Dreharbeiten zu »8 1/2«, ab 1963 erste eigene Filme, wie »Die Basilisken«.

Billy Wilder (1906–2002), Drehbuchautor, Regisseur und Produzent von Filmen, in denen er auch italienische Klischees verarbeitete, wie die Mafiosiorganisation »Freunde der italienischen Oper« in »Manche mögen's heiß« (1959).

Zucchero (1955), Rockmusiker, der in englischer oder italienischer Sprache singt und von Gospel, Blues und Rockmusik beeinflusst ist.

ANHANG

LITERATUR QUELLEN

VITA UND BILDNACHWEIS

LITERATUR

Artusi, Pellegrino: La scienza in cucina e l'arte di mangiar bene. Firenze 1960

Artusi, Pellegrino: Von der Wissenschaft des Kochens und der Kunst des Genießens. München 1998

Asfur, Anke / Osses, Dietmar: Neapel – Bochum – Rimini. Arbeiten in Deutschland. Urlaub in Italien. Dortmund 2003

Baur, Eva Gesine: Genießen mit Puccini. Aria d' Amore. München 2004

Biondi, Franco u. a.: Im neuen Land, Südwind gastarbeiterdeutsch. Bremen 1980

Bürkle, Stefanie: Eiscafé Venezia. Berlin 2003

De-Botazzi, Giuseppe: Italiani in Germania. Torino 1895

De Sica, Vittorio: Perché fa un film tratto da »Ladri di biciclette«. »La Fiera Letteraria« N. 5, 6. Februar 1948

Gasser, Manuel: Spaziergang durch Italiens Küchen. Frankfurt am Main 1979

Goethe, Johann Wolfgang von: Italienische Reise. München 1988

Goldoni, Carlo: Der Diener zweier Herren. Nach der venezianischen Ausgabe von 1761 (»Il servitore di due padroni«) ins Deutsche übertragen und bearbeitet von Uwe Schuster und Hartwig Albiro. Berlin (Ost) 1965

Grün, Iris und Jochen: Am Tisch mit Don Camillo & Peppone. München 2004

Löcker, Dorothea / Potyka, Alexander: Oliven, Wein und jede Menge Pasta. Italienisches Kulinarium. Wien 2004

Loren, Sophia: Rezepte & Erinnerungen. München 1999

Marchand, Jean-Jeacques: La letteratura dell' emigrazione: Gli scrittori di lingua italiana nel mondo. 1991

Martini, Claudia: Italienische Migranten in Deutschland. Transnationale Diskurse. Berlin 2001

Mauriès, Patrick: Fornasetti Designer of Dreams. London 1991

Misasi, Nicola: Kalabrische Novellen. Stuttgart 1884

Mostar, Katinka und Herrmann: Was gleich nach der Liebe kommt. Katherlieschens Kochbuch. Reinbek 1966

Richter, Dieter: Briganten am Wege. Deutsche Reisende und das Abenteuer Italien. Frankfurt am Main und Leipzig 2002

Rönneburg, Carola: Grazie mille! Wie die Italiener unser Leben verschönert haben. Freiburg im Breisgau 2005

Schinkel, Karl Friedrich: Briefe, Tagebücher, Gedanken. Berlin 1922

QUELLEN

Seite 43 Spalte 1 und 2:
Aus: Bezahlt wird nicht. Eine Farce. Deutsch von Peter O. Chotjewitz, in: Dario Fo: Die Frau zum Wegschmeißen und andere Stücke. Berlin 1980, S. 195–196

Seite 97 bis 99 Spalte 1:
Aus: Giuseppe Tomasi di Lampedusa: Der Leopard. Deutsch von Charlotte Birnbaum. Reinbek bei Hamburg 1975, S. 163–164

Seite 99 Spalte 2 und 3:
ebd., S. 56

Seite 111 bis 113 Spalte 1:
zitiert nach: Eva-Gesine Baur: Genießen mit Puccini. Aria d' Amore. München 2004, S. 223

Seite 113 Spalte 2:
ebd., S. 26, 29, 25

S.115 Spalte 1
»Zwei kleine Italiener« copyright Edition Meisel

S. 125 Spalte 2
»Heißer Sand« copyright Edition Rialto

Seite 161 Spalte 2 und 3:
zitiert nach: Dieter Richter: Briganten am Wege, Deutsche Reisende und das Abenteuer Italien. Frankfurt am Main 2002, S. 28–29

BILDNACHWEIS

S. 4 Institut de France, Paris; S. 6 akg-images; S. 8 akg-images; S. 9 Giancolombo; S. 10 oben Stefano Montesi; S. 10 unten Mario De Biasi; S. 11 Maurizio Totaro; S. 12 akg-images/Cameraphoto; S. 14 akg-images/Erich Lessing; S. 15 akg-images; S. 16 akg-images/Erich Lessing; S. 18 akg-images/Cameraphoto; S. 19 akg-images/Cameraphoto; S. 20 Sotheby's/akg-images; S. 23 akg-images/Erich Lessing; S. 24 akg-images; S. 25 oben akg-images/Cameraphoto; S. 25 unten akg-images/Cameraphoto; S. 26 akg-images/Cameraphoto; S. 27 links akg-images/Cameraphoto; S. 27 rechts akg-images/Cameraphoto; S. 28 Sotheby's/akg-images; S. 29 links akg-images; S. 29 rechts akg-images; S. 30 akg-images/Joseph Martin; S. 33 links Historisches Museum Basel, Foto: HMB M. Babey, Arlecchino (Inventarnummer 1975. 1086.4.); S. 33 Mitte Historisches Museum Basel, Foto: HMB M. Babey, Dottore (Inventarnummer 1975. 1086.6.); S. 33 rechts Museum für Angewandte Kunst Frankfurt, Colombina (Inventarnummer 12555); S. 34 Privatfoto Wachter; S. 35 Privatfoto Wachter; S. 37 Museo Correale di Terranova Sorrent, Pulcinella che mangia i maccheroni (Inventarnummer 134); S. 38 Neri Grazia/CORBIS Sygma; S. 41 Neri Grazia/CORBIS Sygma; S. 44 Max Rossi/Reuters/CORBIS; S. 46 Studio Patellani/CORBIS ; S. 47 Bettmann/CORBIS; S. 48 Album/akg; S. 49 akg-images; S. 50 Buena Vista/Album/akg; S. 51 Album/akg; S. 52 akg-images/Tony Vaccaro; S. 55 akg-images; S. 56 akg-images; S. 57 akg-images; S. 58 akg-images; S. 60 akg-images/Bianconero; S. 63 akg-images/Bianconero; S. 65 akg-images; S. 69 Album/akg; S. 71 Embassy/Paramount/Album/akg; S. 72 Paris Match; S. 74 Enzo & Paolo Ragazzini/CORBIS; S. 77 rechts akg-images; S. 79 akg-images; S. 81 akg-images; S. 83 Archiv Wachter; S. 85 Archiv Wachter; S. 87 akg-images; S. 90 akg/Niklaus Stauss; S. 91 akg-images; S. 93 Alberto Ramella/Pool/Reuters/CORBIS; S. 95 Sunset Boulevard/CORBIS/Sygma; S. 97 akg-images; S. 100 Rolf Bruderer/CORBIS; S. 102 akg-images/Nimatallah; S. 103 akg-images; S. 105 akg-images; S. 106 Archiv Parthas; S. 107 Archiv Wachter; S. 109 akg-images/Hedda Eid; S. 110 oben Archiv Parthas; S. 110 unten Archiv Parthas ; S. 111 Museo di Torre del Lago Puccini; S. 112 Museo di Torre del Lago Puccini; S. 114 Archiv Wachter; S. 115 oben Bettmann/CORBIS; S. 115 unten Fabian Cevallos/CORBIS Sygma; S. 116 Origlia Franco/CORBIS Sygma; S. 117 Jonathan Blair/CORBIS; S. 118 Studio Patellani/CORBIS; S. 119 Alinari Archives/CORBIS; S. 120 David Turnely/CORBIS; S. 121 CORBIS; S. 122 akg-images; S. 123 Archivo Iconografico, S.A./CORBIS; S. 124 Vittoriano Rastelli/CORBIS; S. 125 Dennis Marsico/CORBIS; S. 126 John Springer Collection/CORBIS; S. 129 Bettmann/CORBIS; S. 131 oben akg-images; S. 131 unten Bettmann/CORBIS; S. 132 Bettmann/CORBIS; S. 133 Bettmann/CORBIS; S. 134 JP Laffont/Sygma/CORBIS; S. 135 Reuters/CORBIS; S. 136 Antoine Gyori/CORBIS SYGMA; S. 137 Tony Gentile/Reuters/CORBIS; S. 138 John Springer Collection/CORBIS; S. 139 oben Martinez Paz Ricardo/CORBIS KIPA; S. 139 unten Origlia/Ongaro/CORBIS Sygma; S. 140 Sandro Vannini/CORBIS; S. 141 John Heseltine/CORBIS; S. 142 Sandro Vannini/CORBIS; S. 143 oben Sandro Vannini/CORBIS; S. 143 unten Sandro Vannini/CORBIS; S. 144 Richard T. Nowitz/CORBIS; S. 145 oben John Heseltine/CORBIS; S. 145 unten Royalty-Free/CORBIS; S. 146 Pina Lewandowsky; S. 147 oben Myopia/CORBIS; S. 147 unten Pina Lewandowsky; S. 148 Hubert Stadler/CORBIS; S. 149 oben ullstein – Purschke; S. 149 unten José Fuste Raga/zefa/CORBIS; S. 150 Alinari Archives/CORBIS; S. 151 oben ullstein – Kanus; S. 151 unten Pina Lewandowsky; S. 152 Bojan Brecelj/CORBIS; S. 153 oben Sergio Pitamitz/CORBIS; S. 153 unten John und Lisa Merril/CORBIS; S. 154 John Heseltine/CORBIS; S. 155 oben Owen Franken /CORBIS; S. 155 unten Owen Franken/CORBIS; S. 156 Bettmann/CORBIS; S. 157 Alinari Archives/CORBIS; S. 158 akg-images; S. 159 Archiv Wachter; S. 160 Sotheby's/akg-images; S. 161 akg-images; S. 162 akg-images/Cameraphoto; S. 164 akg-images; S. 165 akg-images ; S. 166 rechts akg-images; S. 168 rechts akg-images; S. 170 akg-images/Orsi Battaglini; S. 172 akg-images; S. 173 akg-images/Rabatti-Domingie; S. 174 akg-images/Rabatti-Domingie; S. 175 akg-images/Electa; S. 177 Sotheby's/akg-images; S. 179 Roger Ressmeyer/CORBIS; S. 180 Mosaik aus Tor Marancia bei Rom; S. 181 Neapel, Archäologisches Nationalmuseum; S. 182 Neapel, Archäologisches Nationalmuseum; S. 183 Rom, Vatikanische Museen; S. 184 Rom, Galleria Borghese; S. 185 Rom, Galleria Borghese; S. 186 Florenz, Uffizien; S. 187 Florenz, Uffizien; S. 188 Archivio Giunti; S. 189 VG Bild-Kunst, Bonn 2005/akg-images; S. 192 Rosenthal AG; S. 193 oben akg-images; S. 193 unten Rosenthal AG; S. 194 Rosenthal AG; S. 195 Rosenthal AG; S. 196 akg-images/Electa; S. 197 akg-images, Bildarchiv Monheim; S. 198 Stefanie Bürkle; S. 200 ullstein – Pressefoto Ulmer; S. 201 links ullstein – Pressefoto Ulmerr; S. 201 rechts ullstein ddp; S. 202 oben ullstein bild; S. 202 unten ullstein – Moosbrugger (L); S. 203 ullstein – Kurt Hamann; S. 204 Gianni Berengo Gardin; S. 205 Gianni Berengo Gardin; S. 206 Gianni Berengo Gardin; S. 207 Gianni Berengo Gardin; S. 208 Bettmann/CORBIS; S. 210 Bettmann/CORBIS; S. 212 John Springer Collection/CORBIS; S. 213 ullstein – Hilde; S. 216 oben ullstein – AP; S. 216 unten ullstein – dpa; S. 218 ullstein – Kühn; S. 219 ullstein bild; S. 220 ullstein bild; S. 221 ullstein – dpa; S. 222 oben Stefanie Bürkle; S. 222 unten Stefanie Bürkle; S. 224 oben Stefanie Bürkle; S. 224 unten Stefanie Bürkle

VITA

Der Autor

Giovanni Lazzeri wurde 1974 in Tirano geboren und wuchs in Livigno auf. Er studierte Germanistik und Anglistik in Mailand und Stuttgart. Seit 2001 lebt er in Berlin, wo er als Reaktionsassistent bei DW-World und in einem Verlag arbeitete. Zurzeit fliegt er beruflich um die Welt.

Die Herausgeberin

Gabriela Wachter wurde 1963 in Ulm geboren und absolvierte dort eine Buchhandelslehre. Sie lebt seit 1986 in Berlin. 1990 arbeitete sie mehrere Monate in Rom dank eines Stipendiums. 1992 gründete sie den Kunstbuchverlag Vice Versa. Seit 2001 ist sie auch Geschäftsführerin des Parthas Verlages. Zum Kochen kommmt sie am ehesten in den Ferien, die sie meistens in Vetralla im nördlichen Latium verbringt.

IMPRESSUM

Stresemannstraße 30
10963 Berlin
Fon: (030) 88 46 89-0
Fax: (030) 88 46 89-11
E-Mail: info@parthasverlag.de
www.parthasverlag.de

Gestaltung und Satz:
Pina Lewandowsky und Gabriela Wachter
Lektorat & Redaktion: Edition diá, www.editiondia.de
Gesamtherstellung: braunschweig-druck

ISBN 3-86601-455-4

Sylvia Robeck, Gabriela Wachter (Hg.)

Kalter Krieg und warme Küche – 200 Berliner Rezepte im Kontext der Stadtgeschichte

200 Seiten, durchgängig teils farbig bebildert,
Fadenheftung, Pappband, folienmattkaschiert,
19,5 x 27,5 cm
ISBN 3-936324-24-7
EUR 29,80

Ein Stück Stadtgeschichte die »durch den Magen geht«!

Was wurde im Berlin der Kaiserzeit serviert? Was war der Anlass für die vielfach an die Wände geschriebene Parole »Erst die Miete dann das Essen?« Wie kamen die Berliner durch die Hungerwinter nach dem Zweiten Weltkrieg? Inwieweit haben die amerikanischen Carepakete, die neben dem bis dato unbekannten Ketchup aufgrund eines Übersetzungsfehlers Mais statt Korn enthielten die Berliner Küche verändert? Ist das einseitige Vorkommen von Soljanka etwa Teil des Potsdamer Abkommens? Was kam nach dem berühmten Puddingattentat wohl in der Kommune 1 auf den Tisch?

Diesen und vielen anderen Fragen kann in diesem Mix aus Stadt- und Kulturgeschichte und Kochbuch nachgegangen werden. Jedes Jahrzehnt wird in einem Einleitungstext prägnant skizziert, mit Daten und Fakten wird chronologisch das Zeitgeschehen umrissen und mit zahlreichen Bildzitaten veranschaulicht. Die Atmosphäre der einzelnen Jahrzehnte spiegelt sich zudem in der Auswahl der Gerichte wider.

Die Rezepturen hat Sylvia Robeck im Familien- und Freundeskreis gesammelt und in die heutige Zeit übersetzt. Der Leser wird von »Aal grün« zur »kalten Gurkensuppe« über »Currywurst«, »Broiler« und »Döner« bis zu den asiatischen Einflüssen in den 90er Jahren geführt und kann erleben, dass die »Berliner Küche« genauso spannend und wandlungsfähig ist, wie die Stadt selbst.

Parthas